U0689615

民间金融
内生发展模式研究

On Endogenous Development
Ways of Private Finance

周 霖 著

ZHEJIANG UNIVERSITY PRESS
浙江大学出版社

图书在版编目(CIP)数据

民间金融内生发展模式研究 / 周霖著. —杭州：
浙江大学出版社,2019.6
ISBN 978-7-308-19165-4

Ⅰ.①民… Ⅱ.①周… Ⅲ.①民间经济团体—金融机
构—经济发展模式—研究—中国 Ⅳ.①F832.35

中国版本图书馆 CIP 数据核字(2019)第 095908 号

民间金融内生发展模式研究
周　霖　著

策划编辑	吴伟伟 weiweiwu@zju.edu.cn
责任编辑	丁沛岚
责任校对	陈　翮　谢媛媛
封面设计	项梦怡
出版发行	浙江大学出版社
	（杭州市天目山路 148 号　邮政编码 310007）
	（网址：http://www.zjupress.com）
排　　版	浙江时代出版服务有限公司
印　　刷	杭州高腾印务有限公司
开　　本	710mm×1000mm　1/16
印　　张	15.75
字　　数	242 千
版 印 次	2019 年 6 月第 1 版　2019 年 6 月第 1 次印刷
书　　号	ISBN 978-7-308-19165-4
定　　价	58.00 元

版权所有　翻印必究　　印装差错　负责调换
浙江大学出版社市场运营中心联系方式　（0571)88925591；http://zjdxcbs.tmall.com

前　言

　　区域发展受市场机制可靠性和不确定性的双重约束:可靠性因素决定发展成果的实现,而不确定性因素构成风险甚至危机的源头。繁荣就是不确定性风险得到有效控制的结果,如果不确定性风险没有得到有效控制,风险就会演变成危机,成果因此损失,繁荣因此中断。在发展道路上,风险常有,而繁荣不常有!

　　民营经济是区域发展的强大动力,也是受市场影响最直接的市场主体。在沿海地区,人们往往主动把闲钱借给企业以图滋息,个人财产因此转变为资本。民间财富资本化直接催生两个成果,一是直接投资转化为民营企业,二是间接投资转化为民间借贷,投资到民营企业,因此,民间借贷对民营经济来说是不可或缺的部分,民营经济与民间金融之间是同源自民间财富的内生关系。民间资本直接投资创办企业已经合法了,但受限于法律,民间资金还不能以合法的市场主体身份参与金融市场。本书基于经济发展规律、社会进步趋势和普通民众期待,主张确定民间金融的合法地位,充分发挥民间金融的积极作用,制定符合社会大众期待的法规和政策,引导民间金融规范健康发展,为中小微企业民间融资提供门当户对的融资体系。基于这样的认识和判断,本书对民间金融与民营经济发展的内生关系,民间金融在民营经济转型升级中的地位,以及民间金融对经济发展的积极作用进行了论证,并探讨了制定正确引导民间金融发展的政策措施的相关问题。

　　金融就像美酒,可以激发市场活力促进繁荣,也可以导致市场狂乱归于萧条,繁荣与萧条构成了金融史的全貌,所以,金融的本质是关于风险的市场治理。市场经济有序运行得益于两类治理,其一是由法人治理和私人治理组成的市场治理,其二是公共权力的政府治理。金融风险具有不可控性,鉴于相同的原因,市场与政府都会面临治理失灵,理论上,市场治理与政府治理之间需要建立互补与协同的治理机制,实现资源配置效率最大化。但是,现实中,在占有金融资源方面,个人与国家有相似之处,双方都希望占有更多资源并获得更大成果。由于国家占有金融资源优势,个人从银行融资的成功率严重偏低,客观上为民间金融留下了庞大的需求空间。民营企业从民间获得金融资源,民间金融与民营经济相伴相生、互利互益,助推民间借贷资金和民间金融市场规模越来越大,同时风险也越积越多,这引起了各级政府特别是金融监管部门对民间金融的高度重视,并在规范民间金融方面制定了诸多限制政策。

就金融市场而言,风险是与生俱来的。改革开放以来,随着经济市场化程度不断深入,民间金融的风险特征日益显现。一是民间金融市场的规模壮大和成长速度非常快。随着民营经济的快速发展,民间财富总量也在快速提高,经济快速增长刺激了企业融资需求,在这种条件下,民间金融呈现出快速发展态势。然而,因民间金融具有很强的规模不确定性和活动隐蔽性,政府监管部门难以掌握实际情况。二是民间金融呈现出更加营利化、专业化、机构化的特点。民间金融的业务逐渐集中到服务民营企业融资上,营利目的更加明确,专业服务和风险属性更加显著,同时,中介功能的发挥拓展了企业资金来源。三是民间金融重视非财务信息在风险控制中的作用,发挥社会习俗约束和社会声誉制裁机制对降低交易成本的独特作用,产生了比正规金融机构更高的交易效率,非常适合中小企业的融资需求,展示了民间金融与民营企业的内生性。四是民间金融的资金来源社会覆盖面广、融资链条长,同时也存在规范性和透明度不高的问题,缺乏风险防范和转移机制,发生区域性金融风险的临界点比较低,一些偶发事件都可能引发区域性金融风险,部分民间金融风险还会延及正规金融体系,影响金融稳定。

民营企业经过改革开放以来40年的发展,已经成为国民经济的重要组成部分,但民间金融依然处于缺乏组织性的草根状态,民营企业对资金需求的规模和组织形式要求越来越高,草根状态下的民间金融已经不能满足民营企业快速发展对资金的需要,这也是民营企业融资困境的重要成因,同时也是民间金融风险高发的重要原因。民间金融自身风险控制能力弱是制约民间金融发展的最大短板。2008年金融危机以来，民营企业在民间借贷环节时常发生资金链断裂、老板跑路的现象，引发地域性金融风险。但这个问题的根不在民间借贷，而在于金融体制，民间借贷只不过是风险传递的最后环节。面对蓬勃发展的民间借贷存在的风险隐患，金融监管的职责之一是防范系统性金融风险，一要公平处置民间借贷风险，二要增强民间借贷风险的防范意识，三要推进民间借贷的合法化。2013年年底，浙江省人大出台《温州民间融资管理条例》，第一次为民间借贷立法，这是推进管理的积极信号。金融监管可以防范或消减金融风险，但无法消灭金融风险。

要正确认识灰色经济与黑色经济的本质区别，民间借贷属于灰色经济，与暴力催讨等黑恶犯罪有根本的区别，没有本质必然联系。民间借贷在对民营经济发展做出贡献的同时，也因为发生暴力催收事件而引起社会关注。与其他社会行为相同，民间借贷行为也会派生犯罪事件，对暴力催收等具有社会危害的行为必须坚决打击。但民间借贷并不天然产生暴力犯罪，也不是暴力犯罪的社会基础。

经济发展会催生出大量的民间自发互利行为，政府的职责之一就是让民间自发互利、积极自由的商业行为合法化，而不是把它们排除在法律体制之外。民间金融是基于个人信用而开展的交易行为，接受社会道德对交易行为的约束，属于民间自发生长的经济秩序，是有利于社会发展的信用力量，有强烈的合法化、正规化发展的要求。当前，民间金融还面临制度的刚性约束，法律把民间借贷限制在自然人之间的交易行为范畴，合法发挥应有作用的空间非常有限，多走一步就会触及制度的"天花板"。社会行为合法化就是积极推动自主自发、互利互益、积极向上的民间行为转化为合法的社会行为的过程。金融监管的目的是改善金融市场结构、防范金融运行风险、推进金融体制改革，而不是以抑制民间金融的手段来消灭风险。金融改革的基本架构是规范民间投融资机制，构建多层次的融资服务体系，防范系统性风险及危机处置机制，加强全周期金融监管机制。要以积极的态度解决民间金融面临的问题，疏通民间金融发展道路，规范发展民间金融，将金融改革的政策空间延展到民间金融体制，让民间金融在改革开放大潮和市场经济沃土中迸发出生机和活力。

目 录

导　言

马克思指出:"货币是和其他一切商品相对的一般商品。"这是商品经济与货币经济的共同逻辑起点,这一观点的理论意义是,商品与货币所演绎的价值、交易及规律具有同源性。货币的发行、流通和回笼,贷款的发放和收回,存款的存入和提取,不同货币间汇兑的往来等经济活动,都是货币经济的表现形式。货币金融所表现出来的货币、信用、储蓄、投资、债务等功能,发挥杠杆、利率、汇率等工具的作用,以及发生通胀、通缩等现象,都是在与实体经济发生关系的过程中表现出来的,所以金融与经济之间是内生关系。

金融与产业之间的关系基于市场的平等互惠关系,服务实体经济是金融的使命,但是,互利互益关系不是金融与产业经济之间关系的全部。在以实体经济为重的市场体系中,金融就像美酒,可以激发市场活力促进繁荣,也可以导致市场狂乱归于萧条,金融能够成就实体经济顺利航行而繁荣,也能够掀翻实体经济大船而萧条,繁荣与萧条就像硬币的两面,构成了金融史的全貌。鉴于目前国内金融市场和金融体系的功能发展相对滞后,金融市场中实体经济的直接融资比例偏低,金融体系中银行所占比例过高,金融体系和金融市场的有效作用发挥失衡。从理论上讲,银行所组织的资金具有短期流动性,但实体经济需要的是长期投资,银行不能直接提供一步到位的长期资金,而能够组织长期投资的金融主体并不充分。同时,银行提供的资金产品主要是贷款,这种资金交到实体经济手上就变为债务,这也是企业杠杆率高的原因。这种情况表面上看是期限错配问题,本质上是结构失衡问题。就我国金融市场而言,利率机制既显著僵化,又面临挑战:一方面,以银行为主体的金融机构长期习惯于政策规定的利差,这种政策性利率的变化主要依靠行政命令,利率变化对资金市场变化不敏感,而对行政命令很敏感,资金价格听命于行政命令,而不是随市场变化而变化;另一方面,现行利率体制还面临民间金融利率的挑战,相对于民间金融市场的利率机制,现有银行主导的利率机制主要围绕基准利率和利率政策变化,而不是适应市场实体经济的要求而变化。

政府的货币政策体系是由政策目标、政策手段和传导机制构成的。在政府垄断货币政策条件下,金融市场不可能由市场力量完全自主调节,需要政策来对冲金融市场的风险和失范,为金融市场的有序运行提供规范;同样,在追求效率的金融市场,为防止政策对市场失灵纠偏过程中造成利益损失,市场主体普遍通过创新来规避监管和束缚,以创新创造效率,以效率营造繁荣。因此,政策目标与市场目标往往是不一致的,选择的手段和产生的后果也是不一样的,政府失灵与市场失灵往往是并存的。在对冲风险方面,政策不是万能的;在创造繁荣方面,市场也不是必然的。金融市场与金融政策都必须在一定范围内发挥作用,以保持金融市场平稳持续发展。

在2008年金融危机后,经济增长对金融资源的依赖性越来越突出,市场主体的债务负担也相应加重,导致经济活动对杠杆的变化越来越敏感。但是,杠杆并没有成为市场主体根本性的依赖,市场主体与融资杠杆的关系并没有回归到相互依赖、相互促进的正常化状态,基准利率长期偏低却没有推动经济恢复到2008年的水平(欧元区基准利率长期执行零利率,日本基准利率长期执行负利率),企业的资产负债表却已膨胀,私人债务和公共债务持续高企。金融增长与经济增长、金融增量与经济增量之间的关系并不同步,而金融机构效率与实体经济效率则呈相反趋势,这种现象说明,金融结构与实体经济结构的关系已经错位了——经济结构已经发生变化,但金融结构却没有相应地发生变化,导致传统的金融政策和金融技术不能有效服务于实体经济。与此同时,金融刺激政策调整过于频繁,导致市场主体越来越依赖于金融政策,不能及时出清过剩产能,其结果是实体经济的债务规模日益庞大,而金融资本的收益则日益低迷,制约经济体系产生新内生动力,这会延滞经济结构调整。政策既要防范金融市场风险,又要促进金融服务实体经济,既要解决融资难的问题,又要解决融资贵的问题,作为金融的基本属性,多了一些想象味,少了一些烟火味。意图和目标近乎完美的政策,从逻辑上看只是一个理想的命题,实践中很难实现。

　　一般理解,金融服务实体经济的基本内涵就是金融市场有效发挥资源配置的功能,为实体企业配置金融资源;而金融要更好地为实体经济服务,其内涵则是降低融资成本、提高融资效率。对金融最简单的理解就是"资金融通","金"可以理解为价值,"融"可以理解为融通,促进社会剩余资金的融通机制就是市场机制。在市场价格的引导下,资金在"供""求"之间的交易就是借贷。借贷之后的结算就会发生资金偿还与利息交割,从这里开始,金融市场机制开始演绎出两大机制:一是风险控制机制,二是资金定价机制。因此,金融与实体经济的关系本质上是内生关系,在市场交易中若要实现双赢,必须由市场机制发挥主导作用。

　　长期以来,随着金融市场化与自由化持续深化,演绎出两个结果:其一是金融市场配置资金的效率也相应提高;其二是推动金融机构大规模放贷,造就信贷繁荣。信贷的扩张是风险成长的起点。风险控制机制以交易契约履行的不确定性为逻辑起点,资金偿还与利息交割在远期不能确保履行,于是借贷就派生出了不确定性,这种不确定性就是借贷演绎出的风险。借贷双方为了保证资金有效利用、保值增值,于是引入第三方分担风险,保证契约履行,即担保,担保制度的产生创造了风险控制机制。在现代金融市场中,这种担保还被包装成金融产品在金融市场转让,这就是金融衍生品。金融交易中的不确定性就是风险,这种风险是金融交易与生俱来的衍生物,是无法消除的,风险恶向演变就是损失。而良好的金融市场会设计制度来防范风险演变成损失。从金融交易的历史和实践来看,最好的控制风险的做法就是分散和转移风险,把风险从己方责任转移为他方责任,从一人责任转移为多人责任,从当下风险转化为未来风险,从无限风险转化为有限风险——这就是"股份制+有限责任"。

　　金融市场在设计制度控制风险的同时,还建立了对交易资金进行定价的机制。对资金转让交易进行合理定价,这就是利息的价格。利息是抽象的概念;利息实际发生就是利息的量化和具体化,即利率。利率的高低是由交易风险决定的,风险越高则利率越高,反之亦然。风险的高低与诸多因素有关,如资金借贷契约的偿还周期,一般是周期越短,风险越低;借贷资金的数量,借贷资金数量小则风险低,数量大则风险高;资金借方的信用,信用越高,则交易风险越低;资金的用途,用于生产经营领域的风险低,用于消费领域的风险高;资金借贷的抵押,有不动产抵押担保的借贷契约风险低,动产抵押的风险次之,无抵押的风险最高;市场运行周期,经济收缩下行阶段的借贷风险高,经济扩张上行阶段的借贷风险低;政府的政策,政策稳定时期的借贷风险低,政策多变时期的借贷风险高。利率是由金融市场中的资金交易双方经谈判而确定的,银行和担保机构都是定价机构,银行的利率和担保的费率都是利率的组成部分。随着经济增长、产业扩张、技术创新、内外投资的深化,越来越多的人参与到金融市场,一方面,享受金融市场带来的机会和收益,另一方面,也承受金融交易带来的风险和损失,这就是金融的力量。

　　发展的可靠性与风险的不确定性是市场内生的两重特征。企业要直接面对市场的内生两重特征,即可靠性与不确定性,积累平衡发展与风险的能力。虽然风险在经济活动中是不可能被消灭的,但通过政府与企业联手——企业创造财富,政府建立制度——可达到控制市场风险的规模和强度的目的。始于 2008 年的金融危机直接把民营经济推上转型升级的发展新阶段,金融也伴随着民营经济发展一起进入发展新常态,新阶段和新常态的主题是培育发展新动力,优化经济新结构。转型升级是传统产业与新兴产业的相互替代,这个过程直接表现为新常态,是经济增量增长放缓,总量增长减速,发展质量持续提高,产业结构持续优化的过程。与此同时,在经济运行中出现了一些理论与实践相悖的现象,如经济增长进入减速阶段的同时,出现了逻辑上相悖的资金实际利率、劳动力成本持续上升,而资本的回报率却持续下降并出现通缩的现象;货币投放大量增长、社会资金大量剩余,而企业却面临融资难、融资慢、融资贵的难题,那些相互间本应具有正向呼应关系的经济活动,却出现彼此相悖的现象。在金融领域,就存在政策扶持的国有部门和市场引导的非国有部门彼此分立、资源错配的"二元金融结构",即国有部门过多占有金融资源却效率低下,非国有部门发展快速却融资困难,金融资源无法根据市场价格在国有部门与非国有部门之间合理流动,实现资源的有效配置。民间金融的合法化诉求不是由国资背景的金融机构收编民间资金,而是为民间资金参与金融市场正名,疏解庞大的民间资金的投资冲动。

　　在我国金融体系中,存在着由国资主导、政府控制的国有金融体系,即正规金融。在政府控制的金融体系之外,存在着民间资金自主经营的金融体系,也称非正规金融制度,又称民间金融或"地下金融"。我国民间金融的主要形式有:民间自由借贷、企业社会集资、各种民间聚"会"、私人地下钱庄、天使融资市场等。民间金融的活动方式有六大类:一是从事资金直接借贷,如企业之间、个人与企业之间、个人与个人之间的资金借贷,以及组织资金的钱会;二是从事资金中介借贷,如经营存贷和汇兑的地下钱庄,还有从事资金借贷的个人银背①;三是从事直接投资的私募基金;四是从事民间票据汇兑;五是从事典当和租赁融资;六是从事融资担保和融资中介。当前,民间金融已经形成了直接融资与间接融资、资金市场与票据市场、资金借贷与融资服务、个人经营与组织经营等类型,形成草根型、体制外、市场化运作的金融体系,并随着民营经济的发展快速成长。

　　对于民间金融的社会价值,学术界一直持有两种相反的立场:一种是全面否定观点,认为民间金融不具有合法性,严重破坏了国家金融政策和经济运行秩序,主张严厉禁止并坚决打击民间金融活动,在经济活动中消除这种"非法"金融行为;另一种是主张积极引导,开放金融市场,放松金融管制,让民间资金进入金融市场,自主决定资金价格(利率),解决民营企业融资难、融资贵、融资慢的问题,让民间金融为民营经济服务。对于民间金融中的高利借贷部分,人们往往习惯性地全面否定高利借贷的合理性,忽略高利借贷的特殊性,其中有三大误区:一是把民间普通借贷与高利借贷混为一谈,二是认为高利借贷直接威胁到国家经济秩序和正规金融制度,三是认为民间高利借贷把民营企业推入债务危机的泥潭无法自拔。也有部分学者和业界人士认为高利借贷是民营经济的重要组成部分,可以通过民间金融合法化进行规范和引导,使其成为正规金融制度的有效补充,满足城乡居民和中小

---

　　① "银背"是民间借贷的信用中间人,他们为民间借贷双方牵线搭桥,从中赚取一定的介绍费。这种中间人需要在当地有一定的知名度和声望,同时也具有一定规模的家庭资产。"银背"往往会发展成私人钱庄。直到现在,在浙江沿海的温州、台州地区,还有一定数量的人从事这种业务。

企业的资金需求。

　　民间借贷是游离在政府监管体系外的经济活动,这类经济活动往往被称为"地下经济"。"地下经济"一般分成灰色经济和黑色经济。灰色经济指逃避政府监管,实实在在存在但未被纳入统计的良性经济活动,如无照营业的商贩、家装、私房建筑、民间借贷等;黑色经济指对社会构成直接危害的法律禁止的恶性犯罪经济活动,如走私、贩毒、洗钱等。本书讨论的"地下经济"不涉及黑色经济部分。迄今为止,没有任何一个现代国家不存在"地下经济",民间金融更是如此。现代科技进步和经济活动多样,区域发展不平衡和金融结构不均衡都是民间金融存在的基础。长期以来,社会一直强调民间金融的消极面。事实上,民间金融内生于民营经济,贴近真实的经济生活,尽管未被纳入政府监管体系,但对经济活动和社会底层是有益的,也代表了社会底层的呼声,更提出了经济体系完善和经济体制改革的研究课题。

　　本书基于经济发展、社会进步和大众期待,主张肯定民间金融的合法地位,充分发挥民间金融的积极作用,制定符合社会大众期待的法规和政策,引导民间金融规范健康发展,为中小微企业民间融资提供门当户对的融资体系。应当鼓励地方资本市场建设,鼓励各类民间私募资本发展,规范地方资本交易市场,满足地方草根创业的资金需求、小微企业的融资需求、民间金融的发展需求。基于这样的认识和判断,本书对民间金融与民营经济发展的内生关系,民间金融在转型升级中的地位,以及民间金融对经济发展的积极作用进行了论证,并探讨了制定正确引导民间金融发展的政策措施的相关问题。

　　本书定名为《民间金融内生发展模式研究》,是在我的博士后报告修改后出版的,是我的博士论文修改后出版的《民营经济内生发展模式研究》的姊妹篇,是我的博士论文中关于民间金融问题研究的深化和拓展。故而书中对相关理论展开具体讨论时,一般引用台州当地的实际案例佐证。

第1章 绪 论

1.1 民间金融研究的背景、目的和意义

金融市场的功能是促进资本要素的合理配置和效率提高,通过利率定价调整资金供求,落实金融政策,调整企业融资,转移投资和市场风险。从促进创造财富和提高效率角度看,在金融市场机制作用下,金融也是生产力。金融市场的逻辑起点是市场主体及利益多元化,资本的融通及其效率是金融市场的基本内容。新中国成立后构建了排斥民间资金的国家金融体系,严厉打击民间融资,民间金融长期在体制外以草根金融的形式从事"地下经营"。[①] 即便如此,民间金融市场一直遵循着市场规律和习俗法则,以地下经济形式有序运行。

1.1.1 研究背景

改革开放40年来,民间金融支持了民间工业的成长与发展,民间金融市场快速成长,民间融资规模也在快速扩张。2011年6月,央行对6300多家涉及民间融资的样本资金融入方(企业)和资金融出方(民间融资中介机构)进行了专项调查,结果显示,至2011年5月末,全国民间融资总量约3.38万

---

① 2011年,人民银行正式统计和公布"社会融资规模"统计指标,2012年社会融资规模157630亿元。社会融资规模是指一定时期内实体经济从金融体系获得的资金总额,全面反映了金融与经济的关系,是增量概念。但这一指标的"金融体系"是指银行、证券、保险等金融机构,没有包括民间融资部分,也不包括实际利用外资。大量民间资金的存在也对货币政策提出了挑战,推动着利率市场化的进程。

亿元(中国社科院采用中信证券研究报告的 4 万亿元说法),相当于当时全国贷款余额的 6.7％,企业贷款余额的 10.2％,其中地下融资 1000 多亿元。[①]根据地方金融管理机构对民间融资规模的统计,浙江温州 1100 亿元、浙江台州 1000 亿元、湖南长沙 1000 亿元。中国企业家调查系统 2010 年一份关于企业过去三年已实施的融资方式调查显示:企业融资来源比重最高的是“长期银行贷款”,占 72.3％;其次是“民间借贷”,占 60.8％。[②] 可见,民间融资对企业发展和宏观经济影响很大,但是民间融资规模和作用被严重低估,民间金融的法律地位、政策地位、经济地位都没有被明确,民间金融与民营企业之间无法建立合法的借贷关系,导致民间金融市场长期处于严重扭曲状态。

中国人民银行杭州中心支行曾根据“地下经济”(未纳入国家正式统计、脱离政府监管的经济部分)与公开经济有相同比例的融资需求的理论出发,同时也考虑地下经济从正规部门融资、公开经济部门从民间金融市场融资重叠部分,推算浙江“地下经济”的规模,并计算出浙江民间金融的规模,详见表 1-1。

表 1-1　2001—2011 年浙江民间金融的绝对规模和相对规模

	短期贷款额/亿元	短期贷款额占 GDP 比重/％	“地下经济”量/亿元	民间金融量/亿元	金融机构贷款余额/亿元	民间金融/金融机构贷款	民间金融规模占 GDP 比重/％
2001	4752.28	68.89	584.06	402.36	6482.22	6.21	5.83
2002	6178.22	77.19	861.76	655.21	8612.81	7.72	8.31
2003	7577.21	78.08	1188.23	927.71	12014.08	7.72	9.56
2004	8701.03	74.70	997.04	744.76	14350.75	5.19	6.39
2005	10546.09	78.60	1803.02	1416.58	16557.67	8.56	10.56
2006	13204.31	84.01	2410.22	2024.71	20153.94	10.05	12.88
2007	15819.51	84.35	1482.72	1250.73	24144.42	5.18	6.67

---

①　3.38 万亿元民间融资的构成情况:就 6300 多家样本企业从民间融入的资金来源分析,30％的资金来源于内部职工和企业相关产权单位,19.9％来源于其他企业,19.6％来源于合法的民间融资中介机构,只有 3％来源于未经政府任何批准,自设的从事借贷业务的机构(这些组织包括标会、人人会等地下钱庄)。如果按 3％计算,3.38 万亿元民间融资中,真正的“地下金融”也就 1000 多亿元,这显然是被严重低估的数字。也就是说,央行的调查,基本上没有发现真正意义的民间金融市场的融资规模。

②　资料来自 http://www.cess.com.cn/Item/16716.aspx。

	短期贷款额/亿元	短期贷款额占GDP比重/%	"地下经济"量/亿元	民间金融量/亿元	金融机构贷款余额/亿元	民间金融/金融机构贷款	民间金融规模占GDP比重/%
2008	17038.65	79.39	4515.23	3584.52	28921.78	12.39	16.70
2009	19195.72	83.49	4838.72	4040.07	37940.84	10.65	17.57
2010	23509.43	84.80	4850.35	4113.26	45166.57	9.11	14.84
2011	28977.99	89.66	5563.96	4988.81	51276.64	9.73	15.44

注:基础数据来自《浙江统计年鉴》《浙江金融年鉴》

从民间融资的绝对额来看,浙江民间融资规模持续扩大,2011年已达5000亿元左右,但民间融资的规模在GDP中的比重并没有持续上升。这说明,民间金融由于长期处于"地下",无法得到相应的发展。

民间金融市场的扭曲现象集中表现在三个方面:一是金融市场价格的扭曲。在融资价格双轨体制下,民营企业高价融资与国有企业平价融资并存现象验证了金融市场中价格歧视依然显著,不同的资金来源导致企业承担不同的运营成本。二是金融市场竞争关系的扭曲。与民营企业发展相关的资本市场、金融市场依然没能改善民营企业的发展环境,大量的民营企业依然需要通过民间金融市场融资,而民间融资行为依然处于草根和非法状态。三是金融市场主体地位的扭曲。不同的企业、不同的金融机构,因所有制不同而在利率待遇、政策、环境等方面存在针对性的差别待遇,对民营企业存在排斥甚至歧视的政策。民间企业遭遇的制约,一方面是企业自身资金积累不足,另一方面是民间的金融资源没有权利开展有组织的金融活动。市场被扭曲必然导致效率损失,对民间金融市场的限制最终导致制约民营经济发展。

民间融资与民营企业间的市场关系也同样被严重扭曲。一是正常的基于市场规则的资金交易关系沦为"地下金融",被限制在体制外自发成长。二是借贷双方平等的资金交易活动被严格限制在最简单的个体对个体的直接借贷范围内,稍有扩展就涉嫌犯罪。三是政府管制严格限制民间融资与民营企业之间的借贷关系,这一问题引发了社会对政策法规阻碍社会进步的极大质疑,导致社会认知与政府认知产生严重对立。

1.1.2　研究目的和意义

融资的本质是促进资金市场供求关系的动态均衡。融资及其服务不仅要增进供求关系均衡,还要为提高服务水平而创新。本书的研究目的是探索政府放松对资本市场、金融市场的过度管制,确立民间金融产权,开放民间资本参与金融市场;引导在体制外活动的草根金融走出"地下"实现合法化,促进民间金融从低水平向高水平发展,为民营经济进一步发展创造良好的金融环境。民营企业只有得到良好的金融支持,才有可能成为国际一流的、健康的企业。没有民间借贷,民营企业几乎不可能发展。

民间金融的制度壁垒本质上是制约生产力发展的障碍。实体企业发展的两大支柱是金融服务和科技创新。随着市场化和工业化的深入发展,民营企业迫切需要金融支持,而金融管制政策割裂了民间资金的供求关系,这种管制的后果是扭曲了金融市场的基本关系,也成为阻碍民营经济发展的主要因素之一。深化金融改革,引导民间金融合法化符合生产力发展的方向。从顶层设计入手,确立民间金融产权,开放民间金融市场,构建适应市场化方向、能够促进民营经济长期持续发展的民间金融制度至关重要。

1.2　国外关于金融发展与经济增长关系的研究

西方关于金融发展与经济增长关系理论的研究经历了三个阶段。第一阶段的研究中心围绕金融自由化展开,以麦金农(McKinnon)和肖(Shaw)为代表,以金融政策的开放为重点,来研究发展中国家的金融深化、金融自由化问题,研究重点是发展中国家如何消除金融抑制,通过金融深化促进经济增长。第二阶段的研究重点是金融市场对经济发展的内在化,以内生金融中介和内生金融市场为焦点,主要研究金融中介与金融市场如何内生于经济增长之中,以及金融体系的发展对经济增长的作用机制,并借助跨国数据进行实证检验。第三阶段的研究重点是制度安排对金融发展的影响,研究集中在如何建立促进金融体系发展的制度,以 La Porta 等于 1998 年发表的

《法律与金融》为标志,从法律、利益集团、非正式制度、社会资本等不同角度阐述了制度安排与金融发展的关系。

1.2.1 金融发展对经济增长的外部促进

工业革命以来,工业经济一直主导社会发展。通过研究工业经济增长的奥秘,学者们先后发现了资本积累、劳动分工、技术进步、企业家资源、产权制度等要素与经济增长的密切关系。古典经济学认为资本积累和劳动分工对经济增长有直接作用,新增长理论则强调源于经济体系内部的知识技术和人力资源是经济增长的原动力,新制度经济学则突出产权制度和法律体系对技术创新和经济增长的决定性作用。与此同时,研究者也发现了一个绕不开的因素,那就是资本与金融。

研究金融与经济的关系是一个由浅入深的过程。

首先是发现金融对经济增长的作用。Alexander Hamilton(1781)指出:"就刺激经济增长而言,银行是已被发明的最令人愉快的引擎。"第一个全面考察金融在经济中作用的 Bagehot(1873)发现,金融体系通过方便大型工业项目融通所需要的资金,在英国工业革命进程中起了关键作用。在英国工业革命发生前,英格兰银行的创立、国债发行及制度化和证券市场的形成被称为"金融革命"。Hicks(1969)发现,工业革命并不是技术创新的结果,或者说至少不是其直接作用的结果,而是金融革命的结果,先于工业革命形成的金融市场和金融工具为工业革命创造了重要的前提条件(有的文献翻译成"工业革命不得不等待金融革命")。

进一步研究发现,金融活动具有发现经济要素市场价值的功能。Schumpeter(1912)把金融体系和产品的市场价值与具有创新精神的企业家直接关联起来。他发现,银行的功能在于甄别最有可能实现产品和生产过程创新的企业家,通过向其提供资金来促进技术进步。这一成果把金融对经济增长的作用引为经济增长的主角之一。此后,经济学家们对金融体系与经济增长间的关系展开了持续而广泛的讨论。

二战后,越来越多的研究成果显示金融发展与经济增长之间具有正相关关系,金融发展理论逐步形成。Gurley 和 Shaw(1955)开创性地提出了金融中介对经济增长的重要作用,认为发达国家与发展中国家之间的不同经济表现可归因为这两类国家拥有效率相异的金融体系。Goldsmith(1969)和McKinnon(1973)通过实证分析证明金融市场对经济增长的积极作用,而Robinson(1952)则认为金融市场只是随着经济的增长而增长。Rondo Cameron(1972)在对几个国家的历史经验进行考察后认为,银行体系与工业化之间存在密切关系。[①]

1.2.2　金融发展与经济的内生增长

20 世纪 90 年代,金融发展研究者延用 20 世纪 80 年代兴起的内生增长理论,将内生增长和内生金融中介体(或金融市场)并入模型,对金融中介体(或金融市场)的内生形成及金融中介体(或金融市场)与经济增长的关系等问题进行了全新的论述。

该理论认为资金融通过程中的不确定性和信息不对称等因素产生了金融交易成本。为了降低交易成本,经济发展到一定程度就会内生地要求金融体系形成和发展。内生金融中介理论以 Bencivenga、Smith、Schreft、Dutta 和 Kapur 为代表人物,从规模经济、不确定性、信息不对称三个方面分析总结出金融中介降低了交易成本。而内生金融市场理论方面,Boot 和 Thakor (1997)将金融中介和金融市场都看作参与资金融通的当事人的集合,认为金融中介的优势是它可以有效地监督生产者的行为,从而缓解诸如资产替代之类的道德风险;金融市场则在信息搜寻和汇总方面存在优势,这一优势,使得金融市场得以形成和发展。Greenwood 和 Smith(1997)则分析了金融市场是如何随经济发展而内生形成的。20 世纪 90 年代初,King 和 Ievine (1993)发现,金融发展对经济增长的影响,正是通过影响一个国家的储蓄率和资本配置效率而影响其经济增长的。他们发现,金融中介的规模和功能的发展不仅促进了经济中的资本形成,而且刺激了全要素生产力的增长和长期经济增长。因而金融发展是因,经济增长是果。

---

① Goldsmith 在论及金融发展与经济增长关系时指出:"金融领域最重要的研究课题之一,是金融结构和金融发展对经济增长的影响。"

企业家资源和企业家创业是内生发展理论的重要内容,有关研究和数据分析支持了地方金融与当地的创业绩效有直接关系的观点。Zingales(2002)发现,如果一个人从金融最不发达的地区转移到金融最发达的地区去创业,这会使他的创业成功率提高 33%;金融最发达地区的企业家平均年龄比金融最不发达地区的企业家小 5.6 岁;同样,新企业对人口的比率,金融发达地区比金融不发达地区高出 3 个百分点,按人口平均的现存企业数目在金融发达地区比金融不发达地区高 50%(郭为,2005)。

1.2.3 金融发展与社会习俗的关系

20 世纪 90 年代中后期,LLSV[①]发现不同国家的法律渊源、天赋差异形成不同的外部投资者的产权保护制度,造成了国家之间金融发展的不平衡,乃至影响经济增长。相关研究进而从仅考虑经济变量扩展到考虑正式制度变量,再发展到考虑非正式制度变量,如历史、文化、宗教和社会习俗等制度背后更深层面的因素,把金融变量视作经济体系演化博弈的内生过程。

法律与金融发展的分析角度是现代企业的微观绩效,是分析投资者保护和法律实施效率对金融市场参与者的影响,进而延伸到宏观金融体系发展;政治与金融发展的研究是从利益集团和政治关系的角度,看微观主体的利益与行为选择如何过渡到金融发展;而文化、宗教、习俗、社会规范等非正式制度本身就是个人在金融市场中选择和行为的约束。

Stulz 和 Williamson(2001)检验了法律起源和宗教文化对金融发展的影响,结果发现在解释股东权益保护方面法律起源更有解释力,而在解释债权保护方面宗教文化的因素更有解释力,指出不同的宗教对待债权人权利的态度不同,具有天主教传统的国家会有一个相对不发达的信贷市场。此外,Kanatas 和 Stefanadis(2005)进一步认为,文化对金融市场发展具有重要作用:社会道德越发达,金融市场规模越大;受教育程度越高,经济增长率越大;实行新教的国家更加重视产权的法律保护,这些国家的金融市场也越

---

① 金融发展与法律关系的研究源自 La Porta,Lopez-de-Silanes,Shleifer 和 Vishuy(简称 LLSV,1998)的文章《法律与金融》,第三阶段金融发展理论的研究特征是从法律、制度、政治和人文角度讨论影响金融发展的相关因素。

发达。

社会资本对区域经济的增长作用已经得到广泛认可。Guiso、Sapienza和Zingales(2004)研究了社会资本与获得信贷的可能性和非正式信贷的相关性,结果表明,社会资本水平与融资合约的使用和可获得性之间存在显著相关。由此来看,社会资本的地区差异对造成地区之间金融发展水平的差异具有非常显著的作用。

上述理论对我们的启示,归纳起来就是:金融内生于经济发展,金融发展需要相应的制度安排。这个制度安排应该是市场机制条件下的制度安排,说到底就是要摆脱非市场因素的束缚,让金融内生于市场规制。

1.2.4　金融深化与经济危机

人们不仅研究金融对经济增长的作用,同时也关注金融发展与经济增长之间相背离甚至给经济运行带来的困境。Gerardeaprio 和 Patriek Honohan(2001)指出:"金融深化的提高未能防止全球经济增长率长期下降的趋势,这在一定程度上似乎与我们'金融制度深化有利于刺激增长'的命题相悖。"金融市场自由化导致的资产泡沫化与金融去监管化的不断累积,势必对实体经济稳定发展造成强烈冲击,造成经济衰退和社会动荡的严重后果。1929-1933 年的大萧条触发人们思考金融体系与实体经济之间的关系,Fischer(1933)认为,金融市场的差劲表现是导致大萧条的主要因素。1997 年发生的亚洲金融危机及 2007 年的,引发全球金融危机,进而对全球实体经济带来冲击。危机发生后,人们开始反思金融过度自由化和虚拟化的负面影响,提出重建金融与经济协调发展的关系,新的金融发展理论和金融创新也随之产生。

总体上看,西方的金融发展理论建立在高度市场化、监管法制化和发展创新化三大支柱上,我国的金融发展和金融制度与西方相比还有很大的差距。

1.3 国内关于金融发展与经济增长关系的研究

新中国成立后,建立了计划模式的金融体制,市场化程度非常低。虽然金融机构和金融活动也为实体经济服务,但是从根本上讲缺少促进发展的市场工具,主要表现为"三缺":一是缺少开放的金融价格,二是缺少自主的市场主体,三是缺少合法的中介服务。改革开放 40 年来,国内金融体制和金融体系发生了重大变化,民间金融引起了普遍关注。

1.3.1 强调金融发展对经济增长的积极作用

国内对金融发展与经济增长关系的研究缺乏理论上的深入探讨,较多的是借用西方金融理论与国内金融实践开展实证研究,代表性成果有:谈儒勇(1999)对经济增长进行线性回归分析,检验结果证明金融中介体发展和经济增长之间有显著的正相关关系;韩廷春(2001)认为技术进步与制度创新是中国经济增长的关键因素,金融政策必须与经济发展过程相适应;谭艳芝、彭文平(2003)采用 1978—2001 年的数据分析中国金融发展与经济增长的关系,结果表明,金融发展对投资和资本积累的影响显著为正,但对经济增长的影响显著为负或不显著,综合起来,金融发展对经济增长率的影响不显著。

改革开放 40 年来,国内金融体制和金融体系发生了重大变化,基本建立起了多类型、多元化的金融机构体系,多层次、多功能的金融市场体系,多目标、多工具的金融宏观调控体系,以及专业化、国际化的金融监管体系。但是,相对于商品市场,国内金融改革相当滞后,金融市场化改革还远未完成,在金融业务的准入、资金价格的形成、金融高管人员的管理及高风险金融机构的处置等方面,还保留着强烈的行政风格,金融体系结构单一、功能不全和效率低下的问题依然突出,市场机制在金融资源配置、供求调节、经营约束、风险处置等领域的作用还有待加强。而民间金融之所以引起普遍关注,一方面是人们对正规金融市场的失望,另一方面是民间金融在受到政府管制、排斥的条件下依然表现出强大的生命力,在民营经济发展进程中发挥了重大作用(刘民权等,2003)。

1.3.2　关注金融体制管制僵化的负面影响

McKinnon 和 Shaw(1973)发现,发展中国家严重的金融抑制是制约储蓄积累和经济发展的主要障碍,发展中国家经济之所以欠发达,是因为存在"金融抑制"和"市场分割"。金融抑制假说和市场分割假说揭示了发展中国家金融落后的体制性根源。为了消除中国当前的金融抑制,金融业必须向非国有部门开放,通过在金融市场引入竞争机制来克服国有金融体制的固有缺陷,从而从总体上提高我国金融业的发展水平,进而促进经济的全面发展。

20 世纪 80 年代以来,在改革开放的大背景下,产生了一些具有区域特征的发展现象,特别是沿海地区的民营经济率先发展起来,人们开始对具有区域特征的民间工业化发展现象进行个案研究,研究的过程自然而然遇到绕不开的民间金融与民营经济的关系问题。张庆亮(2001)认为民间金融是一种内生性的金融制度安排,内生于民营经济的发展壮大。

国内研究者对民间借贷问题的研究,主要集中在:导致民间借贷产生的政策和经济因素,民间借贷在宏观经济体系中的正反面作用和影响,民间借贷在发展中国家之间的差异性比较,民间借贷对经济结构和民营企业的影响,民间借贷本身的生存现状及其合理性实证,民间借贷发展的前景和正规化路径的探讨。相关研究视角主要包括:金融体制的研究视角、信息经济学的研究视角、与中小企业关系的研究视角。

1.3.3　重视金融市场与企业相互关系研究

围绕企业与金融的关系,研究者借鉴不同理论,演绎出四类关系,即共生关系、内生关系、因果关系和内外关系。

1. 借鉴生物学共生理论提出企业与金融的共生关系

在生物学共生理论中,生物体之间以某种特定方式互相依存、相互作用,形成互惠共生、协同进化的共生关系,并依靠共生关系达到平衡状态。

共生理论对民间金融研究的意义,在于能够对民间金融与民营经济之间相互影响、相互补充的紧密关系给予有效的解释,二者之间确实存在互相依存、不可分割的共生关系,从而形成了民间金融和民营经济这一对金融生态共生体。

袁纯清(1999)是国内率先将共生理论引入金融学领域的研究者,他认为银行与企业之间、银行与银行之间、银行与非银行金融机构之间以一定的共生模式形成相互依存的关系,认为最优的金融共生模式是连续对称性互惠共生。这一成果把金融市场中关于竞争关系的研究视角从"非赢即输"格局转向"双赢"格局,对我国金融体系建设有很好的理论意义。张沁(2012)把民间金融与民营经济视为共存于社会经济法律制度这个大环境中的两个共生单元体,这两个共生单元之间不仅通过合作产生了共生利润,即共生净能量,还通过相互交流获得了对方更多的信息,达到共生的信息积累。虞群娥、李爱喜(2007)通过对杭州个案的实证研究指出我国民间金融与中小企业存在很强的共生关系。这种共生关系是正规金融、民间金融和中小企业三类市场主体博弈的均衡结果,是在现有制度空间约束条件下的理性选择和次优均衡解。郑威、李元华(2012)发现,由于缺少正向激励的共生环境,民营经济与民间金融在各自单独存在情况下无法形成共生能量,互相促进,限制了民间金融与民营企业之间形成共生关系。而导致这一后果的根源,一是金融市场化改革滞后导致中国金融市场体系不完善,二是依赖社会成员自律的民间融资信用资源短缺,三是非法民间金融活动得不到有效监管。

2. 借鉴发展经济学内生增长理论提出企业与金融的内生关系

民间金融早期产生于自然经济的血缘、地缘、业缘关系基础上,为抵御高利贷的盘剥,形成合会等互助金融组织,解决成员生产生活上的问题,是一种"内生金融",并非单纯依托民间经济而存在。

这种内生关系受到信息范围的限制,民间金融活动区域的扩大将导致民间金融信息丧失优势。由于融资多发生在亲戚朋友、乡里乡亲之间,交易双方极易沟通,从而能充分地利用地方的信息存量,克服因信息不对称和信息不充分而产生交易成本这一金融服务的障碍。相对于正规金融,民间金融具有信息上的优势。由于逆向选择和道德成本风险的显著减少,民间融资能较好地选择贷款投向,降低交易费用。但是随着交易金额或交易地域范围的扩大,民间金融超出了社区和熟人的边界,信息的不透明性增强了,民间借贷必将面临与正规金融机构同样的信息采集困难。而民间借贷由于制度和人力资本的缺失,再加上借贷规模较小,所以,每笔借贷产生的信息成本必然会高于正规金融机构,这成为制约民间金融发展的瓶颈。

在我国经济转轨时期,扩张的民间金融与正规金融之间形成了互补效应,在一定程度上缓解了民营中小企业融资难的局面,对促进经济与金融的发展发挥了众所周知的积极作用。但是不能否认,民间金融的合法化发展也存在着一些制约因素。黄寰、刘小丽(2007)发现,民间金融对民营经济在区域发展过程中具有多种适宜于自主创新的功能特性,使民间金融更能切合区域自主创新的实情、更有效地畅通区域产学研的融合、更有助于风险企业的成长,有必要放手发展民间金融,发挥其对区域自主创新的积极作用。

3. 借鉴逻辑学因果理论提出企业与金融的因果关系

卢成万、周昭雄、孙珺(2012)通过实证分析,得出结论:1998—2010 年,民间金融发展与民营经济增长之间存在一种长期均衡的关系。协整关系进一步表明,这种长期关系是正相关的,即民间金融的发展将会促使民营经济增长。同时,他们发现,民间金融发展是民营经济增长的重要原因,而民营经济增长却没能更好地推动民间金融的发展,这充分说明我国金融制度改革严重滞后于现实经济发展的需要。他们主张从三方面着手促进和引导民间金融的良性发展:一是加快民间金融的体制机制创新,二是尽快出台民间金融的法律法规,三是引导民间金融投资渠道多元化。

吴强(2009)等研究者从金融可持续发展视角出发分析了民间金融与民营经济发展的关系,发现企业不同发展阶段,民间金融的作用各有不同。民间借贷对绝大多数民营企业在企业发展初期、企业成长阶段的作用巨大。当企业进入壮大成熟阶段后,民间借贷力有不及,对企业发展作用逐步减小。他们也发现,民间借贷对民营经济发展的支持存在空间上的信任半径。这个信任半径的大小取决于一个社会的文化、风俗习惯及社会发展水平,这个信任半径也是民间金融服务范围的大小。他们主张政府应当鼓励民间融资活动、规范发展民间资本介入民营经济融资活动。在民间借贷发展的过程中,政府部门应采取措施进行引导和规范,放开民营经济介入金融的渠道,构建区域民间金融市场。

4. 借鉴政治经济学体制改革理论提出内外关系

中国工商银行宁波市分行课题组(2007)把民间金融活动定位为"体外循环"资金,他们分析了民间资金在体制外循环的经济和社会效应,发现体外循环资金凭借其自身的效率和有效性在我国农村乃至县域范围内广泛存在,且具备一定的信息优势,在正规金融功能缺位的前提下,成为正规金融不可或缺的补充,实现金融资源在小范围内的优化配置。与此同时,他们也发现体外循环资金具有一定的隐蔽性和盲目性,给国民经济和社会发展带来不利影响:一是引发经济纠纷和恶性刑事案件,严重影响社会安定;二是造成金融信号失真,不利于国家准确把握宏观经济信息;三是缺乏有效的监督和约束,影响正常的金融秩序和整个金融的宏观调控;四是税务部门无法准确掌握放款人利息收入,造成国家部分税收的流失;五是容易发生融资款到期后不能按时兑付,相应增加企业财务风险。

胡一荆(2003)认为,我国民营经济的快速发展内生出对民间金融的制度要求,针对民间金融制度的特殊性,政府有必要通过明晰产权、把民间金融机构纳入中央银行的监管体系、建立存款保险制度、建立市场准入和退出机制及利率市场化等方面来构建民间金融制度,促进民间金融尽快向正规金融转变。

1.4　民间金融问题研究评述

关于金融体系与经济发展关系的研究,20 世纪 50 年代以后,基本上形成两类思路:一是以统计技术来检验金融供给与实体经济之间是否存在关联,以及这种关联的性质和作用;二是确认金融供给是经济增长的重要变量,认为经济增长是金融供给的函数。

1.4.1　国内民间金融研究共识

近年来,相对于体制内的金融体系被称为"正规金融",越来越多的学者把民间金融定义为"非正规金融""地下金融""场外金融""隐形金融"等,甚至以贬义的"高利贷"称谓民间金融,其中以"民间金融"的称呼最普遍。国外学者对民间金融的定义已基本达成共识,普遍认为民间金融是没有被中央银行监管当局控制的金融活动,通常称为"非正规金融";关于"非正规金融"的论题集中在民间金融需要规制,以及需要什么法律规制,已经走过了是不是需要合法化的认知阶段。在此前提下,国外学者关注民间金融的各种形式,如天使融资市场、民间自由借贷、企业社会集资、轮转储蓄信贷协会、合会等,并发现民间金融在不同国家有不同的形式。

国内对民间金融的研究已基本形成如下共识:一是民间金融的产生有其体制性、微观机制性、制度变迁博弈,以及历史、文化、社会习俗等多种原因;二是民间金融对正规金融、民营企业有正、负两面效应;三是民间金融的风险主要来自管理制度的缺陷与缺失;四是民间金融的阳光化合法化需要建立相关的法律法规和政策制度;五是民间金融的合法化只能通过政府的正式制度来确立,越早提供正规制度安排,越有利、越主动。

国内研究对民间金融产生的争议集中在两个方面:一是民间金融的概念、范围和发展趋势评价,二是关于民间金融的阳光化合法化、利率管理、民间集资、监管立场等方面的认识存在显著差异。

民间金融和正规金融是在时空上并存、关系上相互割裂的两个融资体系,二者利率不同、风险控制方式不同、借款条件不同、目标客户不同,更为重要的是,借贷资金不能跨市场流动。民间金融的兴起和发展,使大量民间资金按照市场导向进行配置,打破了正规金融一统天下的局面。民间金融所动员的民间资金在一定程度上较好地满足了民营企业的资金需求,对民间创业、民营企业家的成长和民营经济的发展壮大起到了不可替代的作用。民间金融与民营企业相互支持构建了自成一体的民间融资体系。

1.4.2 民间金融研究的薄弱环节

民间金融历史悠久,具有极强的生命力。新中国成立以来,政府按照所有制来区别对待不同的金融主体,民间金融一直饱受打击和排斥。改革开放以来,民间金融没有获得市场准入资格,沦为为民营企业提供融通资金服务的"地下金融"。其后,国内学者多数以资金活动是否纳入国家的金融管理体系,或者是否具有监管性为标准对民间金融和正规金融进行界定。

国内研究尚存在如下不足:第一,规制类研究多以正规金融制度为基准,对民间金融的态度多是排斥和指责,却没有反思国内金融垄断体制和金融政策对正规金融业务、正规金融机构的保护;第二,法制类研究较多集中在民间金融在金融体系中的法律地位、存在的形式,以及民间金融对经济发展的作用;第三,地方类研究过多强调地方金融特色,较多强调地方民间融资方式的合理性、发展绩效、政策开放的需求,对民间金融发展创新的实证研究相对不足;第四,政策类研究过度肯定融资技术微观改革的作用,缺少反思政策管制和行业垄断对民间金融带来的金融风险。

1.对民间金融的自我成长性、经济发展的增益估计不足

当前,民间金融正朝向有组织、专业化的方向演变,融资模式和融资载体不断被创造出来,这种变化是传统民间借贷向具有现代金融特征的民营金融转型的趋势。这一趋势说明,民间金融不会只是一个阶段性的存在,它会随着经济发展水平的提高、金融制度改革的推进而前进。从已有的发展经验看,民间金融不仅不会从经济领域消失,而且会随着经济活动的多样性而表现得更加活跃,更具适应性。

2.对民间金融与正规金融的动态关系认识不足

民间金融与正规金融各自活动在各自的市场中,满足各自的金融需求,在管理体制上、市场范围方面相互不发生关系,缺少交叉环节。但从整个融资需求市场来看,民间金融弥补了正规金融留下的市场空白地带,对正规金融的融资业务产生一定的替代作用,同时,也存在与正规金融机构争夺金融资源的现象。从区域经济发展的历史和现实来看,正规金融机构再完善,也无法替代民间金融的地位和作用。

3.把高利率借贷放在政府管理、法律规制、正规金融和社会大众的对立面

能够提示高利率借贷本身意义、还原高利率借贷本来面目的研究成果不多,且多出于社会学、伦理学、法学和经济史的视角。直到20世纪90年代后,随着正规金融机构的弊端日益严重、民间借贷对民营经济发展所起的作用日益增大,社会把对官办金融的垄断霸权转化为对民间高利贷的同情,社会在对高利率借贷一边倒的"有罪论"和"有害论"中,发出了一些肯定和理性的声音,这些声音发现了高利率借贷对民营企业和金融市场不可替代的作用。

1.4.3 本书的研究指向

《千年金融史》作者 William N. Goetzmann 在书中直接提出历史存在金融大分流问题,他认为,中西方在金融发展上的差距比技术进步上的差距出现得更早,"如果19世纪东西方工业上的发展差异源于金融差异,并且晚于金融差异出现,那么如何、何时,以及为何产生了这种差异? 欧洲如何建立了超越中国的纸质经济?"他认为,中国古代很早就形成了繁荣的实体经济和市场机制,并且拥有高度发达的信息管理系统,例如户籍制度,人口、财政、地契、证明文件等有效的商业管理制度,却没有把资本引向技术创新的商业机制。从古代的泉府、钱庄、票号、质库等,到近代的保险、证券、银行等,民间金融一直无法摆脱政府权力的挤压和控制。政府一直通过权力垄断行业、管制利率,导致各种民间金融受制于权力干预或附生于权力圈,如清代扬州盐商、山西票号、广州"十三行"等都是权力特许的,晚清洋务运动中出现的各种民间私人创办的实业,各种"官督商办""官商合办"的实体都没有离开"官",包括各种机器修造工厂、缫丝厂、面粉厂等,背后都离不开像盛宣怀这样的权贵力量,民间金融先天发育不良,"官僚利用对资源的控制,利用对信息的独占,利用掌握的企业使用权、收益权、处置权和转让权,谋取私利并损害全社会福利"(杜恂诚,2004)。从历史观察看民间金融,我国民间金融天然与实体经济的发展相适应,同时又天然受到国家权力的控制,因此,制度决定着金融的命运。

本书讨论的民间金融的基本范畴主要有以下三个。

1.关于民间金融活动的分类

根据资金用途不同,民间融资可以分三大类:一是常规性消费融资,用于常规生活的支出;二是经营性融资,用于生产经营活动;三是社会恶性融资,用于赌博等社会犯罪行为。根据融资形式不同,可分成两类:一是资金直接借贷,二是融资中介服务。

2.关于本书的研究对象

本书的研究对象限于市场经济范畴中的商业融资,融资目的用于企业经营、投资领域等,不涉及社会生活中的民间生活消费借贷和非经济行为的赌博等恶性犯罪借贷。本书中出现的"地下金融""地下市场"等涉及"地下"的概念,仅限于讨论尚未获得合法许可、平等良性的经济活动,不涉及具有恶性犯罪性质的和社会公德不能接受的经济活动。

3.关于本书的主体内容

本书研究的主要内容是:研究民间金融对民营企业发展的内生关系与正外部性,在更深入的层次上探讨民间金融对民营经济发展的重要性和必要性;研究民间利率,主要是民间借贷的利率内涵、利率的表达方式及民间利率的形成机制;研究高利率借贷的概念和商业模式,主要是从特定商业模式的角度,探讨高利率借贷对民营企业的特定商业内涵和必不可少的商业地位;研究确立民间金融产权的积极意义,探讨民间金融合法化的制度框架,提出促进民间金融发展的政策路径;研究民间金融改革的切入点和突破口,特别关注一些民营地方商业银行为民营企业提供金融服务的创新探索,尤其是向小微企业提供创新性的金融服务的实践及经验总结,为体制内商业机构服务民营经济提供可复制和推广的融资模式。贯穿全篇的是民间金融合法化和民间金融发展的新动向。

1.5　内生民间金融的主要内容

本书探讨的民间借贷特指商事信用借贷,即市场经济条件下民营企业营商性活动中产生的民间资金借贷交易,不讨论基于自然经济的民间互助性生活消费借贷和用于赌博等社会犯罪行为的借贷。在民营经济发达地区,后两者不是民间借贷的主体,为民营企业提供正常生产经营和投资的资金借贷才是民间金融的主流。

1.5.1 民间金融概述

关于民间金融,有相当多的研究局限于给民间金融划分范畴,为民间金融下定义。然而,民间金融不是新生事物,而是一个已经活跃了几千年的商业模式,它的商业内涵、市场地位和运作模式是有相当的历史传承和内在联系的,已经形成了特定的商业形式,也有不可替代的市场地位。

就所讨论的切入角度和侧重点,对民间金融的讨论主要集中在以下四个方面。

1. 关于市场地位与法律地位

我国民间金融的市场地位与法律地位是严重不匹配的,民营经济发展与民间金融形成的互为一体的内生关系被法律体系割裂,形成体制内和体制外两种法律身份,构成了"新二元结构"下的"二元金融结构"。西方金融发展建立在市场自由和金融监管的基础上,没有关于民间金融存在与发展的法律地位问题,只有如何监管民间金融的问题。我国的金融体系是按照计划经济模式建立起来的,民间金融活动被约束在一个活动空间极其狭小的民事行为范围内,大多数民间融资的经营活动被界定在法律法规允许的范围之外。[①] 随着经济发展和经济体制改革的深入,这种法律法规之外的民间融资活动也在持续深入发展。在相关的学术讨论中,关于民间金融对经济发展的作用,多数研究成果基本持肯定态度。对于民间金融成长过程中所体现出来的自发性、市场主体性、运作安全性、经营有序性等具体运作方面的问题,研究者有不同看法。由于民间金融无论是形式还是机制,都处于低水平的草根阶段,制约其发展的直接因素是制度的不开放。因此,对于民

---

① 根据相关法律法规,合法的民间借贷是:①出借人资金必须是自有资金,禁止吸收他人资金转手放贷;②民间借贷利率可适当高于银行同期利率,但最高不得超过银行同期利率的四倍;③资金来源合法,资金用途合法;④非特定公民之间的借贷属于"非法集资"。参见1998年7月13日朱镕基总理签署的国务院令《非法金融机构和非法金融业务活动取缔办法》〔国务院令(第247号)〕。

间金融问题的讨论,都会首先牵扯到金融监管制度问题。对此,学者们一般是先选择观念立场,而不是通过法律属性来判断民间金融的地位。

2. 关于信息甄别与信用认同

官办金融机构以现代银行体系为主,现代银行体系有一套格式化的信息收集和识别规范。而民间金融因其草根性,还没有向现代金融转变,但是,民间金融的草根性却有天然的适应草根经济的信息甄别机制,这种信息甄别机制与民间金融的风险控制是相适应的,并有其特点,主要集中在两个方面:一方面,以历史积累的社会生活信息来全方位甄别借款人的信用指数,从而确定借款人的信用风险是不是在可以控制的范围内;另一方面,借款人以社会生活中的地位和角色来维护自己的信用等级,从而使自己所承担的风险与偿还能力相一致。

3. 关于风险控制与金融秩序

监管部门和研究人员往往约定俗成地认为民间金融是"制造金融风险的高利贷"与"乱集资,扰乱金融秩序的源头"。实际情况是,大量的民间借贷并没有产生外界所渲染的那么严重的风险,民间借贷很有序地在民间正常运作;民间的基准利率已经有上千年的市场运作经验,比国内官办银行利率的历史多出上千年,有其内在的机理和依据;民间金融并不影响官办金融的地位,只会影响到官办金融的利益。用"非法集资"的个案来代替对整个民间金融的判断是错误的。

4. 关于利率形成与收益比率

利率是讨论民间金融的核心问题,其中最受非议的就是高利贷。民间利率是已经市场化的利率。但是,人们至今都无法讲清楚认定高利贷的标准,只能举出一些发生高利率借贷的具体事例来证明民间融资存在高利贷。唐宋至明清,民间借贷的一般利率在月利两分左右,政府限制民间借贷利率最高上限及累计息金不能超过本金。我国现行法规规定民间借贷利率不能超过同期同类银行贷款利率的四倍。就像许多人不清楚"四倍"利率是高利贷的标准一样,人们也不清楚民间利率高与低的构成标准,只是笼统地以民间借贷所产生的风险较大为由来解释民间利率高于银行利率。

1.5.2　民间金融与民营经济的内生关系

从正规金融机构正常经营一般贷款业务的视角来看,民营企业融资的特点是额度小、期限短、频次高、随机性强等,这些特点平摊到民营企业每笔小额贷款业务上,对计划性很强的商业银行来说,都是高成本。而民间金融机构对民营企业的融资需求具有天然的内生性和适应性,民间金融市场对民营企业的融资需求响应快、效率高,能够快速满足民营企业,及时适应市场变化。因此,研究民间金融对民营企业发展的内生关系与正外部性,在更深入的层次上探讨民间金融对民营经济发展的重要性和必要性是十分有意义的。

1. 民间金融对区域经济发展具有正外部性

民间金融与民营经济之间存在内生性契合关系,除了基本的资金服务功能外,民间金融市场还具有显著的外部性,如甄别有潜力的企业家、转移经营风险等功能。民间金融对民营企业成长的促进作用体现在合理配置资源、提高资源配置效率的过程中,需要通过金融媒介,才能把资源配置到最需要、最有效率的部门。民间金融的繁荣也促进了区域经济的发展,在我国沿海地区,依靠发达的民间金融支持发展起来的区域块状产业群,促进了区域经济的工业化和城镇化、市场化和民营化,相对于民间金融和民营企业发展偏弱的地区,沿海地区的居民收入水平、生活水平明显偏高。

2. 现有民间金融对民营经济支持具有局限性

在市场化先发地区,民间金融与民营企业都得到了快速的发展,但受限于经济领域改革的差别化政策,两者发展的路径截然不同,民营经济在制造业和服务业领域快速发展起来,最终成为多种所有制经济共同发展的主体之一,而民间金融却没有获得合法的经济地位,依然以"地下金融"的身份弱小如初。由于政策的限制,处于"地下"状态的民间金融远不能满足民营企业发展的要求。一般来说,民间金融普遍能够满足小微企业的融资需求,但无法支持资金需求规模偏大的大中企业的融资需求。

3. 民间金融向民间投资转移

民营企业的大发展和大项目建设需要建立与之相适应的现代金融市场

体系,具有金融产品丰富、融资手段多样、融资规模大、融资效率高等诉求。显然,民间资本不会满足于仅向中小民营企业提供融资服务,小额贷款公司被许可若干年后不温不火,部分资金甚至萌生退意,转而重回民间借贷。民间资本有强烈的转为正规金融资本的天然诉求,但正规金融体制目前明显还未接受这种诉求,于是民间资金又重走民间借贷的老路。民间投资也不能依赖银行,必须让民间资金进入现代资本市场,成为民间资本的出路。

1.5.3　民间金融利率与风险逻辑

研究民间利率,主要是研究民间借贷的利率内涵、利率的表达方式及民间利率的形成机制。市场条件下的利率机制,应该由利率决定、利率传导、利率结构和利率管理等机制组成。

在金融管制条件下,监管部门实施利率管制和信贷配给,支持国有经济获得较低利率和更多资金,增强了国有经济扩张的动力,而这种管制下的低利率金融资源无法配置到体制外的民营企业,民营企业只能转向民间金融市场寻求资金支持,产生了体制内金融市场和民间金融市场,客观上造成了资金市场和利率市场的分割。

历次的民间金融危机告诉我们,金融资产的损失都不是单一风险造成的,而是由信用风险、市场风险、政策风险和实务操作风险共同促成的。当市场出现大波动的时候,纠偏性政府调控政策就会接踵而至,这种纠偏性政策就是从利率和货币发行量入手,调控行为直接将已有的资金供求平衡打乱,资产价格的历史关联也被打乱,民间金融市场运行出现的不规范行为和人为调控因素加快了市场风险的到来,在这种情况下,金融市场的价格评价体系已经无法正常评价市场大波动时的资金价格。

民间信用是一种平衡风险与收益的商业逻辑。在民间金融市场中,民间融资的坏账率较低,资金配置效率较高,风险与收益比较稳定。民间利率表面上是资金的价格,本质上是对风险的定价。民间利率是平衡风险与收益的均衡定价,风险越高,利率越高;收益越高,利率越高。与此同时,民间金融中存在显著的低违约率现象,卓凯(2006)对"非正规金融"的契约治理机制进行了剖析,认为非常不完备的"非正规金融"契约与低违约率并存,是因为"非正规金融"契约的执行主要是依靠契约的私人治理机制来实现的，这主要表现为五种形式，即抵押品化的"社会资本"的治理效应、重复博弈与信誉机制、关联交易与违约成本、联合贷款与连带责任、非法暴力机制。

打破民间借贷原有信用平衡的外来力量是金融科技，这也是民间借贷风险的来源。从金融发展的规律上看，金融市场的创新发展往往领先于金融市场监管体制的创新发展，而金融创新的目的本质上是推动资金活动摆脱监管，获得更高利息。推动民间借贷创新转身的力量是金融科技，2008年之后出现了互联网金融大发展，如果监管部门没有具备相匹配的监管能力，就会演变成科技金融套利，同时也演变成风险积累。这种监管能力不足造成的监管缺位，客观上助长了金融科技成为互联网金融危机的发源地，最终沦为互联网金融牺牲品和替死鬼的，就是真正具有融资需求的中小微民营企业。

1.5.4　民间高利借贷是金融市场细分所需

本书主要是从特定商业模式的角度，探讨高利率借贷对民营企业的特定商业内涵和商业地位。

高利率借贷（以下简称"高利借贷"）本质上是民间金融市场的特定金融产品，其产品特征是短期、高效、应急。一方面，高利贷金融产品是金融市场中细分市场的小众产品，不具有覆盖所有融资领域的普遍性。同时，现有监管体制下的金融市场没有任何金融机构能够提供这种产品，导致金融市场出现空白。另一方面，流动资金是企业经营不可缺少的血液，任何企业都会遇到短期应急业务需要活动资金不足的情况，从这个角度来讲，使用高利借贷资金对企业来说具有普遍性，而现有金融市场不能提供应急融资，这是市场和体制自身存在的缺陷，所以，需要改变的是市场和体制，而不是简单打击和消灭高利借贷，需要改变的是金融垄断和资本垄断对民营企业发展所造成的制约和由此引起的国企民企两极分化格局和发展态势。

民间高利借贷是一种特定商业模式。高利借贷资本与企业长期资金需求的错位配置也是金融市场供求关系扭曲的表现。减少这种扭曲给企业造成的高利率负担、化解由此给企业带来的资金链风险的唯一出路是民间金融合法化,建立开放、平等的金融市场,使民间金融成为持续、稳定的金融体系。

民间高利借贷经营者对政府规制的诉求是实现民间借贷的自由合法规范。民间高利借贷的自由合法规范包括确认民间金融产权、实现有效率地配置金融资源,同时还要建立安全自由、公平竞争的金融秩序。建立普惠制金融体系,使民间企业和国有企业享有同等待遇,不论是大企业还是中小企业,都应当平等地享受相对应的金融服务,而不是厚此薄彼。

政府对民间借贷的监管目标是"规范化和阳光化",强调民间借贷要主动浮出水面,在现有法律框架内对自然人非专业参与民间借贷提供财产和收益的保护,而对于专业从事经营民间借贷的人,予以非法吸收公众存款、集资诈骗、高利转贷等罪名进行打击。也就是说,目前的民间借贷活动是合理不合法的金融活动,还没有专门的民间借贷单行法律,民间高利贷合法的发展空间几乎不存在。

民间金融的诉求是自由化和合法化,而监管部门的要求是规范化和阳光化,市场目标与监管目标相互错开,监管红线却不是市场边界,这是当前金融监管体制面临的重大挑战。公共服务产品缺失与公共服务能力不足是相伴而生的,其本质是公共服务机构的价值理念和政策工具不能适应市场需要,这在民营企业融资服务和金融市场体制机制中体现得尤为明显。

第2章 "新二元结构"中的民间金融与民营经济

我国的经济结构除了存在城乡二元结构之外,还存在国有部门与非国有部门并存的体制性二元结构,这就是"新二元结构",即国有经济部门与非国有经济部门相对分立的所有制结构。史晋川(2016)认为,浙江打破城乡二元结构僵局的途径是走工业化与城市化协同发展的市场经济之路,发展民营经济,实现区域发展现代化;要打开新二元结构僵局,关键是深化经济体制改革,放松产业管制,让民营企业进入更多的领域。二元金融的症结在体制壁垒,出路在体制改革。①

2.1 "二元金融结构"中的民间金融

国有部门与非国有部门相对分立形成了"新二元结构",构成了由体制壁垒造成的,并衍生出体制内、体制外两个不同体系、不同规则的二元金融市场,即体制内的"正规金融"与体制外的"民间金融"。相对于国家依法设立的金融机构,民间融资是民间非金融机构的自然人、企业及其他经济主体之间以资金筹措为主并支付本息的融资活动。正规金融得到法律体系支持,由国资机构控制,而民间金融游离于正规金融机构及体制法律之外,监管力量治而不及。

---

① 史晋川认为,由于经济体制改革不彻底,非国有企业要进入国有经济所在的且已占据垄断地位的产业部门是非常困难的事情,即使法律法规或政策上已经准许进入的产业部门,非国有企业想进入时无处不存在重重体制障碍,以至于实际上根本无法进入。

2.1.1 "二元金融结构"

在现有经济格局中,"二元金融结构"包含两重含义:一重含义是指法律地位,即合法金融部门与非法金融部门并存,体制内的金融部门拥有合法身份,体制外的金融部门没有获得合法身份;另一重含义是指发展状态,即现代化金融部门与落后传统金融部门并存。合法的金融机构以现代化管理方式经营着银行与非银行金融机构,资本和资金实力雄厚,技术设备精良,管理方式先进,活跃在现代化大中城市;而落后传统金融机构的资金规模弱小,一般采用钱庄、钱会、当铺之类的传统模式,风险大,以与现代化金融机构伴生的方式从事"地下金融"活动。这种二元金融结构是由二元所有制经济结构决定的。

在渐进式推进的市场化改革进程中,国有经济部门与非国有经济部门都在"公有制经济和非公有制经济都是社会主义市场经济的重要组成部分"[①]的理论体系指导下,获得了发展的机会,但经济体制改革的市场化进程还不够彻底,民营经济在开放的竞争性领域全面发展,国有企业则在垄断性领域占据市场优势,从而形成二元经济结构。与经济结构相伴而生的金融体系也相应形成二元结构:一个是与民营经济相伴相生的民间金融体系,一个是具有国资背景的国有经济部门和国有金融部门。"正规金融"与"地下金融"并存的"二元金融结构"是基于二元体制结构成长起来的伴生体。在两个市场之间存在无法跨越的产业政策壁垒和市场管制壁垒,导致两个市场之间处于相互隔离的状态,两个市场还同时分别支持着国有垄断产业体系和民营竞争产业体系,在实际经济运行中,"地下"与"地上"两大金融市场构成对民营经济的市场均衡。

"二元金融结构"中存在着深刻的体制性矛盾。在二元经济结构形成和成长过程中,二元经济结构的矛盾也直接接入二元金融结构系统当中:在计划体制中形成的强大国有金融部门对资金供求形成支配地位,民间金融没

---

① 参见 2013 年 11 月中共十八届三中全会通过的《中共中央关于全面深化改革若干重大问题的决定》。

有合法地位却在顽强成长。国有金融部门占有庞大的金融资源和金融产品,但市场化进程缓慢,资源配置效率低下;民间金融直接面对市场竞争,却要支付高于国有银行存款利率的成本才能占有部分资金,以高效率对冲高成本才能在民间借贷市场中获得生存空间。这就决定了国有金融部门和民间金融部门之间强烈的不公平市场地位和市场竞争。

"二元金融结构"本质上是金融差别化管制导致市场分立的后果。一个重要特征就是银行成为政府的"影子",政府以"有形之手"干预金融资源配置,导致银行资金利率与企业资金需求相对"锁定",从而失去价格引导功能和供给弹性。学术界普遍批评"正规金融"效率低下,根本原因就是"正规金融"安排金融资源的依据是政府的政策导向和行政命令,以及主要向国有经济配置资金、提供服务。政府行政化安排资金配置的政策使国有企业获得大量金融资金,同时又使非国有企业在银行部门难以获得资金,这导致民营企业不得不转向民间金融市场寻求资金支持,并生成庞大的民间金融市场。

对"二元金融结构"中被称为"地下金融"的民间金融,学术部门、监管部门、经济部门持有不同的态度。[①] 从学术部门看,一种态度是主张禁绝民间金融活动,另一种则主张开放管制民间金融活动并积极引导使其合法化。从监管部门看,监管政策内容的刚性与执行监管政策的柔性同时存在,政策方面的表态是坚决否定,而政策执行却是象征性的。从经济部门看,国有经济部门主要依赖银行等金融机构开展经济活动,而民营经济部门对银行无可奈何又咬牙切齿,因为早期工业化不能没有金融支持,无论来自国有银行或是民间金融。[②] 这种"二元金融结构"类似加尔布雷斯(Galbraith)所指的"二元体系"特征,大企业组成的计划体系和中小企业组成的市场体系。[③]

---

① 更多有关这方面的学术讨论请参阅本书第 5 章。

② 希克斯 1969 年指出,英国工业革命条件有二:一是技术革命,二是金融市场。能够开展各种债券交易的具有现代特征的金融市场为工业革命提供了投资所需要的资金,在"比较适当的时间出现的金融发展"成为工业革命的重要条件。

③ 加尔布雷斯认为,美国的现代工业社会中存在两个经济体系,一个是由 1000 家左右有组织的大公司组成的"计划体系",权力掌握在技术和管理人员手中,控制着市场和价格。另一个是由 1200 万家分散的小企业、个体生产者、农场等组成的、处于被支配地位的"市场体系"。"计划体系"占统治地位,对"市场体系"有支配权,"计划体系"和"市场体系"的这种不平等性导致经济发展不稳定。

2.1.2 民间借贷的市场属性

民间融资的规模和范围不断扩大,发展速度加快,民间融资资金流向相对集中,主要依附于当地的传统产业,民间融资来源广泛,民间资金与正规金融资金联系密切,由于法制不够完善,民间融资纠纷的诉讼案件逐年上升。民间资金借贷是具有商业属性的资金交易,特别是因为经营行为发生的资金借贷,是依据市场原则进行的资金交易。判断民间资金借贷的属性,可以从三个角度开展观察分析:一是借贷资金的用途,二是借贷资金的定价依据,三是借贷资金的交易形式。

1.民间借贷资金的用途

民间借贷资金的用途可以分三大类。一是大额消费借贷,借贷资金用于家庭生活大额支出,如婚典、建房、疾病等,这类活动是人生普见的大事,其融资的不确定性往往可以预见,借贷一般发生于亲朋好友之间,因此融资往往能够得到实现。此类借贷的特征是:借入资金用于非商业需要,偿还时间比较宽松。由于此类资金偿还的时间较长,资金的增值效率较低,实际利率低于商业利率。二是营商性借贷,资金用于生产经营活动,如经商、办厂、周转等,借入方通过资金借贷获得相应的经济收益。此类借贷的特点是借贷次数频繁,资金到位的时间要求较高,资金偿还周期较短,资金的使用效率较高,利率相对较低。这种融资活动往往发生在商业伙伴之间。三是赌博性融资,资金用于赌徒支付赌资,往往发生在赌博活动现场,普通赌徒的融资金额不大,往往在 10 万元左右,但是,赌场现场借贷的发生频率很高,现场的借贷总额数目惊人,贷出方要求的利率很高,偿还期限较短,偿还过程中往往伴随暴力行为。

民间资金融通形式可以分成两类:一是直接借贷,二是间接融资。直接借贷就是借贷双方直接交易资金使用权,间接融资是通过民间资金掮客以中介服务形式实现资金交易,民间间接融资服务的一个重要特征就是资金交易的效率非常高,这种高效率是银行无法做到的,这也成为民营企业选择民间借贷的重要理由之一。民间资金间接服务有汇票贴现、搭桥续贷、催收货款等。民间借贷的资金融通链条涉及诸多社会群体,详见图 2.1。

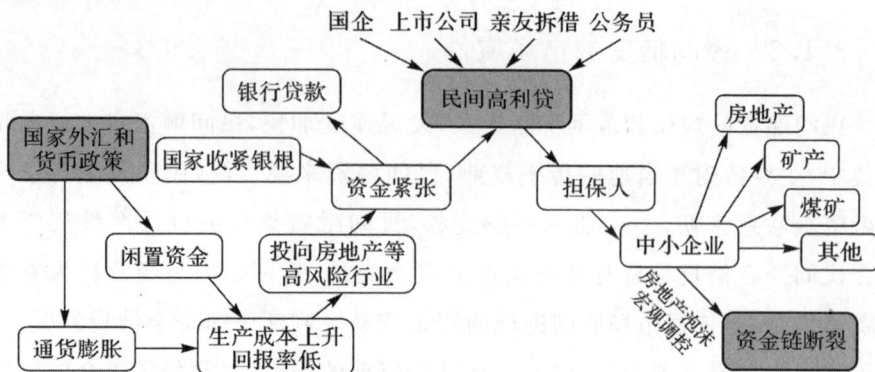

图 2.1　浙江沿海某市民间借贷资金链

2.民间借贷资金的定价依据

民间借贷利率可分为生活消费利率、商业利率、高利贷利率。民间借贷的利率,往往与资金的用途和性质有关。用于人生大事的生活消费借贷利率,如果偿还周期较长,亲朋好友之间考虑人情关系,一般只主张与银行同等利率;如果借款来自非亲非故的普通人,则利率相对商业借贷利率略高些;如果用于救急,亲朋好友之间可能会不要求支付利息。事实上,民间借贷的商业利率高低与借贷期限的长短和商业活动内容直接挂钩,制造类企业固定资产多,资金安全系数高,借贷期限长且利率低;商业销售类企业固定资产少且要求资金到位快,期限短且利率高。而高利贷一般是指借贷月利在 3 分以上的资金借贷活动。①

民间利率的高低,第一,受个人信用影响,民间借贷中,借入方信誉高则风险低,借贷利率也低;第二,受资金供求影响,资金供给充沛则利率低;第三,受资金收益影响,资金收益高则利率高;第四,受通胀率影响,通胀率高则利率水平也高;第五,受抵押影响,有抵押的借贷利率低;第六,受资金用途影响,资金用于经商办厂周转,业务风险低则利率低;第七,受资金使用期限影响,用于生产经营的长期借款利率低,用于商业周转的短期借款利

---

① 根据对多位从事民间借贷活动人士的访谈,普遍认为,民间借贷利率在 3 分以上的话,无论经商、办厂,即便是企业的生产经营处于正常状态,资金流还是不足,都会出现拆东墙补西墙来偿还高利贷的困境,直到无墙可拆,资金链断裂,企业停止运作。

率高。

从事民间借贷的人士普遍反映,"三缘"(地缘、血缘、业缘)是资金借贷的参考因素,不是开展资金借贷的依据,也不是影响利率的因素。真正决定是否发生资金借贷的,还是看个人信用、商业信用和资金用途。在市场环境风险较高的时期,民间借贷的理想模式是"熟人+不动产"。

3.民间借贷资金的交易形式

(1)利率。利率以"分/月"计算,一般来说"3分利"就是月利率3%。许多研究者和新闻报道往往人为地把民间借贷"月利率"放大到"年利率",例如"3分利"=年利率36%,同时也人为地放大利息支付总额,这种情况只有理论上存在,事实上并不会真实发生。

(2)期限。普通民间借贷一般是借给从事制造业的企业,一年为"一期",一年一借。短期借贷以5~7天为"一期",3个月为长期借贷。风险的不确定性很高,民间掌控能力有限,因此,短期借贷往往是专业从事融资的中介,长期借贷往往是出借人直接向企业提供长期借贷。

(3)付息。短期借贷支付资金时,先把利息扣除,实际得到的资金为"本金-利息",这种借贷形式称为"放倒款"。而工业企业的借贷资金以实收资金为准,并不预先扣除利息,而是以月计息,每三个月支付一次,借贷时间按古历计算,如果遇到闰年,则支付13个月利息。

(4)风控:借熟不借生、借短不借长、借小不借大。民间借贷行为中,绝大部分知晓对方底细,或者有中间人牵线;留有借据并有中间人见证;利息按照民间借贷习俗约定;发生债务违约时,往往首先借助民间力量催讨,在民间力量无效的情况下,再借助司法途径维护权益。

2.1.3 民间金融的法律规制

民间借贷是民众自发而普遍的信用行为,是民间金融的最简单形式。战国时期,民间放贷收息已经是普遍现象。中国古代民间借贷的重要特点是高利借贷,利率往往达到本金的100%,甚至更高。而历朝封建政府很少干预借贷行为,但会干预借贷利率的高低。在长期的民间借贷实践中,形成了具有规范性的风险控制机制和约束力的内生习俗规范机制。只要双方当事人表示真实,即可认定有效,因借贷产生的权利义务关系也相应建立并有效执行。现代银行制度建立后,民间借贷与银行借贷规模相比,呈现出借贷体量小而总量大、个体影响小而总体影响大的特征。对民间普遍而自发的行为,政府应该以合理的态度进行规范和疏导,为借贷关系中各主体方提供合理的利益安排与公平的纠纷解决机制。

民间借贷是一种财产权利的交易方式。以民间放贷人营利与否为标准,可将借贷行为区分为民事借贷和商事借贷。从理论上讲,无论是自然人之间的借贷,还是公民与非金融企业或者其他机构之间的借贷,只要其中有一方专业经营贷款业务且以营利为目的的,就可以认定为商事借贷,纳入商事范围。区分民间借贷的法律属性,有助于正确界定民间借贷的适用法律,保护合法民间借贷;也有利于找准民间借贷的主体、内涵和重点,制定有针对性的明确规则和监管责任,更好地利用引导监督民间资本和民间借贷市场。

在西方国家,民间借贷是指国家信用体系之外的一切信用形式,包括商业银行和银行信用,属于商事法律调整的对象。在我国,民间借贷则属于民事法律调整的范畴。《中华人民共和国银行管理法暂行条例》规定,个人不得从事经营金融业务;《合同法》第二百一十一条规定,自然人之间的借款合同约定支付利息的,借款利率不得违反国家有关限制借款利率的规定。同时根据最高人民法院《关于人民法院审理借贷案件的若干意见》,民间借贷的利率可以适当高出银行的利率,但最高不得超过银行同类贷款利率的四倍,并且规定民间个人借贷活动必须严格遵守国家法律、行政法规的有关规定,遵循自愿互助、诚实信用原则。出借人的资金必须是属于其合法收入的自有资金,禁止吸收他人资金转手放贷。民间个人借贷利率由借贷双方协商确定,但双方协商的利率不得超过国家规定。公民与企业之间的借贷,只要双方当事人意思表示真实即可认定有效。

我国司法实践未把民间借贷列入商事管辖范围。首先,到目前还没有关于民间借贷的专门法规(包括政府的行政规范)。因为缺少专门的法律规范,所以缺少法律依据来规范民间借贷行为,现有的法律规范也难以防范和化解民间借贷危机。其次,现行法规对民间借贷的界定为公民个人之间的借贷,列入普通民事行为管辖范围,而没有顾及民间借贷在社会经济活动中巨大的市场规模和民间对专业发展民间借贷的强烈要求,把民间借贷行为约束在很小的范围内,与社会对民间借贷的一般认知存在相当大的距离,既不符合市场经济的发展需要,也不能满足社会公众对发展民间借贷的期待,客观上严重束缚了金融市场的规范和中小民营企业的发展。民间借贷的规制目标是实现民间借贷的阳光化、合法化和规范化,明确民间借贷的市场主体地位、业务经营方式、监督管理机制、风险防控机制等。

针对新形势下国内各种非国有金融机构和业务发展的新态势,2018 年 7 月,最高人民法院审判委员会第 1746 次会议审议通过《最高人民法院关于上海金融法院案件管辖的规定》,其中最大亮点是在第一条明确了金融民商事案件范围,共有五项表述①:第一项规定的 11 类纠纷,争议方的主体都是金融机构,②这些机构持有特定的金融牌照,经过专门的审批或者备案登记,可确认为金融民商事案件。第二项规定的 6 类纠纷,《最高人民法院关于审理独立保函纠纷案件若干问题的规定》(法释〔2016〕24 号)明确规定了独立保函纠纷;保理纠纷相关司法解释正在制定过程中;私募基金纠纷,包括私募股权、私募证券基金,涵盖了私募基金内外部纠纷;非银行支付机构网络支付纠纷(俗称"第三方支付"纠纷);网络借贷纠纷(俗称"P2P"纠纷)。当事人双方中一方是网络借贷平台的,属于金融民商事案件。当事人双方都是公民的民间借贷案件,目前不考虑列入金融民商事案件范围,依然属于普通民事案件。

随着民营经济快速发展,民间资金借贷活动对经济活动的影响越来越大,专业化程度也越来越高,民间借贷的商业性远高于民事性,所以,不应该

---

① 《规定》第一条明确规定了五项金融民商事案件:一是证券、期货交易、信托、保险、票据、信用证、金融借款合同、银行卡、融资租赁合同、委托理财合同、典当等纠纷;二是独立保函、保理、私募基金、非银行支付机构网络支付、网络借贷、互联网股权众筹等新型金融民商事纠纷;三是以金融机构为债务人的破产纠纷;四是金融民商事纠纷的仲裁司法审查案件;五是申请承认和执行外国法院金融民商事纠纷的判决、裁定案件。

② 这里讲的金融机构,是指经国家金融监管机构批准设立的从事金融相关交易的机构,主要包括:银行、证券交易所、期货交易所、黄金交易所、证券登记结算公司、证券公司、期货公司、信托公司、保险公司、基金公司、金融资产管理公司、融资租赁公司、汽车金融公司、财务公司(有金融许可证)、担保公司、典当行、小额贷款公司、保理公司、经中国证券投资基金业协会登记备案的私募投资基金等。

把民间借贷仅仅视为民事活动,在法律上应该视为商事行为,其商业属性如下:①民间借贷是一种产权转让行为。民间借贷的标的物必须是属于出借人个人所有或拥有支配权的财产,借贷双方通过签订书面借贷协议或达成口头协议形成特定的债权债务关系,从而产生合法的权利和义务,应当受法律保护。②民间借贷是一种商业合约行为。市场主体双方的借贷关系及借贷数额、借贷标的、借贷期限、收益比例等都取决于借贷双方的书面或口头协议。只要协议内容合法,应受到法律的保护。③民间借贷是一种交易支付行为。借贷双方是否形成借贷关系,除对借款标的、数额、偿还期限等内容意思表示一致外,还要求出借人将货币或其他有价证券交付给借款人,借贷关系才算正式成立。④民间借贷绝大部分是有偿借贷。民间借贷是否有偿由借贷双方自愿约定,只有事先在书面或口头协议中约定有偿的,出借人才能要求借款人在还本时支付利息。

市场经济的主体包括机构法人,还包括自然人。在改革开放之后的很长一段时间里,我们并没有把自然人看成市场主体,只把个人视为劳动者。在民间借贷关系中,传统社会的父债子还观念,延续到现代社会就是把民间借贷视为自然人的民事行为。在现代市场经济关系中,无论是父债子还,或是子债父还,都不符合市场经济的规则,这个时候就会出现市场失灵。因此,规范民间金融,不是只要求在法律上讲清楚个人借贷的权利、责任与义务,更需要构建具有市场经济意义的民间借贷的权利、责任与义务,说到底,就是要摆脱非市场因素对民间借贷行为的规制,而是以市场经济规则对民间借贷进行规范。这种规范包括建立个人财产支配、个人信用记录、个人破产等制度,在制度规范中,资产负债清晰、商业信用透明,民间放贷人成为职业放贷人。

现有的民间借贷商事主体范围太小,削弱了民间金融的主体力量。民事借贷与商事借贷执行同样的主体认定、利率规制标准,这不符合市场经济法则,也会助推民间借贷利率不断升高。当然,把民间借贷视为民事行为,也是基于现行商事法律体系中没有民间借贷的法律地位,简单地说,民间借贷还没有成为合法化经营的商业领域,只能视为民间个体之间的民事行为。被界定为民事行为,民间借贷的商业经营的性质就被剥离了,民间借贷也就无法获得商业化资格,这与经济现代化发展和市场化改革的方向是背道而驰的。

2.2 民间金融对市场与社会的平衡效应

没有效率就没有发展,没有稳定就没有持续。一旦追求效率,就会增加风险;一味追求稳定,就会失去活力。民间金融如何在金融运行的效率和稳定之间寻求一种合理的平衡,是民间金融长期发展的核心和关键问题。民间金融把发展寄托于经济进步,把稳定寄托于社会发展。

正规金融和民间金融两大体系,在金融市场中的地位和影响力都是不可替代的。在我国工业化和城市化进程中,一方面,正规金融机构能够有效保证投资项目完成和促进经济增长,并产生提高民间金融资金使用效率的正外部性,单纯依靠民间金融力量是无法实现经济稳定增长的目标的。另一方面,民间金融可以增强正规金融的资金使用效率,因为民间金融所独有的私人有效信息获得渠道、快速高效操作办法和习俗法则担保机制,有利于增进借贷市场帕累托最佳效应,这也是正规金融无法达到的。因此,从理论上说,民间金融与正规金融是可以实现相互补充、相互增进的市场均衡的。

2.2.1 民间金融市场生态系统

市场经济是一个动态平衡的生态系统,金融市场是其重要组织部分。金融市场也是有规律性的生态系统,各种金融组织的生存和发展,与其外部的经济组织、运行机制和生存环境密切联系、相互作用,构成动态平衡系统。民间金融因其草根性、适应性和灵活性,具有很强的生命力,是这个系统中不可缺少的组成部分。

从发展历史来看,民间金融在中国金融发展史中一直是主要角色,已有几千年的经营历史,而现代银行在中国只有一百多年的经营历史。现代银行体系建立后,现代银行的高组织化、规模化和融资形式的多样性,适应了现代大工业的发展要求,成为现代经济的市场主体,民间金融市场受到挤压而萎缩。但是,后工业化地区的低水平工业化道路,起点低、规模小、技术落后,规模和管理缺少现代因素,切入点往往选择传统产业和传统产品,民间金融相应地楔入经济发展,也因此成为不可回避的问题并浮出水面,引起政府的关注。[①]

　　与此同时,也要看到,在我国当前的市场经济条件下,民间金融对民营企业生产经营活动具有不可替代的地位和作用,[②]这种不可替代性表现为两个方面:一是服务中小微企业的地位是不可替代的。中小企业与商业银行几乎是同龄人,中小企业的融资难问题也是与生俱来的,但是,现代银行产生以来,没能很好地解决中小企业融资难的问题。中小企业的融资来源主要通过民间金融市场筹集资金,详见图2.2。二是服务方式的灵活简便是不可替代的。在资金到位的时间和效率方面,特别是在重复多次的借贷关系里,民间金融资金到位及时,对借入方的信息掌握和判断的优势远远超过正规金融。为中小企业在市场经营中及时把握市场机会、赢得先机提供了必要的条件。

　　但是,我国实施改革开放政策以后,政府金融改革的基本思路是排斥和限制民间资金进入金融市场,把民间金融限定在传统的不具营利性的互助融资层次上,以古老而传统的民间信用形式(各种形式的"会")开展融资活动,迫使民间营利性金融活动一直处于"地下"状态,使其无法走上现代化道路。

　　沿海地区的民间金融活动历史悠久、形式多样、经营活跃,常通过直接

---

　　① 　民营经济离不开民间金融的存在,民间金融合法化既是经验总结,也是现实要求,更是历史必然:①日本于1915年通过《轮转储蓄和信贷协会金融法案》,对"会"进行公司化改造,规定之一是"会"必须以有限公司的形式进行登记,规定之二是"会"员人数不能超过100人、每人会金不超过1万日元、会期不超过5年。②我国台湾地区于1975年和1989年两次整顿民间金融,让民间经营较好的"会"和钱庄转制为中小银行机构;1989年,让"会"合法化,列入民事法律规范对象。

　　② 　关于民间金融的市场规模,有资料显示:①"2010年,我国民间借贷市场的资金存量已超过2.4万亿元,占当时借贷市场比重达到5%以上。"参见蔡辉,冯融. 规范和引导民间金融发展,破解中小企业融资困境[J]. 银行家,2011(12):122-124。②"1978—2008年,国内民间借贷规模从1978年的400亿元左右扩大到2008年的5.4万亿元左右,规模扩张速度与同期官办金融机构的贷款规模速度几乎相同。1978年,民间借贷占金融机构贷款余额比重达21%左右,1982年和1983年达到27%左右,2005年约17%,2008年为17.8%。"参见李建军. 民间金融:不可替代的内生需求[N]. 中国经营报,2010-2-20。

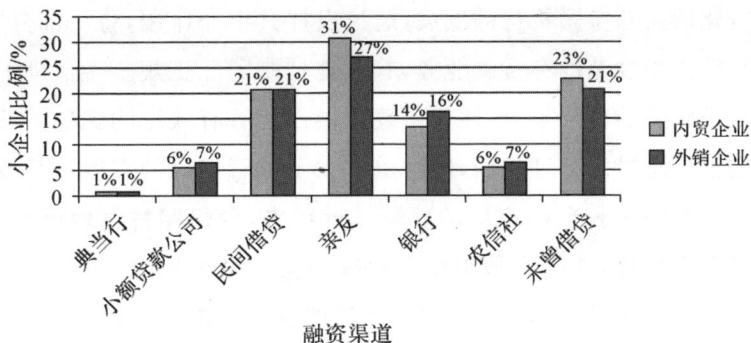

图 2.2 2010 年至 2016 年受访内外贸小企业主要融资渠道分布

借贷、向社会集资、以互助会等形式集资。伴随当地民营经济的发展,民间金融经过多年的自发成长,已经从一个边缘的、起补充作用的金融市场小角色,成长为为民营企业提供融资借贷的重要渠道。草根金融不仅提供了一个平衡监管成本、风险评估和机会收益的金融方案,而且拥有地方金融市场相当比重的市场份额,也替代了官办银行的部分市场职能,民间金融与官办金融在整个金融市场中形成市场均衡。据浙江省银监局 2003 年对浙江省部分地区的企业民间集资总量测算,温州、台州地区分别为 110 亿元和 80 亿~100 亿元,湖州、丽水地区分别为 70 亿元和 85 亿元,宁波市的民间借贷总量估计应在 50 亿元以上(万鲲锋,丰秋惠,2004)。2010 年,浙江温州的民间借贷余额为 800 亿元,是同期银行贷款余额(5050 亿元)的 16%,全年发生的民间借贷总额约有 1120 亿元,年末金融机构贷款余额为 5700 亿元。同年,浙江台州的民间借贷余额为 400 亿元,是同期银行贷款余额规模(3300 亿元)的 12%,全年发生的民间借贷总额约为 1650 亿元,年末金融机构贷款余额3055.82 亿元(钟士取,2011;奚尊夏,王立平,张江等,2012)。

民间金融是在市场经济深化背景中对金融组织单一性与经济主体多元化、金融体制僵化与市场化发展之间存在的强烈反差而产生的适应性自发行为,是政府管制下正规金融制度安排供给不足的产物。与正式的金融机构相比,民间金融的参与者往往可以获得更多的私人信息,能够较好地解决信息不对称问题。总体来看,台州的民间金融行为相对理性,借贷双方相互比较了解,社会性风险相对较小。另一方面,台州银行、泰隆银行和民泰银行等规范化的民营金融机构的发展,通过发挥其中介作用,将一部分"地下"资金交易转变为规范的存贷款业务,有效地抑制了非正规金融活动的运行,拓宽了货币政策的传导渠道,使货币政策操作能够有效影响到经济活动,便利了社会信用总量的合理控制,同时也扩大了监管当局的有效监管范围,有利于地方金融秩序和金融市场的规范。近年来,台州路桥等地民间借贷利率总体呈下降趋势,这与个私中小企业在民营金融机构融资支持下摆脱了以往单纯依赖民间借贷作为外部融资渠道的现实是相呼应的。

2.2.2　民间金融市场"地下空间"

在管制环境中,民间金融和正规金融是同一经济体中并存的、相互割裂的两个金融体系。在官方语境里,民间借贷处于政府监管体系之外,依靠民间社会道德规范体系进行约束,属于"地下经济"范畴。民间金融的"地下"特征表现为"三无":一是"无合法身份",民间金融没有官方许可的资格背景,个人或组织之间进行的金融活动,没有得到官方许可;二是"无行政监督",民间金融主要依赖于特定的私人关系建立融资网络,没有纳入政府公共管理体系,缺少公共管理对借贷行为的规范;三是"无国家信用",民间金融的借贷双方都通过民间中介实现资金融通,资金借贷只依靠民间信用体系支持,没有合法的法律身份,也就没有国家信用支持。

在"三无"条件下,巨额的民间资金在不受监管条件下自由运营,一直是政府的心病。政府希望能够掌控和引导民间资金的走向,通过采取政策和法律手段,把民间金融活动严格限制在狭小的空间里,导致民间融资活动很容易踩到法律底线。①

---

① 　根据最高人民检察院、公安部《关于公安机关管辖的刑事案件立案追诉标准的规定(二)》第二十八条之规定:"非法吸收公众存款或者变相吸收公众存款,扰乱金融秩序,涉嫌下列情形之一的,应予立案追诉。"归纳起来分类如下:

类别	金额起刑标准	吸收户数起刑标准	造成损失起刑标准	其他条件
个人	20万元	30户	10万元	造成恶劣社会影响
单位	100万元	150户	50万元	扰乱金融秩序情节严重

参见2010年5月7日发布的《最高人民检察院、公安部关于公安机关管辖的刑事案件立案追诉标准的规定(二)》。根据上述规定的起刑标准,对一个需要通过民间借贷方式融资的个人和企业来说,达到或超过上述"警戒线",就很可能会触犯刑法,构成犯罪。

2.2.3 民间金融的资金动员模式

民间金融市场与经济增长存在显著的相关性,民间金融和正规金融之间是互补、替代和转化的关系。根据统计资料分析,台州工业企业的资本收益水平呈下降趋势,2003 年,工业企业每万元资本金所产生的利税所得为1119 元,到 2011 年,这一数值下降到 873 元,相当于 2003 年的 78%。而同时期的城乡居民人均收入大幅度增长,城镇居民家庭人均收入,2003 年为15548 元,2011 年为 35616 元,增长了 129%;农村居民人均纯收入,2003 年为 5359 元,2011 年为 13108 元,增长了 144%。基本结论是:长期以来,工业企业的资本收益水平落后于居民收入水平。居民收入水平的快速增长导致居民的消费剩余积累也相应增长,本着家庭财富资本化的理念和传统,家庭闲散财产通过民间金融市场转化为民间投资。与此过程相对应的是,在区域经济体中,产业资本选择逐渐退出制造业领域,转向资本收益更高的行业,如房地产、金融和其他居民服务业等。必须承认,产业资本的机会主义得到了金融体系的支持,尤其是民间的金融机构。经济学家皮特·罗素(Peter L. Rousseau,2001)将此现象定义为"金融引导"(financial led),把经济加速成长的原因归于金融体系强大的资金动员能力。

1. 组织资金来源

民间资本一般可分为四类:一是民间家庭的自有财产,二是企业内部资金、企业内部集资、企业或个人的异地投资等,三是存放于银行的社会闲散资金,四是个人外币储蓄。借贷资金来源以个人资产为主,融资渠道及形式也表现出多元化特征,包括个人和企业间的直接借贷、企业集资(集股)、私募基金、小额贷款公司、典当行、担保公司、投资咨询公司、地下钱庄等机构大量参与民间借贷,组织化程度显著提高。

2. 建立投资网络

主要是依靠亲戚、朋友和同事等熟人关系组成一个联系紧密的资金往来路线图和资金融通网络,大家共同出资,以集体行为提供出借资金,由牵头人作为债权人代表与债务人交涉。在现有的民间借贷活动中,民间个人与企业间的直接借贷方式已经不适应当前民间借贷关系发展的需要了,一方面是因为个人自有的资金供给能力已经不能满足企业经营活动的需要，另一方面是企业更愿意接受大额的单笔资金以降低交易成本。因此，民间个人的闲散资金通过中间人集中起来，向企业提供所需要的资金。这也是经济发展对民间金融提出的进一步发展的要求，民间金融也因此向组织化的方向发展。

3. 约定交易方式

民间借贷手续简单，一般就是一张借条，写明借入方向谁借钱、借入资金数额、利率、归还期限，如果有中间人，中间人也签名。一般情况下，借入的资金当天就可以到账。借入方使用资金的期限，每期有一定的天数，如论周计算5至7天，论月计算1个月，论季计算3个月，论年计算6个月或1年。大部分民间借贷集中在3个月之内。

4. 明确资金用途

民营企业借入资金主要用作流动资金，补充企业的现金流。对借入资金的企业来说，现金流充沛也就意味着企业的生产—销售链顺畅，资金周转和回笼的速度也快，通过提高企业的资金周转速度，客观上也就增加了企业的年度利润，增强了企业还本付息的支付能力。

5. 选择交易对象

借贷双方已有的社会关系是发生融资往来和防范融资风险的根本前提。为保障资金安全，防止借入方经营不利导致亏损、资金使用方被骗走资金、负债过重无法偿还而逃跑，贷出方在选择交易对象时除坚持熟人的前提下，同时着重把握三点：一是借入方自身要具备一定的财力和偿还能力，二是借入方的个人品行，三是借入方所经营项目的市场前景。

随着民间借贷的活跃，各种形式的民间融资主体纷纷成长起来，过去是借贷自有资金为主的个私企业、城乡居民为借贷主体，演变为筹集社会资金的典当行、担保公司、投资咨询公司等组织形式为借贷主体，规避法律监管参与民间借贷。进而出现部分个人以消费贷款名义向银行借款，利用银行贷款利率大大低于民间借贷利率的利差，套贷银行资金引入民间借贷。部分个人闲置资金通过民间借贷直接融资给企业，企业的经营情况直接关系到民间借贷资金的正常运行。

2.2.4 民间金融的是非与进退

许多理论和权威认识都把民间金融的生息行为划入非道德范畴。尤其是近代以来,把有生息行为的民间借贷等同于高利贷,并把导致农民贫困的原因与高利贷联系起来。如谢国兴(1991)认为,在传统中国农村,负债与贫穷之间差不多可以画上等号。李金铮(2003)也认为,民间借贷是经济贫困制约的结果。中国自 20 世纪 30 年代以来,一系列的农村调查都反映了这种认知,温锐(2004)认为,这是用道德标准评判经济行为。[①]

西方经济学界也面临过同样的问题。在熊彼特(2004)看来,经济学,几乎从它成为一门科学时起,就一直在与那些紧紧抓住货币现象的人的普遍的错误认识相抗争。无论是银行借贷,还是民间借贷,对创业者来说,如果他没有借到,显然他就不会成为一个企业家。

用道德标准来评判民间借贷的性质,很多研究结论往往停留在某个时间断面上进行"是"与"非"的评判,却没有在财富创造和社会生产的"进"与"退"上进行观察,虽然有利于社会进步的事物在当时并不那么"道德"。问题在于,如果社会生产模式始终停留在"收入=支出"的均衡循环状态,没有资本和利息,那么生产过程也就不产生利润,也不存在分配问题。如果社会生活只保留"零利率"的资金借贷而不是由市场来配置资金,除非"收入=支出"的生产模式永恒地存在于没有天灾人祸的世外桃源。

民间金融的市场组织形式到目前为止依然传统,最直接的原因是民间金融的"地下"和"非法"身份。在民间借贷的组织形式中,不仅有大量的直接借贷,也有大量的间接融资。民间直接融资的形式有个人或企业借贷、合作贷款、民间票据贴现、合会、企业集资集股等。间接融资的主体是私人钱庄,这是目前金融法律严厉打击的对象。"私人钱庄"在法律上是"是""非"问题,在发展上是"进""退"问题。私人钱庄的发展生命力和社会进步性是有事实依据的。台州银行的前身是台州银座金融服务社,1988 年 6 月 6 日,

---

① 温锐认为:"传统民间借贷在学术界长期被笼统冠之以'高利贷'而备受责难,道德评判多于甚至替代了经济理性分析。"

陈小军创办的台州银座金融服务社在路桥镇正式挂牌,在当地人看来,陈小军办的金融服务社就是私人钱庄。在与陈小军的访谈交流中,他回顾自己的创业经历,认为台州市商业银行的历史就是小钱庄(银座金融服务社)阶段—大钱庄(路桥城市信用社)阶段—制度意义上的银行(银座城市信用社)阶段—法律意义上的银行(台州市商业银行和台州银行)阶段。沿着私人钱庄路径成长起来的台州银行,行业竞争力一直处在全国领先的位置,自2005年《银行家》推出中国商业银行竞争力排行榜以来,台州银行的竞争力一直在资产规模1000亿~2000亿元城市商业银行中名列前茅,2015年以来连续四年荣获排名第一,是中国地方商业银行资产质量的标兵样板。

2.3　民间金融对民营企业的增进功能

民间资金进入金融市场后,资金的基本功能就是满足民营企业的生产与再生产需求,促进资金规模集中和角色转换。具体来说,就是改革开放以来,民间金融与民营经济的互利互益贯穿某些区域的经济发展全过程。本书的出发点是经济增长与金融发展之间具有内生关系,其中包括相互促进的正相关作用是促进经济增长的一个关键。由于民营经济和民间金融之间获得的政策际遇完全相反,前者进入体制内成为多种所有制共同发展的重要组成部分,而后者却被阻挡在整个法规体制之外,以"地下金融"的身份存在,没有机会获得合法的身份且得不到很好的发展。基于这个基本事实,民间金融与民营经济的关系就成为内生的非对称关系。

民营经济与民间金融之间的地位在理论和政策上存在如此巨大的反差,可以说是"悖论",民营经济高速发展却身处融资困境,民间金融身处"地下"却相当活跃,承担起助推民营经济的融资角色。融资约束是制约民营企业发展的瓶颈,民营经济创造了庞大财富,转化为民间资本,且以市场为导向进入金融市场追求利润最大化,但体制上的限制把民间资本推进"地下金融"产业,民间资本只能在体制外、规范外的民营金融市场来转化为金融资本。

民间金融市场的基本功能包括资源配置、发现价值、转移风险、传导信息等。资源配置就是金融市场能够有效引导资金根据需求合理流动,为融资双方提供更多融资途径、内容不同的金融工具,为融资双方便利金融交易、降低融资成本、提高资金使用效益创造条件,提高了资金配置效率。发现价值是融资双方通过市场交易发现企业债务的价值和股东权益的价值,一个体系完善和有效率的金融市场是供求双方发现资金价格的前提。转移风险就是民间金融市场通过双方交易分散和转移风险,金融资产多样化决定了风险多样化,金融市场融资双方的资产多样化、交易多样化为风险分散化提供了条件,为经济持续、稳定发展提供了条件。传导信息就是金融市场通过价格变化信息引导市场主体的经营行为,传导央行的政策信号,实现货币政策意图。

2.3.1 民间金融市场的企业家筛选功能

发现企业家要素的市场价值是金融市场的重要功能。企业家资源的稀缺性构成了区域发展差异的直接原因,要能够让企业家资源转化为生产力发展要素,需要有与企业家资源相匹配的制度安排,这种制度安排首先是自由的市场环境和金融体制,这种制度能够把稀缺的企业家资源与稀缺的社会资本进行最有效率的配置。从根本上讲,欠发达地区真正缺少的不是企业家资源,而是缺少发现企业家的市场制度。在民营经济内生发展环境中,民间信用制度就是发现企业家资源禀赋的市场制度(周霖,2009)。民间借贷是民营经济快速发展的前提和基础。

1. 民间金融是发现企业家的制度安排

金融市场的功能是配置金融资源,首先是把稀缺的资金要素配置到最需要资金、使用资金效率最高的企业家或企业。在市场机制作用下,社会财富的分配和分布是处于非均衡状态的。把作为发展要素的社会财富和创业人才结合起来,并加入劳动力要素,才能构成创造社会财富的市场关系。但是,社会财富的存量分布处于相对稳定状态,而创业人才的增量则处于动态增长状态,这就导致了社会财富与创业人才不能一一对应,需要建立有效的资金融通机制和市场化的要素配置机制,把社会财富与创业人才结合起来,使创业人才得到资金支持。

在目前我国金融市场不开放、创投体系不健全的背景下,民间金融作为重要的融资市场,在支持民间创业方面具有突出的作用和效率,尤其是通过企业家甄别机制,在区域企业家资源的形成过程中发挥着重要作用。

在民间资本初创时期,无论是市场体系方面,还是制度规制方面,都处于不规范的状态,特别是资本、资源、技术等要素十分匮乏,创业者主要依靠个人的市场眼光、冒险精神、决断能力和社会关系资源等因素获得商业机会并成功创业。但这些对成功创业起决定作用的因素却不能通过企业的财务报表得以体现,并向银行部门传递信息。银行部门的融资审批程序主要依靠企业的可抵押资产、财务报表等直接信息。缺少这些基础信息,银行等正规金融机构无法对创业初期的企业提供有效的金融支持。因此,现有正规金融体系只能发现企业的固定资产和现金流,而对企业家尤其是创业初期的企业家能力不具备发现功能。而民间金融主要是观察企业家的个人能力和社会资本,基于人缘、地缘、血缘关系建立基于习俗法则的信任机制,这是一种典型的关系型金融。民间资金提供者对创业者的个人才能、自有资金投入、项目预期收益、潜在风险等内部信息的掌握相对正规金融机构来说要充分得多,能够有效甄别出成功可能最大的企业家和企业,为其提供资金。

2.民间金融对企业家的筛选培育

企业家资源的形成必定会有一个与之相适应的金融市场和融资体系,为企业家资源配置资本要素。在现代经济条件下,融资主要来自银行借贷、股权交易和债券融资,但是,这些融资方式都指向那些已经有资本积累、有经营业绩、有成熟市场的企业。传统融资体系指向有形的物质资本积累,传统融资模式对初始创业或新兴产业无法找到契合点,显然,不能支持初始创业和新兴产业的融资体系是有缺陷的金融市场。在国内创投体系不完善的条件下,民间金融在事实上承担起了相当于风险投资的职能,把企业家禀赋转化成为企业家资源。

民间融资方向首先指向人的素质,这种素质就是信用,是建立融资关系的基础。民间资金的提供方在开展融资活动前首先考察的是人的商业素质、信用评价、人际关系和道德品质等。对于初始创业的人来说,这些信用指标表现出的良好品质往往成为民间借贷的依据。同时在创业起步阶段把良好的信用素质纳入对创业者的评价,对培养高素质的企业家有积极作用。因此,民间资金对企业家的信用选择就是一个筛选过程,这种筛选客观上为市场提供了高素质的创业主体。在相当程度上,民间金融是民营企业初始发展的"第一动力",也是民营企业家赖以成长的"第一资源"。

在民间金融市场,不同的资金提供者对不同的创业者有着不同的预期和判断,因此可以按照自己对创业者的判断做出投资决策,这就把原来由创业者自己单独承担的风险分散到民间金融市场的不同主体中,在实现整个社会风险优化配置、社会整体效用水平大幅提高的同时,大大降低了创业者的创业风险,鼓励了创业者积极开展创业活动。虽然出资方投资的初衷并不准备承担损失,但是,这种投资的高风险和无担保是客观事实,且并不分享创业者的预期收益,这种融资形式本质上是对创业者未来预期的一种风险投资。

2.3.2 民间金融市场的风险转移功能

完善和开放的市场都具有转移风险的功能。民间金融市场除了一般的资金组织、借贷融通功能外,还具有分散和转移风险的功能。金融交易对象不是特定的,交易对象具有复杂性、多样性、隐蔽性,这也决定了金融资产的多样性和金融风险的多样性。

金融交易是资金的当下使用权与未来收益权的交换,这种未来收益具有不确定性,资金交易是价值转移,同时也是风险转移,资金流动也就是风险流动、信息流动。所以,金融本质上是风险鉴别、风险定价、风险交易和风险转移的过程。金融市场通过双方交易实现风险的分散和转移,为融资双方的资产多样化、交易多样化和风险分散化提供了条件,为经济持续、稳定发展提供了条件。

民间金融市场具有转移实体企业经营风险与资产风险的功能。资产交易的过程本质也是获得收益、转移风险的过程,金融市场和技术应用是分解风险、转移风险的主要途径。在金融市场缺失的条件下,技术水平低意味着风险程度低,企业会选择专业化程度较低、生产效率较低的生产技术,以限制高技术应用产生的风险;在金融市场存在的条件下,企业可能通过金融资产多样化的形式,对风险进行分解,并通过金融市场进行资产交易转移风险,并采取较高的技术来获得较高的收益。

资金的流动性和财富的多样性是金融市场稳定、持续发展的重要内涵。金融市场能够有效引导众多分散、多样化的小额资金汇聚一起,投入社会再生产的资金集合功能,既聚集了资金,也聚集了风险。金融市场为融资双方提供了防范资产风险和收益风险的途径,具体有两种实现方式:一是资产交易,二是套期保值,通过现货交易和风险对冲,实现风险转移、风险分散和风险规避的目的。总之,借助金融市场的交易体系、交易规则和交易工具,比较便利地实现资产交易和风险交易,达到分散和转移资产风险的目的。

2.3.3 民间金融市场的价值发现功能

民间金融市场的目标,一方面,要着眼市场化配置金融资源,促进资本市场发展直接金融,提高资金使用效率;另一方面,要发展以银行为中心的间接金融,构建民营企业价值发现功能,避免资金游戏和金融危机。工业化的基本特征是把资本、劳动、土地、知识等要素有机组织起来,通过集中的工厂化生产方式和新技术、新工艺的改进来提高劳动生产率,实现产品的增值和社会财富的增长。由于分散的田野式生产方式的生产效率远低于工业生产效率,生产要素向工业化的生产单位转移。Kuznet(1979)曾指出:"没有各种要素在不同经济部门之间的充分流动,获得人均产出的高增长率是不可能的。"促进各种要素在不同部门之间流动的动力来自机制配置资源的作用。市场机制在合理配置资源、提高资源配置效率的过程中,需要通过媒介把资源配置到最需要、最有效率的部门,这种媒介就是资本。

1. 民营企业初始创业阶段的融资结构

这个阶段的企业样本主要是年产值在 500 万元以下的企业,其中有处于创业阶段的,也有部分是经营时间达 5~8 年的小规模企业,这种企业很少会建立完善的财务制度。从企业访谈总的情况来看,民营企业初始创业的资金来源都比较相似,主要由三部分构成:一是先商后工积累的自有资金,二是亲戚朋友的借款,三是民间借贷资金,亲友入股和银行贷款所占比重不大,详见表 2.1。

表 2.1 民营企业初始创业阶段融资结构

	自有资金	亲戚朋友借款	亲友入股	民间借贷	银行或信用社
资金规模/万元	559	313	122	382	136
所占比例/%	36.9	20.7	8.1	25.3	9

资料来源:56 份有效问卷的回忆数据

在改革开放初期开始创业的民营企业,初始创业阶段基本是家庭作坊式的个体工商户,经营规模很小,经营方式亦工亦商。从资金来源的结构反映出企业的资金关系主体来自地缘、亲缘关系,受正规金融体系的资金关系影响很小,这也许会成为企业成长过程所需资金来源方面的路径依赖。

2.民营企业自主成长阶段的融资结构

这个阶段的企业主体是年产值达 500 万~1000 万元的民营中小企业。企业在这一阶段往往是在市场上发现了商业机遇,其产品有一定的市场空间,企业生产规模快速扩张,企业表现出快速成长的特点,对周转资金的需求量较高。但是,这一阶段的企业基本不向外部透露真实的财务信息。这一阶段,民营企业的融资结构详见表 2.2。

表 2.2 民营企业自主成长阶段融资结构

	自有资金	亲戚朋友借款	亲友入股	民间借贷	银行或信用社
资金规模/万元	1342	444	366	1284	679
所占比例/%	32.6	10.8	8.9	31.2	16.5

资料来源:43 份企业有效问卷数据

民营企业这一成长阶段处于 1992 年至 1997 年亚洲金融危机的时间段,是民营企业成长的黄金时期,国内市场空前繁荣,企业经营购销两旺,国有企业却处于困难重重的时期。这种市场环境中,企业周转资金需求量快速增长,由于市场环境非常适应民营企业发展,民营企业的商业性民间借贷资金几乎不存在安全问题。

3.民营企业稳定成长阶段的融资结构

这一阶段的企业产值规模基本在 1000 万至 5000 万元之间,属成长型企业,企业产品的市场占有率相对稳定,同时企业的成长也遇到所谓"5000 万现象"①,即企业产值规模达到 5000 万元左右时,企业产值增长会遇到障碍,导致企业扩张相对停滞不前。这一阶段的企业扩张需要突破的难题主要是金融、技术和管理。这一阶段,民营企业的融资结构详见表 2.3。

表 2.3　民营企业稳定成长阶段融资结构

	自有资金	亲戚朋友借款	朋友入股	民间借贷	机构借款	其他
资金规模/万元	5727	552	1120	3549	3975	820
所占比例/%	36.3	3.5	7.1	22.5	25.2	5.4

资料来源:100 份企业有效问卷数据

2.3.4　选择民间融资的动机与趋势分析

1.确保对企业发展的控制权

企业家是民营企业成长的核心因素,企业家对企业的控制权直接影响到企业的发展前景。企业家敏锐的市场眼光及其创业活动,使企业从无到有、从小到大发展起来。处于成长阶段的民营企业,企业家对企业有很强烈的控制情绪,如对企业的股权、管理权、收益权等的控制,通过控制企业来实现自己的创业理念。企业家为了实现自己对企业的控制权和收益权,在企业资产结构上不会选择开放股权的道路,同时,民营企业在初创阶段的股权结构不清晰,也没有适当的评价标准,因此,初创阶段的民营企业很难通过股权开展融资。当企业发展需要融资,且在银行融资遇到障碍时,民营企业只能选择民间借贷的渠道,而民间融资往往不需要资产抵押作为融资前提,

① 民营企业成长过程中的"5000 万现象"是指 20 世纪 90 年代中后期亚洲金融危机之前,民营企业的销售收入达到 5000 万元左右时,其成长会遇到瓶颈制约,制约企业发展的主要因素来自企业内部,如企业家自身的知识结构和管理水平、劳动力的知识和技能,以及技术研发壁垒等因素的制约。相反,这一阶段的企业对融资问题并没有表现出迫切的愿望,许多企业的自有资金很充沛。现在回顾企业的"5000 万现象",这一现象所反映的问题,实际上是企业完成初始积累,突破企业内部更高层次要素不足的制约,是从中小企业向大企业发展的分水岭。

也不需要开展资产评估作为融资额度的依据,因此,民间融资不影响创业者对企业的控制权,可以确保企业家对企业发展方向的完全掌控。民间借贷的贷方的出发点及其与借方的社会关系决定了资金贷方不会追求民营企业的控制权。

成长阶段的企业会遇到各种不确定因素,加上民营企业的内部信息不透明,贷方的主要目的是获取收益,并不愿意参与到企业股权当中,与创业者共同分担这种不确定性,他们在意的是资金收益的稳定性和资金的安全性,因此,更加注重民营企业家的个人能力和业务前景,以及在此基础上建立的信任关系,这是民间借贷的信用基础。可见,依托"三缘"建立起来的融资关系,既可以重复、稳定地获得资金供给,即便是企业形成家族圈式的企业群,也可以保证企业商业信息的传播限于"三缘"范围内共享,保证企业信息的受益范围。

灵活的民间借贷对初创阶段的民营企业有很强的适应性。初创阶段的民营企业,其管理效率往往源自创业者的命令式、集中式管理。这一阶段的管理很重要的部分是加快资金周转,提高企业的生产效率,加快资金回笼,因此企业家往往轻固定资产而重流动资金。这种管理指向与银行对企业的要求无法衔接,因为银行往往要求有固定资产,而固定资产往往投入规模大、回收周期长,初创阶段的民营企业如果把有限的资金用于固定资产,是不利于企业快速扩张的,因此,外部融资环境也决定了民营企业更倾向于向民间融资。

另外,初创阶段的民营企业往往存在各种不符合政策法规的灰色行为。事实上,民营企业在初创阶段,逃避法律监管的现象比较突出,种种不规范的经营行为既面临政府监管部门的处罚,也使其无法从银行获得资金支持,这种不规范行为的信息不能向外界公开,这也导致了这一阶段的民营企业很难通过体制内金融机构获得资金,只能向民间融资。

2. 体制外的民间金融发展严重滞后

民营企业在合法化的轨道上有序成长,民间金融却在体制外以"地下"身份自生自发,这种体制上不对称的地位严重制约了民间金融的成长,长期停滞在草根发展阶段。一方面,民营企业对民间金融有需求有依赖,民营企业在中小企业成长阶段,企业的融资圈较小,创业者融资的范围也有局限性。另一方面,民间金融的成长空间遭遇政策"天花板",非组织化的民间金融在经营效率方面存在边界,随着民营经济规模扩张和产业层次提升,民间金融对民营经济支持后劲不足的现象也就日益显现出来,具体表现为:民间金融筹集资金的规模有限。民间金融风险管理功能较弱。民间金融只能在较小范围内进行资源配置。民间金融的监督激励功能有限。

民间金融与民营企业同时起步,却限于经济领域改革的差别化政策,导致制造业和商贸业的企业长大了,而民间金融却依然弱小如初。不开放的政策限制了民间金融的发展,也导致处于"地下"状态的民间金融无法满足民营企业发展的要求。企业的大发展、大项目的建设需要建立现代金融服务体系,现代金融的优势表现在:金融产品丰富、融资手段齐全、融资规模巨大、融资效率快捷等。当大量金融资本的渴望无法由银行来满足时,就转向依靠现代资本市场的融资功能。资本市场的建设与运转只能在信息充分发达,交易费用较低的环境中存在。

3. 民间融资的多种形式

民营企业从自身发展需求出发,除了运用银行贷款、上市融资、股权融资等途径,还开展了其他形式的融资。一般是根据企业需要、资金市场的发展条件,如资金的可获得程度、业务发展需要、企业扩张需要及融资技术等因素,考虑不同的融资方式。民营企业之间普遍存在赊欠货款的情况,周期一般在3~6个月,无息;短期临时周转的现金借贷,一般是一个月之内,一次性付息;长期借款用于补充流动资金,一般是一年期,定期支付利息;远期票据提前向民间票据交易商以一定折扣交易,相当于民间票据贴现;设备短期租赁,即通过支付使用费获得设备使用权;通过中介机构借贷,形成第三方借款,这种第三方已经接近民间钱庄的形式,第三方借贷的资金需求量往往比较大,一般的个人借贷已经不能满足企业资金的需求;抵押借贷,民营企业把自己的部分财产抵押给典当行,从典当行获得现金作为企业流动资金。担保借贷,企业民间个人或机构借款,由关联企业提供偿还借款的担保责任。民间借贷融资的形式,归纳起来,主要以担保借贷、中间借贷、私人借贷、赊欠借贷等形式最为普遍。

第3章 民间金融与民营企业的内生关系

　　现代金融体系是由货币、银行、利率、汇率、信用、投资及市场等要素构成的运行体系,但在民间金融的内生性变化中,显然没有产生如此完善的金融体系,更多表现为借贷、利率和风险。在沿海地区市场化和工业化进程中,民间金融与民营经济内生一体,没有民间金融,就没有民营企业的成长。民营经济发展过程中存在一个值得深思的现象,即民营制造业通过产品低价竞争打败体制内的国有企业和集体企业,而民间金融却是以资金高价与国有银行争夺客户资源,一度让国有银行在农村全面收缩。民营企业与民间金融形成运行有效的资金供求秩序,民营经济与民间金融的内生关系构成民营经济发展的基本框架。

3.1　民间金融内生发展理论

　　内生金融发展是金融与本地其他经济要素结合并产生经济绩效的过程。内生金融发展理论主要讨论区域内金融发展与本地发展内部因素内部化的关联机制。内生发展理论在目前还不是一个成熟的理论体系。一方面,内生增长理论已经能够部分解释经济增长,并在区域发展中获得实际案例的支持;另一方面,金融现代化、科技化正在不断削弱金融与本地社会习俗、文化传统、利益集团等因素的关系,使得金融内生理论得不到发展。

3.1.1　区域内生发展机制

内生发展机制就是靠自身能力自发形成的发展机制。

"内生"原本是生物学概念,是指生物组织内部生成的自我发展和自我修复机能。随着经济发展体系的生态化特征越来越显著,经济发展理论把内生概念引入经济分析领域,形成内生式发展分析方法。内生式发展是指以区域内的资源、技术、产业和文化为基础,以区域内企业创新为动力,以提高本地居民生活质量为目标,最大化区域经济效益,促进区域经济发展的模式。在经济体系内部由经济因素影响且自发地发展和变化,如市场经济中的供求、价格、利率,以及资金、资源等因素的变化,会影响到经济发展的格局。基于区域内部经济体系的生长能力,使本土人士与本土资源处于主导本地发展的地位,进而激发本地内部发展能力的形成和自我完善、自我提高,这种能力包括:向外部市场拓展的能力,适应外部市场环境变化的能力,自我提升的学习创新的能力,应对困难和危机的抵抗风险的能力,适应经济规模扩张的组织动员资源的能力,筛选甄别优质民营企业家的能力,等等。一些地区的民营经济是自发成长起来的,如浙江沿海地区的台州、温州,福建沿海地区的泉州等地,其民营经济是典型的开发本地资源、形成本土合作、组织本地金融的内生发展模式,基本上形成了这方面的一系列自然能力。

区域内生发展思想源自 20 世纪 70 年代,根据欠发达地区经济发展的普遍特征,联合国社会经济理事会针对性地提出发挥平等、自由和经济生活民主化等内部因素对欠发达地区发展的有效作用,这一观点成为内生发展理论的思想起源。内生发展重视人口及企业家、产业环境、储蓄和资本、文化和生态、政府与政策及多元化发展内涵。内生发展以本土企业家为主体,组织区域内的资源、技术、人力资源等要素,发展本土产业并形成本土产业群,在产业发展中融入本土文化,构建区域内企业创新发展动力,形成区域自主发展的能力,进而改善当地基础设施,提高本土居民生活质量,发展绩效,实现区域利益最大化,由这些发展特征构建的区域经济发展模式就是内生发展模式。

内生发展的特点及具体特征有三(Vázquez-Barquero,2005)。首先是要素资源本土化,内生发展是指特定地区的资源和地区资本积累的过程。它涉及基于当地储蓄和投资的发展过程,尽管私人和公共资源可以从其他地方获得并转化成地方发展的驱动力。其次是开发主体和受益主体的本土化,它注重领土在整个本土区域建立生产系统,尤其是在本土建立和传播创新的能力,以及在当地发挥积极作用的创新体系,发展的成果由本土人士受益。再次,他认为有效利用该领域的发展潜力取决于机构的运作。地方区域如果可以被理解为地方社区的利益网络范围,也可以被视为当地企业家早期的经营活动空间,那么内生发展可以说是对经济增长和结构变化的一种领土方法(Massey,1984)。

区域内生发展是以区域自我为中心实现区域经济持续增长的,充分利用当地先进技术、经验和知识,把当地资源转换成当地最终产品。Vander Ploeg(1994)认为区域内生发展是本土社会力量自发动员经济资源的过程,社会力量通过将各种经济组织和利益团体集合起来,确立符合本土条件的发展目标、开展经济资源转化为生产的过程及有利于生产发展的资源分配机制,最终实现本土生产技术、生产能力和经济利益显著提高的目的。Vázquez-Barquero(2002)把区域内生发展和区域内生产业化过程联系起来,认为区域内生发展追求满足当地需求,积极参与当地社区发展过程。Diochon(2003)把政策的激励作用引入内生发展分析框架。Vanhaverbeke(2003)认为内生发展模式属于地方模型,社会和文化资本是内生发展的主要动力。

内生理论有若干核心要素:一是本土化成长的企业家资源,二是本土化发展起来的成长型企业,三是本土企业能够融入本土空间之外的市场,四是本土经济结构基于本土资源并形成比较优势。区域发展基于本土需求和本土资源,自主决定发展模式,进而形成融入地方治理、生态环境、社会资本、文化特征的发展体系。这种要素构成的最为典型的发展实践就是民营经济,如浙江沿海的宁波、台州、温州等地,以及福建沿海的泉州、广东珠三角的佛山等地,这些地方的发展路径非常典型地演绎了兴于本土、起于始发、源于创业、成于市场、旺于一方的内生发展路径。

但是,在内生发展模式下,也会发生内生性经济体对外部力量分享本土发展利益的排斥现象。在内生经济体系中,普遍存在本土利益者抵制外部投资要素参与分享本土投资机会和发展利益的现象。例如,浙江的温州、台州地区,异地投资很难进入,外来投资数量极少,规模极小;异地人才很难进入,企业的人才体系对外来人才不信任、不重视;外来务工人员无法融入当地的社会生活体系。由于本土诸要素已经形成盘根错节的内生利益网,他们联手共享本土的资源禀赋、社会资本和人脉资源,形成了一张紧密的利益共享网络;本土人士由于对本地资源和社会资本的信息掌握和资源利用具有天然的优势,在资金、信息、技术资源获得方面天然拥有优势。

同时,这种高度共享本土经济资源的内生发展机制,因为资源利用的高度共享、市场机会的高度平等、区域信息的高度透明、技术门槛的高度开放,内生发展条件下,多数企业家在本土产业链高度完善的支持下,最大限度、最低成本地参与竞争,分割已有的市场份额,这就会造就一种有限市场份额与众多企业家参与分享市场机会的矛盾现象,其结果就是单个企业规模不经济,因此,内生模式条件下成长起来的本土产业集群,其市场集中度普遍不高,即内生发展模式也会成为制约微观主体规模扩张的因素。

内生经济体中的生产力因素,尤其是创新类技术的开发和应用,是推动区域经济和社会生态全面发展的原动力,技术创新推动生产、贸易形成内生型产业链,区域的经济要素通过内生型产业链建立产业协作关系、加强经济联系,进而形成商业—社会的稳定结构。源于内生发展模式的人口集聚、城市发展增强了商业模式与经济要素协同机制,成为推动影响区域系统化发展、内生化发展的重要动力。本土人士成为地区开发和经济发展的主要受益者,同时也便利本土人士强化维护本地利益。因此,内生发展模式同时也是利益内部分享的体系,这样的内生发展成为推进社会内生循环的动力。这时,以内生为主流的经济发展体系需要开放经济和社会发展体系。

内生发展政策也是内生发展理论的分析对象之一,在经济发展过程中发挥着积极作用,它通过地方政府的工作举措转化为区域发展的推进机制,如促进和激励企业发展和建立公司网络,鼓励创新和知识传播,改善城市多元环境,并刺激管理体制结构的发展。换句话说,新发展政策工具有利于改善资本积累和经济发展的每一个决定力量的运作。

3.1.2　金融内生发展机制

理论的本质是方法论,内生金融发展理论就是把内生分析方法运用到金融活动。内生金融发展理论是对区域内金融体系与当地内部经济活动因素的关系的分析方法,该分析方法把与经济活动相关的资金融通过程中一系列导致金融活动不确定性和因信息不对称产生影响的因素归结为金融交易成本,也称金融风险;与此同时,金融体系内部自发产生了防范风险的控制机制。随着经济发展规模的不断扩大,金融交易成本对经济运行的影响越来越大,同时,金融风险对经济运行的影响也越来越大。为了降低交易成本,防范经济风险,经济发展体系内生地要求金融体系形成密切的联系,更高效地利用资金和资源,形成更高的经济效率和效益。就金融资源配置角度来看,传统的民营经济与民间金融的内生性配置机制是典型的开放式市场机制,在这种机制下,金融资源天然地与当地经济发展配套,为经济发展组织资金,金融体系自我组织有效运行,在适应经济发展进程中不断自我完善,民间金融与民营经济相互成为内生发展经济动力。

现有理论强调金融对经济发展的重要性,但还有两个经验事实问题没有得到解决:一是金融活动与实体经济之间的关系主要取决于不同的发展阶段,二是金融与工业市场结构在条件相似的区域差异却很大。为了解释这些现象和问题,通过对内生市场结构的分析,发现金融深化通过中间产品扩展来刺激实际经济活动,形成若干稳态均衡发现,金融深化、产品扩大、储蓄率、贷存利率差价,以及金融和产品市场竞争程度是影响动态均衡的决定性因素。我们发现,金融和实际活动之间的动态互动关键取决于金融和产业竞争力的协同作用。

在市场空间较小的情况下,企业家和投资者因为更容易接触到身边的人,因而会优先选择在当地融资,这意味着该融资方式具有更低、更能接受的成本,即所谓信息成本:投资者如果了解并信任企业家某 A,企业家某 A 就更容易说服投资者而获得投资;如果某 A 有良好的本地声誉,更了解当地的市场情况,也便于监测某 A 的经营活动,那么某 A 也更容易获得投资。这方面的本土效应是固定的,无论市场规模大小,这些信息都是正确的。当然,这些信息成本还取决于当地的法律和制度环境。

因此,民间金融的内生性是指在与本土民营经济发展相互关联的基础上,金融资源、金融主体、金融组织、金融市场和风险控制等金融系统内部组织系统的不断发展和自我完善,民间金融不仅具有内生性资金运动所具备的信用中介和资金融通的基本功能,还具有对本地民营经济发展天然内生的增进助力和防范风险的功能,同时,还具有资源配置、调节运行、自我扩张等自身成长功能。根据对民间金融与民营经济发展关系的深入考察,民间金融的内生动力源自民营经济对金融需求的扩大,且民间金融能够有效组织一定规模的资金来适应和满足民营企业的这种需求。

此外,金融创新也是技术创新的组成部分,金融创新同样对经济发展带来巨大的增长作用和突破性发展。从熊彼特式的内生增长理论开始,企业家通过创造更好的商品来获得垄断利润,而金融家筛选出了企业家。该理论的特点是,把金融列入了参与高投入、高风险和高收益的创新过程,金融家在这一过程中也创造出更有效的筛选企业家的机制,这一过程天然成为技术创新的组成部分。随着技术进步的深化和变化,现行的企业家筛选机制也会产生不适应或成效不显著的问题,因此,金融家也需要不断创新,才能内生地成为技术创新体系的组成部分,否则技术创新和经济发展就会停滞。民间金融在最初阶段服务于草根阶段的初期工业化经济,但它具备介入技术创新的能力,在市场处于开放状态的条件下,新生产技术引入新金融机制,金融创新具备了长期直接地推动经济增长和发展的效应。与现有的金融发展和增长模型相比,历史观察和经验证据更能说明金融创新与技术创新的内生关系。

金融通过影响企业家行为和技术创新而对经济增长产生影响。"人类社会每一次大的产业革命,都是源于科技创新,成于金融创新。从国际经验来看,每一次大的科技革命都伴随着重要的产业革命,当科技创新与金融创新高度融合时,往往会呈现出经济的高度繁荣和社会财富的高速增长。"①金融市场为技术革命提供了组织资金的条件,也为企业家应用技术发展产业提供了前提,正如诺贝尔经济学奖获得者约翰·希克斯(John Hicks)所言,"英国到十八世纪前半期便满足了这条件。当时已经出现了金融市场,各种债券可以很容易地在市场上出售"②。金融市场在组织资金配置资源方面起着决定性的作用。耶鲁大学教授威廉·戈兹曼(William N. Goetzmann)在他的《千年金融史》中,根据他对金融创新的历史探索,得出结论认为,工业革命并不是技术创新的成果,至少不是直接的结果,而是金融革命的结果。产业演化与金融创新之间内生的关联始终贯穿于经济社会的演进之中,戈兹曼认为,英国工业革命和金融革命是现代金融理论一个经典的历史注释——正是工业部门的资本需求和政府借款的需要促成了金融革命,而金融革命又反过来为工业革命提供资金,成就了工业革命。

　　当技术创新推动技术前沿转向产业发展和利润增长时,借贷市场对于想要利用领先技术转向产业发展的创业者来说变得既有必要也更有价值。如果将创业者排除在融资市场之外,那么只会让他们失去机会,让社会失去财富。融资市场放松管制、信贷规模增加、资金分配有效的信贷机制成为推动技术创新转化为产业的直接动力,并形成长期增长效应,这种效应同时也会成为促进金融市场和融资机制发展和改善的间接效应。因此,寻求领先技术可以使信贷市场更有价值,并改善金融发展。

　　产权是金融体系外生的变量。当产权保护机制比较薄弱时,借贷市场就会出现利率高、债务约束机制松弛的问题,同时也会导致借款人面临严重的债务限制。产权保护是内生发展的条件,也是金融内生的条件。只要满足内生发展的条件,金融市场机制就可以更好地分配储蓄资源,从而推进产

---

　　① 2011年2月24日,在科技部、中国人民银行、中国银监会、中国证监会、中国保监会于北京召开的"促进科技和金融结合试点启动会议"上,科技部部长万钢在促进科技和金融结合试点启动会上提道:"科学技术是第一生产力,金融是现代经济的核心。历次产业革命的实践都充分证明,科技创新和金融创新紧密结合是人类社会变革生产方式和生活方式的重要引擎。"

　　② 希克斯(1969)曾指出,英国工业革命条件有二,一是技术革命,二是金融革命,其中能够开展各种债券交易的具有现代特征的金融市场为工业革命提供了投资所需要的资金,在"比较适当的时间出现的金融发展"成为工业革命能够发生的前提条件。

业产生积极的长期增长效应。经验表明,金融服务是经济发展的先决条件,但在缺少产权保护和法律规制的条件下,市场力量自发产生的金融机构效率不足以促进经济实现长期增长。当经济发展阶段转入资本密集和技术密集的发展阶段技术,自发条件下成长起来的民间资本力量将面临转型衰退的可能,事实也是如此,台州民间金融在民间工业化初期盛行的资金"会""银背""地下钱庄"等融资模式,在民间工业化进入工业化中期阶段后,民间金融没有得到像民间工业化一样的法律保护和市场机会,结果民间工业化获得成功,而民间金融却只能屈居"地下",已经不能满足民间工业化发展需要,向其提供更大规模、更有组织的资金来源。因此,民间草根金融如果不能得到合适的转型,就会始终停留在草根阶段而失去与工业化同步发展的机会。民间工业化的成功与民间金融转型的失败这一矛盾现象构成了一个简单的理论证据,说明了外生于金融市场的产权保护和法律对民间金融和经济发展的重要性。

从历史的角度出发,通过对不同时期金融、经济和社会环境的分析,我们观察到,金融作为经济活动的要素对经济发展过程会产生影响。其内生性主要体现在金融功能的转变和金融对经济社会发展作用的转变两个方面:金融由外在于经济的工具转变为内在于经济的资源,主要是金融基础功能向内生功能的转变,金融对经济社会发展的作用由外力向内力的转变。

对"金融内生发展机制",可从以下三个方面来理解。

第一,金融资源是经济系统内部最具主导力量的核心要素。在经济活动中,流动性和主导性作用最强,对经济发展、要素优化、财富增长发挥着重要、长久、持续的资源配置作用。民间财富转化为社会资本,主要依赖市场机制和企业家能力发挥作用,企业家通过市场机制组织社会资源,把个人财富资本化;而民间自发形成的金融法则把金融资源有选择地配置到企业家手中的过程,客观上也是对企业家的筛选过程,把稀缺的金融资源与稀缺的企业家要素有效组合在一起,成为创造社会财富的基本规制。

第二,金融内生的集聚和扩张功能。金融要素的内生功能是市场功能演进的结果。金融要素作为经济系统的内在资源,通过金融市场促成资金积聚:一是通过金融市场创造金融资产的流动性,二是通过金融市场为资金供求双方找到出路。资金本身通过产业资本、商业资本规模的扩大而扩大，同时也不断增强金融在经济系统中的核心地位，对经济社会发展的渗透力和控制力也进一步增强，对经济社会的发展发挥主导作用，金融成为引导促进经济社会内生发展的主导力量是金融实现专业化发展的基本标志。

第三，金融内生性功能的实现条件。实现条件在现实中往往也是障碍，对金融功能构成挑战的从来不是技术创新，而是制度约束。因此，金融内生性功能的实现条件，首先是制度为财产资本化打开栅栏，对于民间金融来说尤其需要制度的开放；其次是打开资本进入市场的栅栏，也就是金融市场面向民间资本开放；再次是打开民间资本换资产的栅栏，即资本市场放开民间资金开展股权投资的限制。这些开放客观上就是改革，为民间金融发挥内生功能提供强大的信用力量，促进经济发展和技术创新的先行作用。

在融资和经济增长相互匹配的研究方面，虽然经济发展，尤其是民营经济的发展实践已经能够充分证明民间金融与民营经济的内生关系，但在研究成果上还缺少更多的总结，在理论研究上还有明显的改进空间。通过台州地方工业化和民间参与基础设施融资的历史，本书更准确地阐释了民间金融与民营经济内生关系的理论含义。同时，在民间工业化初期，当民间金融大规模高成本地融入民营企业融资活动时，政府可能会试图通过政策将资源分配到能够改善经济发展绩效和促进基础设施建设的企业。地方政府政策在促进金融市场集中度的改善方面权限和作为都很小，但是，在工业化早期阶段，政府应该采取相对宽松的管制环境和积极行动，允许私营企业形成有效的金融结构，从而减少制度成本来支持民营企业发展。

3.1.3　金融对实体经济的内生效率

金融与实体经济的内生关系是由其自身内生的逻辑决定的。无论是金融市场，还是实体经济，都有自身正向的逻辑，这种逻辑存在一定的临界点，超过临界点也就超过市场承受能力，互利互益的内生关系就会走向反面，就会受到市场的惩罚。

前文提到，金融活动与实体经济之间内生关系的效率还取决于不同发展阶段。金融对实体经济的内生关系与金融对实体经济的效率并不始终是呈正相关的关系。通过对比金融增速与经济增速、金融增量与经济增量,发现金融扩张支持实体经济效率呈现"U"形动态。在内生性金融扩张的背后,是什么因素限制实体经济效率的提升,是当前我国经济金融运行中亟须研究的重要问题。

支持经济发展的根本动力来自有效需求扩张和科技创新。金融与经济的内生关系不能代替技术创新和有效需求在经济发展中的根本地位。当实体经济处于高杠杆的情况下,实体经济的财务负担日益加重,宏观上导致经济增速下降,经济增长态势下行,弱化货币对经济增长的刺激效应。如果缺少技术创新和产业创造新需求的推动,或者劳动效率无法提高,金融市场资金投放的增长只会带来通胀,必然造成资本边际效率的下降,造成同等增速的增量投资对存量资本的形成,以及对经济增速的拉动效应明显下降。简单地说,金融增长不能成为支持经济增长的根本动力,这个根本动力应该来自供给侧的技术创新和需求侧的需求扩张。

更进一步说,如果在经济增长速度趋于缓慢下行的阶段试图采取货币扩张的金融政策支持经济增长,不但达不到驱动经济增长的目的,相反,金融市场会因为实体经济市场的低效率而产生系统性风险,这种风险内生于金融体系内部,也是基于金融与经济内生关系产生的内生性风险。这种风险先由外而内,再由内而外,先是高杠杆条件下实体经济的低效率传导到金融体系,演变成流动风险,流动性风险在金融体系内部或局部发酵后演变成系统性风险,系统性风险如果没有及时防控或防控不力,就会发展成金融危机,金融危机又会进一步传导到实体经济,造成实体经济的杠杆率攀升。金融体系和实体经济在经济衰退周期中相互作用、相互反馈并形成风险甚至自我强化。

在 2008 年金融危机中,浙江台州、温州、绍兴、杭州等地民营企业的资金风险本质上是由实体经济的低效率引起的。一些企业倾向于投资规模大、资金需求量高的房地产领域,这在民营企业当中是普遍现象;一些企业为摆脱传统产业低效率的困境而跨入新行业进行投资,①这种跨行业投资直接面对进入新市场的份额分享风险。扩张型实体企业的低效率源自两个因素,一是企业在实体经济领域的过度扩张带来资金需求的增长,二是企业的技术能力显著下降导致市场份额缩减。企业的投资扩张会导致财务负担快速增长,投资扩张之后形成的产能过剩更进一步增加企业的财务负担。由于财务风险均来自金融扩张支持下的实体经济扩张,进而产生实体经济的低效率,金融支持实体经济的效率显著弱化。因此,在经济增长和产业发展增速下降的情况下,即便是货币信贷加快扩张,也不能从根本上推动经济发展或提高经济增长的速度,这时,信贷扩张对实体经济增长的驱动效应是负效应,详见表 3.1。

表 3.1　2001 年至 2017 年全国 M$_2$② 增幅与 GDP 增幅对比

年份	M$_2$ 余额 /万亿元	M$_2$ 增长幅度 /%	人民币贷款增幅 /%	工业品出厂 价格出厂价格 /%	同期 GDP 增幅 /%
2001	15.8	14.4	11.6	−1.3	7.3
2002	18.5	16.8	15.9	−2.2	8.0
2003	22.1	19.6	21.1	2.3	9.1
2004	25.3	14.6	14.5	6.1	9.5
2005	29.88	17.57	12.98	4.9	9.9
2006	34.56	16.94	15.07	3.0	10.7
2007	40.34	16.72	16.1	3.1	11.4
2008	47.52	17.82	18.7	6.9	9.0
2009	60.62	27.68	31.7	−5.4	8.7
2010	72.58	19.7	19.9	5.5	10.3

---

①　2017 年 6 月,江苏 11 家大型民营企业发起成立了江苏民营投资控股有限公司,注册资本 86 亿元,开启了江苏民营资本抱团投资、跨界发展的模式。红豆集团认为,在当前经济形势下,许多企业困于传统行业,却又找不到新的发展路径,出现了资本运行呆滞、效益低下的现象。通过抱团形成财团投资公司,就可以解决这些问题,实现资本的高效增值。

②　M$_2$ 即广义货币,为定期存款、居民储蓄存款和其他存款之和。

续表

年份	M$_2$ 余额 /万亿元	M$_2$ 增长幅度 /%	人民币贷款增幅 /%	工业品出厂 价格出厂价格 /%	同期 GDP 增幅 /%
2011	85.16	13.6	15.8	6.0	9.2
2012	97.42	13.8	15.0	−1.7	7.8
2013	110.65	13.6	14.1	−1.9	7.7
2014	122.84	12.2	13.6	−1.9	7.4
2015	139.23	13.3	14.3	−5.2	6.9
2016	155.01	11.3	13.5	−1.4	6.7
2017	167.68	8.2	12.7	6.3	6.9

资料来源:根据中国人民银行网站和国家统计局网站资料整理

从金融支持实体经济效率的变化趋势来看,21 世纪以来,我国金融进入快速扩张阶段,但是金融推动实体经济增长的效率却是随着金融的扩张而不断下降的,主要体现在:第一,经济增速与金融增速相关性持续下降。2001—2010 年,M$_2$ 的增长幅度几乎每年都保持在 16% 以上,2007—2009年,M$_2$ 持续高增长,增幅最高发生在 2009 年,达到 27.68%,但是,2007 年、2008 年、2009 年连续三年的国内生产总值增长幅度却持续下降。

2012—2016 年,M$_2$ 增幅都在 10% 以上,但是,这五年间的 GDP 增幅却持续保持下降态势。同时,这五年的工业品出厂价格持续保持下降态势。货币供给的扩张并没有带来 GDP 相应的增长幅度,也没有给工业经济造成价格通胀的压力。根据中国人民银行数据,2011—2016 年,每新增 100 元社会融资对应的新增产出从 59 元降到 31 元,每新增 100 元贷款对应的新增产出从 102 元降到 44 元,每新增 100 元银行业资产对应的新增产出从 40 元降到 17 元,货币供给对经济增长的边际助推效应力度持续削减。总体上看,在贷款规模保持稳定增长的态势下,国内生产总值长期持续保持下行态势。无论从哪个角度观察,金融规模的扩张与 GDP 增长态势并不存在绝对的正相关性,金融增长对经济增长的助力正在弱化。

2017 年年末,我国银行业金融机构总资产达到 252 万亿元,同比增长8.7%。与 2012 年年末的 133.6 万亿元相比,五年间我国银行业资产规模增长了 88.6%;人民币贷款余额 120.13 万亿元,同比增长 12.69%,贷款投向以经营性、房地产业、服务业、工业等实体经济领域为主,占比分别为30.13%、26.80%、25.64%和 6.74%。银行业的流动性充裕,服务实体经济质效提升,但经济增长的长期趋势与资金投放趋势发生背离,在货币信贷增速高位平稳的情况下,经济增速持续低位下行,反映出金融扩张对经济扩张的驱动效应持续弱化。

在金融与实体经济之间,"金融服务实体经济"的内涵往往被曲解。曲解之一,金融为主,实体为客,金融应该主动服务实体经济,实体经济只要被动接受服务即可;曲解之二,实体为本,金融为末,金融扮演的是与实体经济配套的服务员角色;曲解之三,只要金融服务实体经济,金融就是正道,金融体系内的资金运作都是歪道;曲解之四,只要金融服务实体经济,实体经济就一定会好,否则就是金融服务没有做到位。这些看似正确的观点都是错误理解。金融服务实体经济,其前提是实体经济是市场机制条件下的有效健康实体,是基于"市场在配置资源中发挥决定性作用,更好发挥政府作用"的实体,而不是"实体生病,金融来救";同样,也不是"金融有病,实体吃药",金融也必须成为市场经济中的健康主体。

3.2 民间金融兴起和民营企业成长

民间金融业与民营制造业起步于草根式、制度外、市场化的民营经济,但当前两者的发展现状却相反:民营制造业成长于草根式家庭作坊,最终成为体制内的市场主体,并成长为现代企业;而民间金融业虽然也起步于草根式民间金融,如银背、钱会、钱庄等,与民营制造业相伴同生,但却无法跨越制度鸿沟成为体制内的市场主体,依然游离在体制外不能取得合法地位。

3.2.1 金融管制壁垒下民间金融兴起

金融能够放大企业生产能力,创造更多价值。民间金融是在民营经济发展过程中自发形成的融资关系,它内生于民营企业的融资需求,响应民营

企业对资金的需要而生,更多地受市场供求关系的调节。而国有银行主要
受行政命令调节,由于制度壁垒和信息不对称,在金融市场中给民营企业的
资金需求留下巨大缺口。在信贷支持不足的金融约束环境中,民间金融从
个人资金借贷、松散资金组织发展到规模化营利性金融组织,民间金融一直
在体制外顽强生长,成为金融市场中不可忽视的金融力量。

20世纪50年代,我国建立计划经济体制,而作为国家财政体系的组成
部分,金融体系很不完整,资金供给极其困难,同时民间金融以微小的规模
存在于民间。20世纪60年代末至70年代初,在福建的泉州,浙江的宁波、
台州、温州等地出现民间借贷资金参与生产经营活动的现象。改革开放以
后,民间借贷活动日益活跃,民营经济快速发展壮大,而正规金融体系基本
上是计划金融体系,主要执行行政命令,通过资金价格(利率)和资金数量
(计划)实现对金融市场的差别化管控(见表3.2)。对日益活跃的民营经济
极其强烈的资金需求,金融管理部门和体制内金融资本未予过多关注。

表 3.2 1980—1988 年人民银行流动资金贷款利率调整情况(年息%)

调整时间	国营工业、商业、农业贷款					农村集体工业、农业贷款			个体工商户
	工业	粮食	商业	外贸	农场	社队农业	乡镇企业	农户贷款	
1980年1月	5.04	2.52	5.04	5.04	4.32	2.16	2.16	4.32	—
1980年10月	2.52	2.52	5.04	5.04	4.32	2.16	2.16	4.32	—
1981年1月	2.52	2.52	5.04	5.04	4.32	2.16	2.16	4.32	—
1982年1月	3.6	3.6	7.2	7.2	5.76	4.32	4.32	7.20	
1983年1月	7.2	3.6	7.2	7.2	7.20	4.32	4.32	7.20	8.64
1984年1月	7.2	3.6	7.2	7.2	7.20	7.2	7.92	7.20	8.64
1985年4月	7.92	3.6	7.92	7.2	7.20	7.92	8.64	7.92	9.36
1985年8月	7.92	3.6	7.92	7.2	7.20	7.92	10.8	7.92	11.52
1986年9月	7.92	3.96	7.92	7.2	7.20	7.92	10.8	7.92	11.52
1987年1月	7.92	3.96	7.92	7.2	7.20	7.92	10.8	7.92	11.52
1988年9月	9.0	9.0	9.0	9.0	9.0	7.92	10.8	9.0	11.70

资料来源:根据《中国金融年鉴》1985年、1986年、1987年、1988年相关资料整理

　　由于所有制壁垒阻隔,民营企业大量使用现金交易,导致大量现金滞留在民间流通。台州长期以来就是现金净投放地区,1975—2004 年的 30 年间,台州累计现金净投放额 481.2396 亿元;1984 年,台州现金净投放额 1.2198 亿元;2006 年,增长到 67.91 亿元,年均增长 20.05%。民营企业之间大量的现金交易和货币资金长期体外循环构成一个内生民间借贷市场,成为台州区域经济中强大的市场力量,同时也导致台州经济游离在宏观体系边缘,发展成内生成长的民营经济。

　　20 世纪 80 年代的家庭作坊发展阶段,民间借贷开始活跃。台州家庭工业发展势如潮涌,对资金产生了巨大需求。台州居民储蓄和民间手持现金大量转化为民间借贷资金,长期在民间借贷市场中周转,成为民营经济有效运行的资金来源。据《玉环县志》,玉环坎门镇在 1961—1965 年就有 596 户放高利贷,月息一般是 5%～15%,高的达到 30%。1984—1985 年,随着家庭作坊大量出现,民间借贷非常活跃,民间利率一般是月息 4%～5%。在家庭作坊阶段,民间金融以"小额""私人""直接"为借贷特征,资金主要是用于周转,借贷月息为 1.5%～2%。

　　20 世纪 80 年代中后期股份合作制企业阶段,民间借贷规模扩大。台州民间家庭作坊经过一个时期的发展,生产组织和资产规模进一步扩大,企业结构开始向股份合作制阶段转型,合股方以血缘家族成员为主,合股资金用于固定资产投资,企业经营周转资金主要依赖民间借贷。这一时期,银行资金已经以"拨改贷"的模式按计划向国有企业分配,民营企业没有份额,即使是挂靠集体的企业能够获得贷款,在利率上也实行歧视性、高水平的限制性政策,如图 3.1 所示。即便如此,绝大多数民营企业和个人得不到金融体系的资金支持。1986 年,台州市椒江区东山信用社所能提供的资金总量仅能够满足当地乡村企业、家庭工业所需资金量的 15%,民营企业所需的大部分资金要靠企业自筹。在这种严格的所有制壁垒下,民间资金需求无法在体制内的资金市场中得到解决。民营资金以股份合作制企业扩大生产规模,对资金的需求量不断增长,民间金融也相应地呈现出"额度较大、方式多样、间接融资"的融资特征,并向有组织的民间金融发展,出现钱会、钱庄、银背等非正规金融组织。

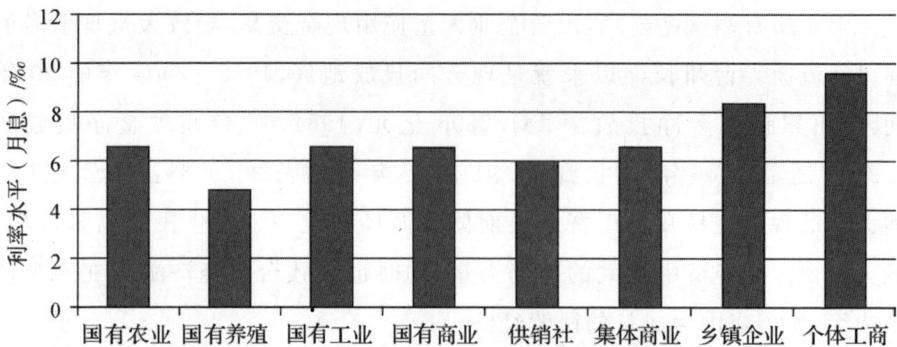

图 3.1　1986 年台州不同所有制企业的利率差异对比

　　20 世纪 90 年代中期股份制企业发展阶段,民间借贷组织化。民营企业的规模和数量快速扩张,积累了相当的资金和实力,快速成长为有限公司和股份有限公司。与此同时,民营企业对资金需求量也越来越大,借款用途由早期的固定资产投资向流动资金、技术改造投资等多用途转变,对借贷资金呈现出需求规模大、供给效率高的特点。据台州乡镇企业局统计,1988—1995 年,全市乡镇企业固定资产投资总额中,银行贷款占 23%,民间借贷资金占 77%。民营企业为及时把握商业机会,需要在最短时间内筹措到所需的资金,大额、直接借贷成为最普遍的形式,民资自主经营的城市信用社应运而生,民间资金抓住机遇参股城市信用社,为民营企业开展各具特色的草根融资服务,民营金融有组织地快速发展起来,使民间资金向金融体制内扩张。这一时期是民间金融市场迅速发展的时期,融资规模越来越大,成为民营企业生产资金的主要来源。随后,政府开始整顿金融秩序,城市信用社开始改制。

3.2.2　民间金融市场成长与规模估计

　　在改革开放初期,全社会处于低收入状态,家庭积累的财富不足以支持快速发展的家庭工业,而正规金融部门又不可能向民间家庭工业提供资金支持,民间家庭工业只能寻求民间借贷,民间金融市场应运而生。民间金融活动主要是民间借贷,具体表现为三种形式:高利贷、钱会和集资。

　　新中国成立后,人民政府严厉打击高利贷,但民间高利贷始终禁而不止。《玉环县志》记载,1953 年,玉环县徐都乡上塘村(今清港镇徐都村)156 户农户中,有 101 户农户有借入高利贷的记录;1961—1964 年,玉环县坎门镇有 596 户农户有过放高利贷的记录,高利贷的利息一般为月息 50‰～150‰,最高月息是 300‰。民间钱会广泛存在,新中国成立后,人民政府对其没有提倡,但也没有禁止过。20 世纪 50 年代至 60 年代,在一些机关干部和企业职工中组织过一些低息的互助会,资金的主要用途是解决结婚、建房、治病等生活急需。

从 20 世纪 70 年代初期开始,民间金融开始加入民间商业活动,借贷和钱会的资金一般用于自己办私厂。到 20 世纪 80 年代初,出现了企业和个人的集资活动,钱会的规模迅速扩大。① 据台州地区人民银行的调查统计,1986 年,台州地区全社会货币流通量共 11 亿元,其中 9 亿元在农村,全区 15.2 万户个体工商户占有其中的货币资金 3.75 亿元。1988 年下半年,人民银行收紧银根,市场资金需求缺口急剧扩大,民营企业对民间资金的需求量也迅速增加,台州参加企业集资活动的游资总额达到 5 亿元左右,其中玉环、温岭、黄岩三县集资总额都超过 1 亿元,临海市达到 7000 多万元。同时,台州农村地区的民间借贷活动也相当活跃。据黄岩县人民银行调查,全县农村高利率民间借贷资金总发生额在 2.5 亿元左右。

民营企业的初始成长阶段是股份合作经济和家庭经济,经营规模小,没有固定的原材料供应商和销售渠道,产品集中在专业市场交易,结算手段普遍采用“一手交钱,一手交货”的现金结算方式。“家庭工厂＋专业市场”的产业组织形式表现出效率高、经营灵活的一面,同时对现金的需求量也非常大。如天台县的木珠和筛网,路桥的废钢铁收购,温岭、玉环两县的水产品收购和修造渔船,以及铜球阀、鱼粉、鞋类等行业中,基本上是用现金直接交易的。1992 年,根据人民银行台州市分行的调查,台州农村企业每百元产值所需流动现金的支持比率一般是 100∶23,若按此比例推算,台州工业产值

---

① 本书所指的会的规模边界从三个方面来考虑:一是参加者的人数;二是持续时间,因为平均每个人都必须至少获得一次会金,会的持续时间与会的规模成正比。三是资金规模,即所有缴纳的会金形成的总额度。一个大规模的会,就是指人数在几十人以上,持续时间为五年以上,资金规模在几十万以上的会。

1992 年全区乡镇企业产值 102 亿元,比 1991 年增加了 30.6 亿元,这就需新增加现金投放 7 亿元。生产扩张与现金交易的方式是构成台州地区现金投放的最大因素。反映到银行现金收支上,1992 年 10 月底,台州农副产品采购、农村信用社、工矿产品采购、乡镇企业、城乡个体经营现金支出比上年同期增加 10.9 亿元,增幅 32.5%。

2004 年,浙江省银监局对浙江省部分地区的企业从民间借贷资金的总量进行测算,得出民间借贷资金的规模:温州 110 亿元,台州 100 亿元,湖州 70 亿元,丽水 85 亿元,宁波 50 亿元以上。2006 年,中国人民银行杭州中心支行估计,整个浙江省民间融资规模为 1300 亿～1500 亿元。2006 年,台州金融机构存款总额 1800 多亿元,人民银行台州中心的有关人士估算,台州民间的借贷资金达到 700 亿～1000 亿元。[①] 人民银行温州中心支行 2011 年 7 月的调查资料显示,温州有 89% 的家庭或个人、59.67% 的企业参与民间借贷,其市场规模达到 1100 亿元;温州其他有关政府部门的调研资料也证实,当地民间借贷规模相当于温州各金融机构贷款总额的 20%,占民间资本总量的 1/6 左右。绍兴市 2013 年的一份调查资料显示,有 85% 的居民有参与民间借贷的经历,有 92% 的民间借贷是有利息收益的。

3.2.3 民间金融的组织形态

民间金融的组织形态直接受管制体制的影响。新中国成立以来,民间借贷活动一直游离于政府监管之外。所有制歧视在限制民间资本进入金融市场的同时,也使民间金融组织形态停留在草根发展状态,局限于简单的借贷业务。即便有巨大的民间融资需求,也依然无法走上正规化的发展之路。

民间金融的初级业态是草根形式的民间资金筹集和交易形态。改革开放初期,在民间工业化快速发展的背景下,台州民间金融组织主要是指放贷人、银背、钱会、钱庄之类的传统金融组织,这些金融组织绕过官方金融垄断的经营体系和监管体系,直接开展服务当地民营企业的资金活动。民间金

---

① 时任中共台州市委书记的张鸿铭在 2007 年 5 月市委中心组学习会上的讲话《着力金融创新,打造金融强市》中讲到,台州民间金融的规模在 700 亿～1000 亿元。

融活动按其组织形式大致可分为三种形式：一是供求双方直接进行的资金借贷业务，如个人借贷和企业融资；二是通过民间约定俗成的融资方式，如以钱会（如标会、摇会、抬会、合会、呈会等）进行融资；三是通过有固定经营场所、没有合法身份的各种组织化的机构进行融资，如私人钱庄、典当行、基金会等。不同形式的民间金融适应不同的金融需求。

草根阶段的民间金融一般具有如下特征：一是具有社区性。作为社区生活主脉的人缘、地缘、血缘、业缘关系，是民间借贷的社会基础，也是确保参与民间资金安全的信用基础。二是具有内生性。民间金融是经济体系内部自发形成的市场体系，只要存在生产经营活动，就会产生相应的金融活动，内生性与自发性说明了民间融资是经济市场化不可或缺的组成部分。三是数额小，次数多，总量规模大。民间融资普遍发生的阶段是家庭作坊和股份合作企业成长阶段，全社会生产单位多而单个经营规模小，民间资金规模大弥补了生产规模小的不足。四是信息充分。借贷双方知根知底，长期积累双方的信用信息，存在较高程度的信息对称性和充分性，交易成功与否取决于交易者对信息的判断。五是脱离监管。金融活动几乎游离于金融当局监管之外，虽然金融监管部门只允许民间小额非营利性的生活性直接借贷，但民间融资活动的规模和所经营的业务早已超出了金融监管部门的限制。

民间金融组织的发展与经济发展水平相适应。从放贷人到各类传统的借贷机构、票据汇兑，再到被允许公开挂牌营业的典当行、民间借贷公司、小额信贷公司、私募基金及互联网金融等，民间金融组织一步步从传统草根的低级形态发展到小微金融机构的初级形态。根据产业组织发展规律，只有专业化、现代化的金融组织才能适应经济发展的新要求，因此，民间金融组织发展需要开放的市场准入机制、公平的竞争秩序和良好的市场环境。

民间金融主要是民间资金借贷，一部分借贷资金由供求双方直接借贷，更多的则是供求双方通过民间金融中介开展融资借贷活动，绝大多数借贷资金来源于普通民众，使用资金的绝大多数是企业和工商户，实施借贷关系的基础是长期掌握的信用信息和工商实体，融资方式主要是直接借贷、民间钱会、银背和私人钱庄民间集资四种方式。

1. 民间直接借贷

借贷行为的实质是资金使用权的交易,这种交易的基础是借贷双方的信用信息和商业预期。根据借贷资金的规模大小,台州的民间直接借贷可以分为两个阶段。

第一阶段是 20 世纪 80 年代初期小额直接借贷阶段。小额直接借贷多发生在亲朋好友之间,借贷资金以小额借贷为主,实行民间借贷市场平均利率,由供求双方直接交易。这种借贷的特点是口头立约、筹资迅速、期限灵活、先息后本,民间称"放倒款"。在台州家庭工业大量兴起时,这种金融交易也会发生在集体经济组织与私人企业之间。20 世纪 80 年代中期,台州温岭市泽国镇村集体经济组织就把闲置资金借给本村的民办企业、个体工商户,并收取利息。据《泽国镇志》,1986 年,泽国镇前炉、后炉、楼下等 5 个村集体借出资金的规模达到 22 万元。后炉村从 1985 年 4 月开始借贷资金,两年累计发放借贷资金 25.6 万元,收回资金 13.7 万元,贷款余额 11.9 万元,累计收取利息 2.6 万元,贷款期限一般分 3 个月、6 个月两种,由于放款对象是本村的民办企业和个体工商户,因而利率稍低于一般的社会利率。不仅有农村集体向个人或私人企业发放借贷资金,也有集体向个人借入生产资金的情况,如在 1981—1983 年,玉环县的坎门渔业大队生产资金不足,向社员个人借款 70 多万元,期限 1 年,利息达到 34 万元,月利息率超过 4.5%,资金不仅来自本大队的社员个人,也有来自相邻公社甚至邻县的;坎门大队办了一个食品加工厂,安排了 55 个劳动力就业,但因缺少流动资金,向私人借入 15 万元资金,月息 4%(殷璋豫,黄福国,1983)。

第二阶段是 20 世纪 90 年代以后,由于民营企业快速成长,经营规模快速扩大,很多企业用于扩大生产规模所需的资金用量也迅速增长。随着资金的用途和规模发生扩大,个人的直接借贷资金因资金规模偏小,无法满足企业融资需求。在这种背景下,专业从事民间借贷的放贷人和民间金融中介机构应运而生。随着借款数额越来越大,使用资金的不确定性也越来越高,基于安全因素考虑,对风险控制能力较强的民营金融机构开始主导民间金融市场。

2. 钱会

民间"钱会"古代称"社",历史悠久,名称繁杂,形式多样。① 明清以后,浙江沿海地区的民间借贷已经非常活跃,各种形式的"钱会"纷纷出现,如同雨后春笋。20 世纪 50 年代,台州民间的"钱会"属于亲朋好友之间的互助性借贷。到 20 世纪 70 年代初期,台州民间的资金会基本上是计息"钱会"。到 20 世纪 80 年代初期,台州民间钱会的互助性功能完全消失,彻底转型为逐利性质的金融组织。20 世纪 80 年代初,据台州玉环坎门镇钓艚信用社反映,在该信用社经营区范围内,参加钱会的居民户约占总户数的 95％,会额从百元到百万元不等。钱会的形式有轮会、标会、排会、抬会,还逐渐产生出新形式,民间借贷非常盛行。

民间的"钱会"具有多人集资、多人保障的特点,这种多人参与有助于分散风险,也能更好地适应集聚大额资金的需要。例如,资金借入者需要 10 万元进行投资,在私人直接借贷的情况下,借入者需要向若干人分别借钱,需要逐个与借出方进行谈判、签约,借入者的交易成本明显偏高。而钱会可以给借入者带来资金来源更多、交易成本更低、使用成本更低的好处,对于资金需求方来说,还可以减少寻求资金来源的环节。民间钱会还存在着保障资金借贷安全、有效运行的内在机理,主要表现为以下几点。

(1)会员之间关系紧密程度也是钱会资金的安全系数。参与钱会的"会头"与"会脚"之间必须存在比较紧密的社会关系。一般来说,会头与会脚之间以存在亲友关系为前提形成资金借贷关系。2001 年,关于台州钱会的 278 份问卷调查显示,参会人员相互关系中:23.94％是同事,44.37％是亲戚,14.09％是邻居,13.73％是本人,其他占 3.87％。如果钱会会员之间的关系系数越来越小,钱会会员增加、钱会层次增多,民间钱会的基础就会改变,钱会资金的风险将大大增加,而会头的信用风险也随着会员的增加和会层的增加而增加,风险系数也呈几何级放大。

---

① 据欧阳修撰《新唐书》记载,韦宙在湖南为官期间,当地"民贫无牛,以力耕。宙为置社,二十家出月钱若干,探名得者先市牛。以是为准,久之,牛不乏"。

(2)直接支付的交易方式使交易费用最小化。在钱会的会员中,交易的资金供求双方进行的是非直接借贷,但却是直接解决资金需求与资金收益中成本最小的交易方式之一。需求资金的会脚排序居前,先得到资金投入自己所经营的项目,使自己经营的项目正常运营;而供给资金的会脚排序居后,以获得资金的利钱为目的,使自己的闲散资金转变为有收益的资金。由于钱会的资金收益远高于同期银行利率,随着"钱会"规模的扩大,银行储蓄来源受到越来越大的影响。

(3)钱会资金的使用期限比较长,有利于资金使用者增值生息。民间借贷期限大多数是3～6个月。就"会"来说,一轮"会"的执行周期是3～5年。以20世纪80年代4分、5分利的民间利率水平计算,[①]执行周期为5年的会资,资金使用者如果把集聚的资金再借贷给别人,两年可以收回本金;如果是投资办厂的人使用会金,根据当时民营企业30%～50%的利润率,资金一年内周转3次就可以收回会金,资金使用者在第一次"收会"之后到整个会执行结束是5年,5年的会金执行周期对企业来说相当于一批长期贷款,而这种长期贷款在国有银行系统是不可能发生的。

3.银背和私人钱庄

在民间的借贷活动中,作为借贷中间人的"银背"以介绍借贷双方完成交易收取一定的介绍费为收入来源。当银背开始从事吸收存款、发放贷款并获得存贷利差的活动时,银背就转变为钱庄经营者。私人钱庄有比较稳定的资金来源,一旦有客户需要资金,就能够迅速把资金组织起来,以高于国家金融机构利率水平向资金的供给方支付利息、向资金的需求方发放贷款。在改革开放以来的大部分时间里,由于制造业有厂房设备,业务稳定,民间向制造业提供的借贷利率相对商业流通业要更低一档,经营制造业借贷的钱庄月利率平均水平是:存款1.5%～2%、贷款2%～2.5%。

---

① 据《我区乡镇企业面临的问题和今后发展的思路》记载,1984年,台州民间的月平均利率大约为3分、4分,经济活跃的玉环、温岭等地达到4分、5分。

下面以陈仁财钱庄调查为例①：陈仁财原是台州市椒江区原东山乡董家洋村人，阅历丰富。1984 年下半年（当时陈仁财 52 岁）开始从事"银背"业务，为农村资金供求双方牵线搭桥，从中赚取手续费。随着中间人业务范围的扩大和业务量的增加，他在未经批准的情况下，于 1985 年 3 月开始直接经营存、贷业务，赚取利差收入。1986 年 4 月，椒江市人民银行报请市人民政府批准，勒令其停业清理。通过材料可以看出：①钱庄经营规模。陈仁财钱庄在经营借贷业务的一年中，钱庄业务对象遍及台州市的椒江、黄岩、路桥等地，共吸收存款户 311 户，累计存款额为 33.2 万元，1986 年 3 月末存款余额为 26.5 万元，放款对象有 43 个，累计放款 44.2 万元，1986 年 3 月末放款余额为 25.4 万元（但据当地群众反映，陈仁财的存、贷业务远不只这个规模）。②存款来源与贷款对象。存款来源于当地的个人闲散资金，总共有24.3 万元，占陈仁财钱庄存款余额的 92％；吸收工商户存款资金 1.22 万元，占 5％；信用社储蓄转移 9800 元，占 3％。贷款对象有乡村集资工业户 5 户，占用资金 13.15 万元，占贷款总数的 51.62％；家庭工业户 16 户，占用资金4.27 万元，占贷款总数的 16.76％；个体购销户 15 户，占用资金 6.13 万元，占贷款总数的 24.11％；养殖专业户 7 户，占用资金 1.92 万元，占贷款总数的 7.51％。③存、贷款的利息。存款利率为月息 2％，贷款利率为月息2.5％（陶宝友，1986）。

2000 年以来，台州地下钱庄开始经营票据贴现业务。据人民银行调查，2000 年台州地下钱庄票据贴现交易金额达 15 亿元，2001 年 1—4 月交易额达 4 亿元。在温岭市金融机构开户的 9939 家生产性中小企业和个体私营企业中，有近 1000 户在地下钱庄贴现过银行承兑汇票。这些钱庄贴现票据手续简便，有鉴别真假汇票的专门手段，贴现率比银行低，一般在 4‰左右，主要收益是贴现差额。

4. 企业集资

集资是企业法人有组织的借贷活动，多数集资行为发生在集体企业内

---

① 陈仁财原来是当地乡政府的文化干事，常发表一些文学小作品，在当地享有"农民诗人"的美誉；陈仁财父亲早年也从事过"放小子"的借贷活动；陈仁财担任过 5 年的乡信用站服务员，还担任过 7 年的村干部，有比较丰富的阅历。1986 年钱庄被查禁后，他依然继续开展"地下"借贷业务。

部。改革开放之前,农村集体就办了一些从事非农的"五小"企业,经营规模很小。改革开放初期,国家金融政策偏向扶持农业生产,严格限制国有银行向农村集体企业所经营的非农业务发放贷款,乡镇集体企业资金不足却贷款无门,所需资金往往通过集资获得。20 世纪 80 年代初,一批集体所有制企业在发展过程中出现流动资金困难,企业在缺少周转资金的情况下,借助企业集体所有制的性质作为借贷信用开展集资活动,有股份集资、以资代劳、按劳集资、合资联营和专项集资等。1987 年,中国人民银行出台《企业内部集资办法》,规定企业集资对象仅限于企业内部职工,集资用途、数额及利率都要报人民银行批准。

1985 年后,台州集体企业盛行集资解决资金困境。据《玉环县志》,玉环县人民银行对 216 个集体企业集资情况进行了调查,其中 77.4% 为乡镇集体企业,在 1985 年至 1986 年间,共向民间集资 2447 万元,调查时间的集资余额为 1824 万元。据《天台县志》,天台县人民银行调查结果显示,1986 年至 1988 年间,有 113 家国有企业和乡镇集体企业集资 1667 万元,集资额最大的是国有企业天台棉毛纺织厂,集资金额为 200 万元。据《椒江市志》,椒江区 1988 年至 1990 年间经人民银行批准的企业内部集资规模达到 1720 万元。据《泽国镇志》,1993 年 9 月,温岭泽国镇的国有企业泽国酒厂为解决当期购买原料资金的困难,向全厂职工提出集资的办法解决困难,决定每人集资 3000 元为一股,自愿集资,到时还本付息。20 世纪 80 年代中后期,集体所有制企业中的集资成为融资中广泛使用的形式。

20 世纪 90 年代以后,台州企业集资的主体转变成为民营企业,集资行为主要发生在新兴行业和优势行业,如黄岩的食品、医药化工行业,企业集资面达 60% 左右;仙居的工艺行业,集资面达 50% 左右,台州造船业,2007 年 98 家船舶修造厂中 96 家是民营企业,产值 128 亿元。造船企业的资金结构中有 40%~50% 是由投资人通过集股筹集的初始资本,20%~30% 是向社会集资,20%~30% 通过信用社贷款解决,集资成为台州民营企业解决资金的重要途径。即便是在 21 世纪现代金融体系已经非常完善的条件下,民间各种形式的集资事件依然经常发生。[①]

3.2.4　民间金融市场利率变化

通常规模较大、经营业绩较好、发展稳定的民营企业,银行对其贷款满足程度较高,企业能获得银行基准利率贷款,甚至能得到利率浮动优惠。但对于那些处于成长阶段和初创阶段的小企业,由于经营效益难预料、普遍缺乏可抵押资产、缺乏规范的会计记录、资信状况难以符合银行的要求等种种原因,大多数需要借助民间借贷来支持企业发展。民间借贷大多采用普通的收款收据,随用随借随还。

民间借贷利率与国家的货币政策和货币发行量有直接关系。根据对一位长期从事民间借贷业务的业内人士的调访,20 世纪 80 年代初民间借贷的利率一般为月息 1.5～2 分,到 80 年代中期开始出现 3 分利,80 年代末是高峰期,利率达 4～5 分,90 年代中期利率回落,亚洲金融危机开始后民间借贷利率回升到 2.5～3 分,进入 2000 年后回跌到谷底,平均利率在 1 分左右。2005 年以后,民间借贷利率又逐步爬升,2010 年平均利率是 2 分,2011 年回升到 2.5～3 分的高利率区。(1985 年官方利率为 7.92%,民间利率为 36.0%;1988 年官方利率为 9.0%,民间利率为 45.0%;1990 年官方利率为 10.06%,民间利率为 34.8%,详见图 3.2)

[①]　根据台州市官方资料,2017 年,全市共立非法集资案件 55 起,涉案金额 17.75 亿元,涉案人数 13961 人。其中非法吸收公众存款案有 53 起,涉案金额 17.11 亿元,涉案人数 12113 人;集资诈骗案有 2 起,涉案金额 0.64 亿元,涉案人数 1848 人。并打击了温岭、天台等地利用月月会等形式非法吸收公众存款案件。2017 年,全市 P2P 行业发生非法集资案件 7 起,分别是椒江京金联投资公司非法吸收公众存款案、黄岩浙江昌和投资管理有限公司非法吸收公众存款案、盛世汇海公司黄岩九峰分公司非法吸收公众存款案、临海浙江久汇资本非法吸收公众存款案、临海浙江贻达投资有限公司非法吸收公众存款案、临海浙江昌久投资管理有限公司非法吸收公众存款案、玉环林上夫非法吸收公众存款案。

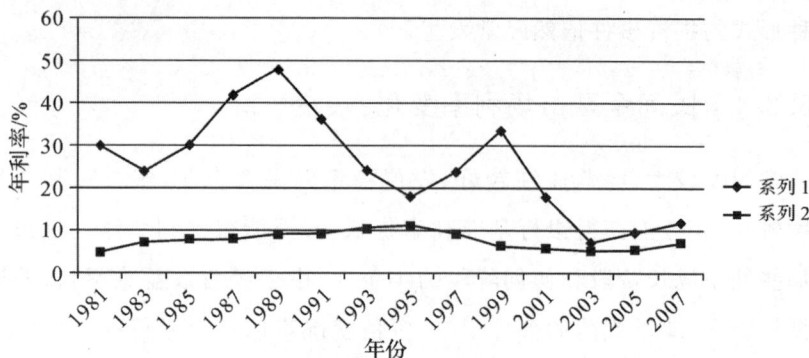

图 3.2   台州历年民间利率与官方利率变化趋势对比①

总的来说,影响民间利率变动的主要有以下基本机理。

(1)民间借贷利率并不因资金供求状况变化而变化,而是根据资金市场安全系数的变化而变动,这恰恰反映了民间金融市场也遵循"安全第一"原则。在台州,民间利率水平高低与当地居民收入水平的高低、市场风险的大小、经济增长速度的快慢直接相关。台州南部地区的民营经济相对活跃,居民收入水平相对较高,民间借贷利率相对较低;北部三县属于经济欠发达县,居民收入水平相对偏低,民间借贷的利率相对较高。当经济增长稳定、市场交易活跃、企业经营顺畅时,民间借贷市场上的资金来源扩大、借贷资金充足,借贷市场的利率会较低;当地经济增长低迷时,如 1989 年至 1992年、1997 年至 2000 年,民间借贷利率相对较高。

(2)银行利率的高低也会影响民间借贷利率的高低。当宏观经济增长趋势转向过热时,国家就会实行货币紧缩政策,中央银行会收紧银根,提高银行贷款利率,抑制经济增长过快的趋势。这时,民间借贷市场的利率也会有所上升,如在 2003 年以来的经济增长周期中,中国人民银行的人民币短期贷款利率多次上调,从 2002 年 2 月的年利率 5.31%开始逐步提高,经过 5次上调,到 2007 年 8 月年利率调至 7.02%。同期,台州的民间借贷的年利

---

①   官方利率资料来源于《中国金融年鉴》(1985—1997 年)和中国人民银行网站。官方利率是一年期的国有单位流动资金贷款利率,民间利率来源于对民间借贷人士的回顾访谈。民间贷款利率(月息):整个 20 世纪 80 年代,沿海地区的民间利率一直是 4%~5%,民间利率在 1996 年前后受到大规模"倒会"影响,民间资金来源和利率都明显下跌。

率从 2003 年的 7.2％逐步提高到 2007 年的 12％左右。

(3)经济水平高低对民间借贷利率存在显著影响。一般来说,经济发达地区民间借贷规模大、利率较低;经济欠发达地区民间借贷规模小、利率较高。[①] 台州区域内南北经济发展水平差距较大,南部区域经济发达,民间金融业务比较活跃,民间借贷资金的来源较多,利率水平也相对较低;反之,北部的仙居县、天台县、三门等地民营企业规模偏小,当地借贷规模小,而利率水平普遍高于南部地区。

2015 年,人民银行五次降息累计共 1.25 百分点。从台州情况看,利率政策传导较为顺畅,随着人民币长期利率下行趋势的形成,银行信贷、民间借贷资金价格持续下行(详见图 3.3、图 3.4)。2016 年 2 月,台州全市银行人民币贷款加权平均利率为 7.89％,较 2015 年同期下降 0.75 百分点;全市民间借贷加权综合利率为 20.09％,同比下降 0.22 百分点。

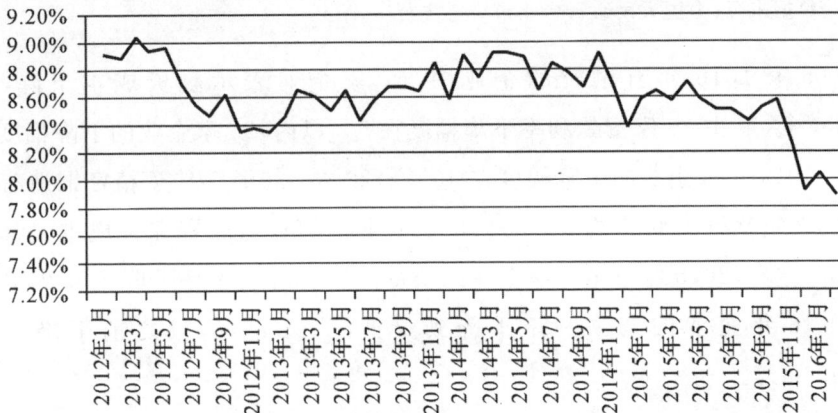

图 3.3　2012—2015 年台州特定时期人民币贷款利率走势

数据来源:中国人民银行台州市中心支行

据人民银行台州中心支行 2016 年 3 月对辖内各县(市、区)主导行业 71 家样本企业调查的资料:随着央行连续降息,民营企业的融资成本呈下降趋

---

① 民间借贷利率的一般情况:在台州经济发达的南部地区,工业企业普通民间借贷的平均月利率在 1.5％左右,整体利率普遍偏高。典当行、投资咨询公司等中介机构贷款月息普遍在 3 分以上。高利借贷一般约定的月息高达 8~9 分。这是台州、温州地区民间借贷利率的常态。

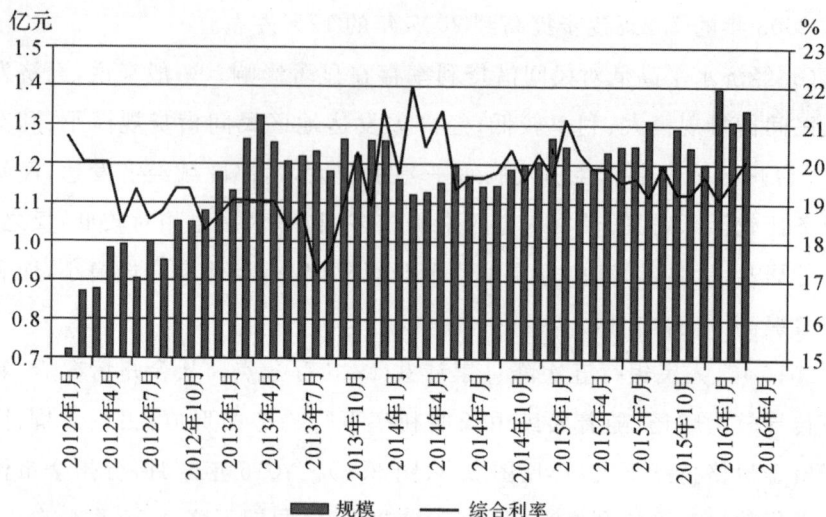

图 3.4　台州市民间借贷增长走势

数据来源:中国人民银行台州市中心支行

势。65 家 2016 年有融资的企业中,57 家企业表示融资成本下降,占 87.69%。其中 25 家贷款利率下降幅度在 5% 以内,23 家企业的下降幅度在 5%～10%,9 家企业的下降幅度在 10%～20%。如浙江佳豪精密锻造有限公司,在贷行不变的情况下,2015 年上半年的贷款融资综合成本率都在 7.00% 左右,2015 年下半年该企业的贷款融资综合成本率下降到 6.25% 以下,2016 年企业的贷款利率下降到最低,为 5.22%,较之前下降幅度为 30.95%。

3.2.5　民间金融市场的结构性特征

台州民营企业的流动资金构成比例为银行贷款、企业自有资金和民间借贷资金各占三分之一。因此,在资金供求方面,民营企业就必须面对两个相对独立的市场,即民间借贷市场和银行借贷市场。这种市场结构决定了台州民营企业资金供求关系存在三大结构性缺陷。

1.信贷资金长期"贷差",即金融机构的贷款余额大于存款余额

从 1955 年开始,一直到 1989 年,在长达 35 年的时间里,台州各金融机构每年的贷款额度都大于存款额度,存在"贷差"现象。"贷差"现象反映了

银行吸纳的资金不能满足社会对资金的需求,金融部门需要向外拆借,这也为民间金融提供了空间。这种"贷差"现象一直到 1990 年才有所改善,1990年,台州金融机构的存款余额开始大于贷款余额,出现"存差"现象。"存差"现象反映了企业、居民收入能力的提高和社会财富的增长。就"存差"发生的时间节点来看,嘉兴市始于 1993 年(1993 年嘉兴的存款余额 1062373 万元,贷款余额 1058252 万元),浙江全省始于 1991 年(存款余额 789.64 亿元,贷款余额 749.93 亿元),全国性"存差"始于 1995 年,台州的存大于贷先于全国 5 年发生。

2.金融机构的现金长期处于净投放状态

1958—2006 年,台州金融机构除了 1959 年、1962 年、1963 年、1968 年、1969 年、1970 年这 6 年有现金净回笼,其他 43 年全部是现金净投放。1971年后一直处于现金净投放状态(见图 3.5 和图 3.6)。1974 年以后现金净投放量快速增长,1974 年至 1978 年净投放额 9353 万元,年均净投放 1870 万元;1979 年至 1983 年净投放额 16690 万元,年均净投放 3338 万元;1984 年至 1987 年净投放额 109877 万元,年均净投放 27496 万元;1988 年至 1996年净投放额 905451 万元,年均净投放 100606 万元;1997 年至 2001 年净投放额 1495553 万元,年均净投放 299110 万元;2002 年至 2006 年净投放额3159506 万元,年均净投放额 631901 万元。大量现金净投放且投放额持续增长的事实说明,台州民间交易中大量使用现金结算。

台州现金净投放量大的主要原因是家庭作坊大量使用现金交易,正规金融部门无法估计民营经济规模,金融监管部门又不能对现金交易进行管制;普通居民把自己的余钱用于增值借贷行为,金融部门也无法监管。可以说,台州民营经济特有的自主性和内生性不仅反映了市场经济的本质特征,也反映了正规金融部门的市场化改革进程不能适应经济发展的需要。

3.正规金融机构基本不向民营企业提供融资服务

台州民间对金融业务的需求主要表现为对短期周转资金的需求,民营企业的经营活动对资金市场有巨大的需求,但正规金融机构对民间资金需求却没有响应。政府金融管制割裂了资金供给与民间资金需求的联系。台州民营企业的交易行为有很大一部分是通过专业市场"一手交钱、一手交

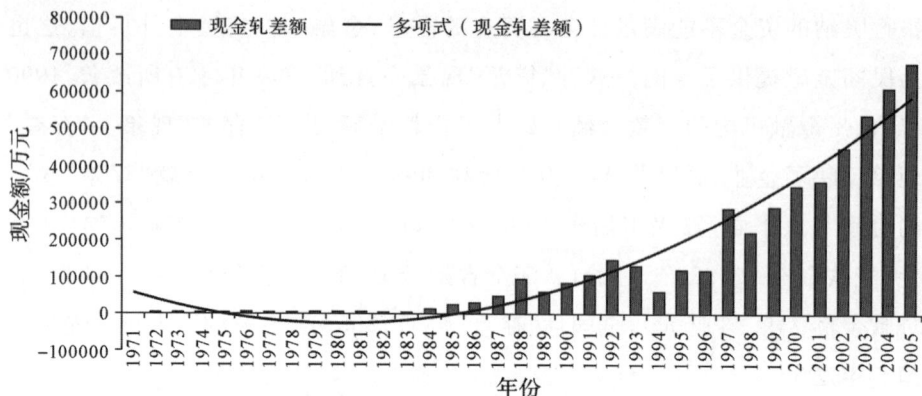

图 3.5　1971—2006 年台州银行现金收支轧差变化

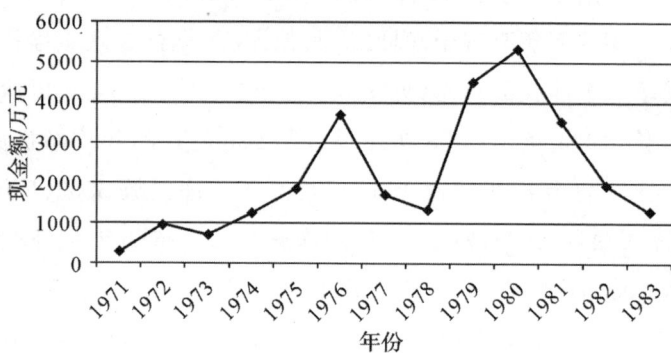

图 3.6　1971—1983 年台州银行现金收支轧差幅度变化

货"的现金交易方式实现的,能在最短的时间内回收资金继续投入新一轮的生产。这种经济规模的存在为民间积蓄了大量的现金。人民银行台州中心支行 2012 年的相关调查显示,台州有 80％的家庭(个人)、60％的民营企业参与民间借贷,其市场规模达到 1000 亿元。

　　在掌握客户信息方面,民间金融比正规金融更有优势。民间借贷很少接受实物抵押,主要依靠"信息"和"信用"等软约束来应对风险,而正规金融部门更注重通过固定资产抵押来保障资金安全。与"信息"和"信用"的软约束相比,实物抵押是更直接的硬约束。相比之下,民间金融的信用风险系数更高,加上交易行为脱离金融监管和控制,民间金融因为不安全性过高而一直得不到政府的认可。

3.3　民间金融市场的内生机理

3.3.1　民间金融的内生性市场机制

民间金融的市场化和组织化天然地表现出对当地民营经济的适应性和根植性,方便灵活的资金供给加快了中小企业的快速发展,但无益于产业结构的调整。

1.民间借贷的运行机制体现了民间资本追求增值的本质

民间金融市场由交易双方、千家万户的闲散资金及组织资金的金融中间人组成。中间人同时掌握千家万户的资金信息和企业经营信息,他们以简便的手续、灵活的期限和数额向当地人筹集存款、提供贷款。在中间人与资金供求双方关系中,充分与透明的信息、对财富增值的追求、低成本的交易关系既是市场机制的最高目标,也构成了"资金贷方—中间人—资金借方"的资金交易系统。

2.民间金融的手续简便、期限灵活、融资迅速,体现了民间借贷市场低成本、高效率的特质

民营企业的资金需求具有小额、随机、救急的特征,而民间借贷以方便快捷、简单契约的运作机制完成基于社区信任的资金交易,体现了具有根植性民间借贷必然具有的灵活与简便的特点,其中长期稳定的社区信任关系替代了部分社会成本,民间规则融入民间金融交易构成了民间金融的优势,对正规金融构成外部竞争,这也正是正规金融无法满足客户的最大硬伤。

3.民间借贷利率是随行就市的市场化利率

民间利率的形成是参照资金的风险系数和资金的供求状况而产生的。一般来说,在宏观经济形势增长稳定、企业经营比较活跃的时段,民间借贷的发生额较高,而借贷的利率则会相对低一些;相对于商业性、投机性的项目来说,制造业企业有固定资产保障、生产周期较长,资金的安全性相对较高,其民间借贷利率也相对较低,而商业性、投机性的借贷项目商业周期短、

市场不确定性较高,这类借贷的利率就相对较高。

4. 民间金融的供求能够及时反映宏观经济运行

民间金融既支持经济增长,也依赖经济增长。从宏观经济运行的基本过程来看,以 GDP 为指标的经济总量的长期扩大与银行贷款的关系越来越紧密。虽然民间金融具有追逐利益的本性,但经济成长性越好,民间借贷的利率就越低,民间资金也越安全。当民间金融根植于民营中小企业的良性发展,民间金融中就会开始逐渐形成规范化、制度化的金融运行机制,正是民间金融的规范化和制度化才促成了民营经济的持续发展。

5. 民间金融对产业结构调整的影响极弱

民间金融对经济增长的作用主要体现在提供中小企业融资渠道上。这种融资来自经济的快速增长,是一种需求导向的融资。在具体的融资行为中,中小企业向民间融资大多是短期融资,满足企业经营对周转资金的需要。由于民间融资很少进入固定资产投资,因而对产业结构调整的影响力极其微弱,因此,民间金融市场不能反映产业结构调整的方向。相反,正规的金融机构在政府产业导向政策下提供的配套资金成为影响产业结构的主要部门。

3.3.2　民营企业融资面临的所有制壁垒

台州的民营企业起步较晚,发展速度快,资金自我积累少,周转资金主要依靠借贷。1988 年,台州黄岩各所有制类型的工业企业的平均注册资本金,全民所有制企业是 205.53 万元,集体所有制企业是 31.53 万元,农村乡镇企业是 5.91 万元。① 可以看出,民营企业的资本金明显偏少,且其银行贷款在企业生产经营中所占比例持续下降,1983—1989 年,台州民营企业的产出水平与银行贷款的关联度下降幅度达到 40.45%,说明以民营企业为主体的乡镇企业在经营活动与银行借贷之间的联系越来越弱,详见表 3.3。

---

① 根据原黄岩县工商行政管理局提供的《1988 年工商企业登记统计表》中的相关数据计算所得。

表 3.3　1983—1989 年台州乡镇企业使用国家银行资金情况

	乡镇企业产值/万元	乡镇企业贷款/万元	贷款占产值比重/%	民间借贷年利率/%
1983 年	59690	15949	26.7	18%～24%
1984 年	114969	34444	29.9	24%～30%
1985 年	181458	40963	22.6	24%～30%
1986 年	224248	56908	25.4	24%～30%
1987 年	315325	71788	22.7	24%～30%
1988 年	502867	93815	18.6	30%～36%
1989 年	600639	95879	15.9	42%～48%

注:资料来源于 1983—1989 年的《台州年鉴》

　　民营企业资金供给紧张的状况到 20 世纪的 90 年代依然没有得到改变。根据 2004 年台州市椒江区对中小企业"通过银行借贷满足企业需求程度"的专项调查,我们发现,在 1996 年至 2004 年期间,在全部的银行贷款中,个体私营企业的贷款占银行贷款的比例持续下降,从 1996 年的 1.41%稳定下降到 2004 年的 0.762,详见表 3.4。调查材料还反映,有 12%的中小企业认为可以通过银行贷款满足企业资金需求,26%的中小企业认为基本满足需求,62%的企业认为不能满足需求。2005 年,台州市椒江区的民间借贷的年利率是 15%～18%,虽然同期银行利率只有 8%,但依然有 85%的企业通过民间借贷融资。

表 3.4　1996—2004 年台州市椒江区个私企业贷款

	1996	1997	1998	1999	2000	2001	2002	2003	2004
个私贷款/亿元	7.10	8.22	9.08	10.21	12.12	13.10	12.12	14.06	14.24
贷款总额/亿元	500.78	730.66	920.02	908.16	1108.48	1365.20	1348.24	1789.06	1868.80
比例/%	1.410	1.125	0.987	1.124	1.093	0.970	0.899	0.786	0.762

　　资料来源:根据 2004 年 5 月台州市椒江区对中小企业开展关于"通过银行贷款对满足企业需求程度"专项调查的相关资料整理

站在国有银行的立场来看,制度不完善、管理不规范是民营企业贷款难的主要原因。在 2005 年对台州市椒江区与国有商业银行有借贷关系的 250 家小企业的调查结果显示,信用等级评定在 1A 至 3A 级的小企业占22.2%、3B 级企业占 38.5%、C 级以下的企业占 38.5%、未评定信用等级的企业占 0.8%。民营中小企业信用等级偏低,加上财务信息不健全甚至不真实,导致银行无法对小企业安全使用资金产生信任。与国有、集体企业相比,民营企业存在较多的不规范行为,实质上是在银行与企业之间存在着不对称关系,属于不同体制内的经济主体之间的"制度不对称""产权不对称""路径不对称"。

1. "制度不对称",即所有制不对称问题

民营企业初创时期,为了避免所有制歧视而"戴红帽",地方政府也把民营企业视同集体所有制企业,也有民营企业以股份合作制企业的名义在所有制问题上打"擦边球""戴红帽"。在 20 世纪 90 年代中期以前,台州大多数民营企业有"戴红帽"现象,他们把企业的经济性质登记为乡、村集体所有制企业,实际上,这些企业产权由内部人控制,目的是分享国家对集体企业在信贷、税收等政策上的优惠。当企业面临债务风险时,这种"戴红帽"做法既可以让实际控制人规避应承担的经济责任,也让地方政府和村集体成为风险的法律承担者,大大增加了银行的风险。

2. "产权不对称",即民营企业存在股权不稳定现象

民营企业中普遍存在股东退股、约期归还资本金的现象。股份是股东参与投资获得收效的前提,也是企业开展经营、承担风险的基础,股金在法律上是长期投资行为,也是信用的保证。那些具有退股自由、约期归还性质的资金,实际上是一种集资。企业使用这种集资性质的资本金向银行贷款,银行就承担了企业在股金不实条件下信用贷款资金的高风险。一些股份合作制企业一旦获得银行贷款,就把自己的注册资金抽走,导致企业自有资金比重逐年下降,银行贷款风险逐年上升,让银行贷款来承担企业经营的全部风险,股金几乎不承担任何风险。

3. 合伙企业的企业组织和经营管理不规范

台州的股份合作制企业存在着"第一年合伙、第二年红火、第三年散伙"

的现象,企业在管理上缺乏长期规划,经营上盲目跟风,一旦产品失去市场,集资企业就自行散伙,这时股东股金已经退出,银行债务则无法落实。20 世纪 80 年代后期。台州的小冷库、小罐头厂"一哄而上、一哄而散"的现象就是典型事例,给银行资金带来很大的损失。挪用银行流动资金贷款搞企业基本建设的现象也普遍存在,使银行资金陷入不可预知的风险。

3.4　民间金融管制与民营金融转制

3.4.1　监管部门对民间金融的管制

20 世纪 80 年代中期,中央政府两次实行宏观紧缩政策收紧银根,通过国有银行控制借贷资金的规模,加强对通货膨胀和经济过热的控制。通常情况下,宏观紧缩会导致中小企业的资金周转产生严重困难。实际情况是,实行宏观紧缩时,大量民间储蓄从银行流出,进入民间金融市场为民营企业提供资金供给,民营企业与民间金融天然的内生关系既解决了民营企业的资金来源,也使国家宏观紧缩政策的实施效果大打折扣。也就是说,政府只能通过国有金融系统来调节金融市场资金供给,却无法限制民间资金的借贷活动。事实上,在每一次国家宏观调控发生时,只要银行收紧放贷资金规模,台州就会出现银行的居民储蓄大量流入民间金融市场,维持了台州民营企业资金需求和经营活动的稳定进行(陈剑,1996)。[①]

1995 年,人民银行在台州组织"1994 年全社会信用调查",发现,支持台州社会经济活动的资金中,大部分是体制外的民间资金,这些体外循环的民间资金规模在 120 亿元以上,而从事金融业的专业人员认为实际数额还远不止这些。在玉环、黄岩两地的调查发现,民营企业的民间融资规模与国家金

---

① 据台州人民银行有关资料,2003 年年末,国家实行宏观调控,银行收紧信贷资金。2004 年年初,台州各商业银行的储蓄开始高速流失,从 2004 年 2 月起,台州全市存款余额每月递减 20 亿元左右,至 7 月,银行储蓄总额减少 100 多亿元,打破了连续 10 年来台州存款余额逐月上升的历史,从银行流出的 100 多亿元资金绝大部分都进入了民间借贷市场。

融机构的融资规模大约为 7∶3,玉环县 1994 年的社会信用总量是 24.87 亿元,其中财政信用 1.73 亿元,仅占 7%;金融机构的信贷资金为 6.79 亿元,占信用市场的 27.3%;民间融资的信用规模约 15.13 亿元,占全社会信用规模总量的 60.8%,详见表 3.5。

表 3.5　1994 年台州玉环、黄岩社会信用构成

项目	玉环县		黄岩区		台州
	金额/亿元	比例/%	金额/亿元	比例/%	/亿元
社会信用总量	24.87	100	33.84	100	
金融机构信用总量	6.79	27.3	11.39	33.7	52.61
财政信用	1.73	7.0	2.1	6.21	12.5
社会集资	15.13	60.8	7.0	20.69	40.0
农村合作基金会贷款余额	0.21	0.8	1.5	4.43	6.9
其他	1.01	4.11	1.85	35.02	

金融监管部门一直试图管制民间金融活动。20 世纪 80 年代,打击钱会、非法集资、"银背"和私人钱庄;20 世纪 90 年代,整顿农村合作基金会、农村金融服务社,将其清退出借贷市场;1997 年亚洲金融危机对国内银行业提出严重警示,从 1998 年开始,国有商业银行对乡镇金融机构进行大撤并,每个县只保留一家农村合作银行,由省级农村信用联社管理;每个设区市只保留一家城市商业银行,由当地政府控股并决定商业银行的主要领导,加强了对基层金融活动的管制。

1. 全面清理基层金融机构

在金融管制部门的严格控制下,1996 年 8 月,国务院颁布《关于农村金融体制改革的决定》(国发〔1996〕33 号),认为"相当多的农村信用合作社失去了合作性质,背离了主要为农民服务的发展方向",决定由中国人民银行加强对农村信用合作社的监管,按合作制原则重新规范农村信用合作社,在经济发展和城市化条件较好的地区成立农村合作银行。1997 年,中央金融工作会议决定让国有商业银行从农村金融市场全线撤退,确立了"各国有商业银行收缩县(及以下)机构,发展中小金融机构,支持地方经济发展"的基

本政策。

　　针对全国普遍存在农村合作基金会严重负债和支付困难的问题,1996年中央决定对农村合作基金会进行清理。1997年亚洲金融危机发生后,中国人民银行进一步加快了对农村合作基金会的清理工作。1988年,台州全区 8 县中有 6 个县建立了 328 个农村合作基金会,其中县办 2 个、区办 5 个、乡镇办 46 个、村办 275 个,据 1989 年 5 月末的统计,农村合作基金会融资规模达 1500.5 万元,占台州农村信用社同期贷款余额的 3.4%。台州的清理工作从 1999 年开始,直到 2003 年才大致完成,地方政府为清理基金会注入了大量的财政资金。2005 年温岭市为清理农村合作基金会垫付 1186 万元,就一直挂在政府财政的往来账上;[①]三门县 1996 年对农村合作基金会进行了全面清理,5 家基金会自行清盘关闭,其余 10 家基金会在剥离不良资产后,由县政府注入 945 万元资金,有关账户并入了当地农村信用社。

　　1995 年,国务院决定把城市信用合作社改造成股份制的城市合作银行。鉴于城市合作银行是以股份制形式组成的,与合作制不相符,1998 年,中国人民银行和国家工商行政管理总局将“城市合作银行”更名登记为“城市商业银行”。由于台州若干家城市信用社的经营业绩和风险控制明显好于国内其他地区的城市信用社,台州地方政府向人民银行争取区别对待的政策,力图避免把多家优质资产和经营业绩优良的城市信用社列为“一刀切”政策的改制对象。

　　对县及县以下合作金融机构进行清理整顿,导致基层金融机构数量减少、资金上抽和金融服务缺失,民间借贷资金在基层金融市场上更加活跃,又弥补了官方金融机构退出后留下的金融市场空缺。事实证明,行政管制只能改变金融市场结构,却无法阻止民间资金交易活动的进行和民间金融市场的有效运行。随着民营经济的快速发展,民营企业对资金的需求量越来越大,台州民间金融市场的运行方向与“一刀切”行政管制的目标相背,渐行渐远。当国家开始实施信贷紧缩政策时,台州城乡居民的储蓄便会从银

　　① 参见时任温岭市审计局局长的蔡冬友 2006 年 5 月 31 日向温岭市人大常委会做的《关于温岭市 2005 年度预算执行和其他财政收支的审计工作报告》。

行流出,大量流入民间借贷市场,民间金融市场的融资功能保障了当地经济的稳定运行,抵消了政府实施"一刀切"宏观调控政策对地方经济的硬冲击。

2. 地方政府对民营企业融资的救济措施

长期以来,各地的国有银行实行垂直管理,地方政府对他们没有直接的行政影响力,在很大程度上影响了地方政府调控地方经济的政策效果。农村信用合作社和城市信用合作社是以服务当地企业、由地方监管的金融机构,许多地方官员认为"只有信用合作社才是真正的地方银行"。地方政府尝试了各种促进民营企业获得银行贷款的制度改进。由于初创阶段的民营企业产权不清、物权不全等历史遗留问题,这些问题成为制约民营企业从国有银行获得资金支持的关键因素。[①] 地方政府为了解决民营企业贷款难的问题,设计了许多办法,如由政府牵头组建一系列为民营企业提供贷款担保的担保公司。[②]

1999 年 11 月,台州市椒江区中小企业经济担保有限公司成立,由财政全额出资注册资本 2000 万元,2010 年 4 月财政追加注册资本金 1000 万元,总计 3000 万元,可提供 1.5 亿元额度的融资担保。这种"政府主导＋财政出资＋市场运作"模式的中小企业担保公司,为中小企业向银行申请无抵押品的贷款提供财政担保,以解决区内中小企业融资担保难的问题,探索地方政府推进中小企业融资的新途径。另外,政府牵头组织企业以会员制方式共同出资组成担保公司,免费为会员企业提供担保;还有由协会牵头的行业性担保公司。这种以"政府组织、企业主体、市场主导"的中小企业担保体系和组织框架在一定程度上解决了中小企业贷款时的担保难题,这一做法在台州各地得到普遍推行。

---

① 1994 年以前,国家还没有出台国有土地有偿出让的政策。而在 1994 年以前兴办的民营企业工业用地因当时没有国有土地出让的政策规定,民间企业的工业用地属国有、集体划拨土地。而国有商业银行是以 1994 以后的国家土地政策为依据,以 1994 年以前的民营企业用地属非国有出让土地为由,一般都会拒绝民营企业的抵押贷款,致使 1994 年前兴办的民营企业的土地资产无法向银行抵押筹资。

② 2004 年,国家发展改革委、国家税务总局《关于公布免征营业税中小企业信用担保机构名单及取消名单的通知》(发改企业〔2004〕2284 号)中,将一些信誉较好、专门为中小企业提供担保业务的担保公司列为免征营业税公司,全国 296 家,其中浙江省 43 家,数量居全国各省之首,台州 11 家担保公司被列入。

各种担保公司为中小企业提供担保服务的同时,也存在着不可克服的缺陷:一是担保公司的资金有限,对于台州 10 万多家工业企业来说,担保公司的服务无异于杯水车薪,绝大多数企业无法受益;二是民间担保公司担保费率偏高,收取费率相当于同一笔银行贷款利息的 50%。即便这样,担保公司还是有选择性地提供担保,只有资金运行比较安全、企业经营比较稳定的企业才能获得担保公司的担保。

3. 台州地方政府的小企业财产登记贷款制度

为改善小企业在担保市场的被动局面,台州市政府与金融管理部门探索了一种企业直接抵押的贷款方式,即财产登记抵押贷款制度,只要对抵押物进行登记就可以获得贷款。这种做法无论是就财产登记抵押制度本身的制度设计而言,还是就解决小规模企业提供财产抵押困难的问题而言,以及从推动国有大银行探索小规模企业的信贷模式的创新而言,都具有增进金融市场和创新金融服务的意义。这一创新性制度既减轻了企业因贷款而派生出的担保费用,也减少了企业申请贷款的中间环节。中共台州市委市政府在开展针对性的研究的基础上,于 1998 年 6 月 25 日发出《关于开展企业财产抵押贷款有关问题的通知》(台市委办〔1998〕56 号),在全市范围内开展企业财产抵押贷款的 7 项具体实施意见。这种地方性、制度性做法的实施对当地的中小企业从银行获得短期借贷资金发挥了积极作用,但也触及了诸如资产评估部门、房产管理部门的利益。

实践表明,开展企业财产抵押登记工作,一方面缓解了小规模企业因资金信贷运行不畅而产生的信贷资产质量不高的"瓶颈"问题,避免了银行对企业资信的不安全感,也减轻了民营企业的财务负担。台州的这一经验得到了中小企业发达地区的广泛认同。[①]

4. 国有商业银行转向服务中小企业

由于台州市的城市信用社面向中小企业提供融资服务取得的良好市场业绩,吸引了台州国有商业银行探索民营企业融资的新途径。1997 年,中国

---

① 1999 年 9 月 21 日,浙江省人民政府发出《关于房地产抵押登记问题的通知》浙政发〔1999〕176 号文件,在浙江全省范围内推广台州的经验。

工商银行台州市分行在全国率先试水中小企业融资业务,制定了《小企业贷款管理办法》,针对台州中小企业数量众多的实际情况,推出应收款质押贷款、法人商业用房贷款、工业园区厂房购建贷款、企业存货抵押贷款、汽车合格证质押承诺贷款等贷款服务品种,适应了中小企业物权多样化和融资多样化的需求。中国工商银行台州市分行的中小企业融资业务迅速增长,从1999年开始,台州市工行的经营业绩在全国280家二级分行业绩考核中一直位列前茅。为加快拓展中小企业融资市场,从2004年开始,中国工商银行台州市分行专门设立中小企业信贷业务机构,配备专职人员,提高拓展中小企业市场的针对性和有效性,不但改善了市场结构,使中小企业增加了贷款机会,也促进了国有金融机构的转型。

3.4.2 城市信用社改制为民营银行

1989年,根据中央治理整顿的精神,中国人民银行对城市信用社进行了清理整顿。1993年,停止各地审批新的城市信用社。1998年年底,出台城市信用社改革方案,地级市城市信用社改制为城市商业银行,"一市一行",由当地政府对城市商业银行控股;县级城市信用社改名,并入当地的农村信用社。

20世纪90年代初,台州的城市信用社事实上已经发展成为民资控股的金融机构,经营状况总体较好。1996年,人民银行评估台州高风险的非银行金融机构,调查结果是:52家城市信用社中,高风险城市信用社9家,占总数的17.6%;40家农村金融服务社中,高风险农村金融服务社13家,占总数的32.5%,已出现风险或有风险隐患的有9家;169家农村信用社中,高风险农村信用社36家,占总数的21.3%。相对于国内其他地方的城市信用社经营状况,台州的城市信用社总体经营状况较好。

根据政策规定,改制后城市信用社中的私人资产要并入政府控股的城市商业银行,或纳入农村信用合作联社。台州地方政府希望坚持从实际出发,以市场化原则主导城市信用社的改制工作,通过市场竞争使少数"烂"社退出市场,好的城市信用社继续经营,化解"一刀切"政策给当地金融秩序和经济秩序带来的硬冲击。

首先是对市本级的 10 多个城市信用社以资产兼并代替破产关闭。引进异地股份制商业银行兼并台州部分城市信用社,如:2001 年,上海浦东发展银行出资 173 万元收购温岭城市信用社之江储蓄所;2002 年,由资信优质的台州市银座城市信用社兼并其他 7 家资信较差的城市信用社;2003 年,由兴业银行收购黄岩迅达城市信用社。通过资产兼并、收购,部分城市信用社的营业资格得以继续存在。

其次是抛开"强强联合"的习惯思维,维持民营金融市场的竞争格局。央行要求城市信用社改制实行"一城一行"政策,而台州有多家资信优质的城市信用社,上级部门认为应该"强强联合",把优质的城市信用社合并成一家城市商业银行。台州政府主张由银座城市信用社对其他城市信用社进行兼并和改制的同时,力争保留另两家资信优秀的泰隆城市信用社和温岭城市信用社。既延续原有的法人资格和产权结构继续经营,以市场原则取代行政命令,又保持了城市信用社在地方信贷市场的竞争格局,保障了原城市信用社股东的权益。

最后是对县级整顿后被纳入农信联社管理的城信社实行差别化改制。对资产质量和经营状况良好的城市信用社保留原有的股份制、信贷权限与运行机制;对规模小且资产质量差的原仙居县城市信用社按农村信用社的"规范"进行"改制"、对规模较小的玉环县陈屿金融服务社和严重资不抵债的原临海市大通城信社按农信社"规范"逐步走向"改制";而对于规模较大、资产质量好且内部管理水平较高的临海市城市信用社、天台县城市信用社和玉环县宏达城市信用社则分别更名为银泰、银安和珠港农村信用社,仍保留原有股东的产权、运营方式,自主经营权比普通农信社大,进而在临海、天台、玉环等三个县(市)农信联社中形成了股份制、合作制"两制并存"的现象。

根据《中国银监会 2014 年报》:"银监会对包括民间资本在内的各类资本入股银行业金融机构,始终坚持公平竞争、同等待遇的原则。在法规政策中,从未对民间资本入股银行业金融机构设置额外限制或者条件;在市场准入实践中,民间资本主要通过发起设立、认购新股、受让股权、并购重组等方式进入银行业。截至 2014 年年底,中小商业银行中有 100 余家的民间资本占比超过 50％,其中部分为 100％民间资本;全国农村合作金融机构民间资本占比超过 90％,村镇银行民间资本占比超过 72％;民间资本在农村中小金融机构股权中占 88％。"

　　地方政府市场化导向的改制模式既维持了市场竞争格局,又促进了地方金融业发展。依靠民间和市场的力量,以尊重市场的态度解决金融市场中出现的问题。地方政府以民间主体、市场主导、制度保障来主动引导和促进民营经济的成长和发展,说明了地方政府在发挥民间市场主体自主创新动力的基础上,辅之以地方政府积极、主动的认可、引导与协助,较好地厘清了政府与市场的边界,构建了民营经济发展的良好环境。我们也看到,1998年后国内许多城市采取政府主导的方式组建城市商业银行,以"行政收编"完成改制,台州政府从本地现实出发、重视本地城市信用社自主选择的做法值得国内其他地方政府借鉴。

第4章 民间借贷风险、信用与利率
的内生逻辑

相对于实体资产而言,金融资产流动性强,资产运行中的折损率更高,因此金融资产比实体资产更容易发生风险和损失。民间借贷是草根金融,政策法规的规范和保障非常有限,[①]这一方面决定了民间金融的先天风险性更高;同时,民间金融经过长期自发成长,其专业化发展和人格化运作的特征已基本形成,防范风险机制来自内部,缺少外部防范风险机制的支持。随着民营经济的持续成长和规模的不断扩大,民间借贷的规模也相应扩大,由借贷规模衍生出来的信用、价格及违约等风险,使得民间融资市场潜伏着巨大的风险生成机制,同时也在自发成长中形成防范风险机制。

4.1 风险逻辑:平衡机会与收益

经济发展的活力和魅力就在于经济行为的实践性和不确定性。不确定性是指"经济主体对未来的经济状况(尤其是收益和损失)的分布范围和状态不能确知"。在经济活动中,价格、成本、收入、产出等参数,在投入运行后,将来实际产生的结果与预计结果之间可能存在相当大的不一致,这就表现为不确定性。造成不确定性的主要因素有:数据偏差、通货膨胀、技术进

---

① 民间借贷的政策含义:"民间借贷活动必须严格遵守国家法律法规的有关规定,遵循自愿互助、诚实信用的原则。民间借贷中,出借人的资金必须是其合法收入的自有资金,禁止吸收或变相吸收他人资金用于借贷。民间借贷发生纠纷,应当按照《最高人民法院关于审理民间借贷案件适用法律若干问题的规定》(法释〔2015〕18 号)处理。"——中国银行保险监督管理委员会、中华人民共和国公安部、国家市场监督管理总局、中国人民银行《关于规范民间借贷行为 维护经济金融秩序有关事项的通知》银保监发〔2018〕10 号。

步、市场结构变化、政府行为、人为因素和不可抗因素,不确定性导致损失发生的趋向就是风险。生产和金融活动中存在着大量的不确定性风险。

4.1.1　民间金融的风险构成

投资行为产生的结果具有不确定性,这时就产生金融风险。投资行为的基本结果分两种,一种产生收益,另一种产生损失。所以,投资风险包含投资收益的不确定性和投资损失的不确定性。一般来说,人们比较关注损失的不确定性,也较多地讨论投资产生损失的不确定性风险。导致产生损失不确定性的因素,一方面来自投资行为所在经济环境,即外在不确定性,如政策调整、经济衰退、通货膨胀、自然灾害、社会动乱、战争等;另一方面来自个体投资者的行为选择,即内在不确定性,如价格波动、经营失误、恶意诈骗、意外事故等。

经营风险相对应的逻辑结果是机会收益。在开放和竞争的环境下,无论是追求商业收益的行为,还是博取社会地位的行为,其结果都伴随着因为选择而产生的不确定性。换个角度说,放弃风险就意味着放弃对某些经济活动的参与机会和收益机会,也就是说,风险是收益的来源,也是机会的载体。

金融市场的风险总体上可分为两大类:一类是不可转移和规避的系统性风险,一类是可分散和转移的非系统性风险。具体来说,民间金融的风险主要包括以下几种。

1. 政策调整风险

在现代经济体系中,政府的财政、货币等宏观调控决策是常规经济运行机制的重要组成部分,政府的宏观决策也直接影响着民间融资的运行安全。政府货币政策的宽松或紧缩会直接影响到民间融资的安全:宽松导致流动性过剩,形成价格上涨和通胀风险;紧缩导致资金紧缩,形成生产萎缩和资金链不续风险。由于行政决策和命令的刚性执行,在执行时间和执行强度上的弹性空间很小,因此,这种因素及其执行的不确定性对民间金融市场来说往往被归为不可控之列。

2. 市场波动风险

民间借贷市场是现代社会经济活动之中自发形成的金融市场,由于缺少合法的市场地位,游离于国家金融监管体制之外,长期以"地下金融"的身份存在,监管机构和管理部门难以准确掌握这部分"地下金融"的规模、价格、流向和组织方式等实际运行情况,因而存在严重不可预知的不确定性。民间借贷对宏观经济环境的变化、对行业发展的动态反应极为敏感,特别是市场供求变化导致的价格波动会直接影响到民间资金的安全和收益,潜在竞争者成长及所产生的比较优势会挤压既有企业的市场份额,劳动力市场的供求变化所产生的工资变化会影响到企业的人工成本,技术创新成果的转化会导致市场原有产品被新产品替代,居民收入增长和消费结构升级会导致低端产品被替代,这些市场变化都会增加民间借贷资金运营的不确定性。

3. 资本运作风险

资本运作是企业适应技术更新、产品换代、需求变化等市场和社会动向而采取资本结构调整的路径之一。首先是融资的规模和利率,融资规模过大或融资量在资本结构中所占比例过高,或利率过高导致资本结构不合理,都会增加整个资本运作风险。其次是资产变现的流动性风险会造成投资者收益的不确定,如果投资周期长或项目变现能力弱,会给融资方的收益和还贷带来很大的不确定性。同时还有企业在生产经营过程中由于产销量等因素的变动而导致税息前收益的变动,造成不确定性风险增加。

4. 信用风险

民间融资的供求双方基本上是中小民营企业和小规模供资人,双方对市场的影响面和影响力极小,但是中小企业抗成本压力的能力较强,经营风险主要来自企业外部环境。如果企业在经营方面受到外部冲击,借贷资金的效益率会下降。作为供资方的非官办金融机构、民营企业和个人可能会提前要求借资方履行偿还责任,借资方需要搭桥资金来周转,转而向高利率借贷求助。如果企业收益难以承受高利率借贷,加上企业一般抵押物不足,企业就会陷入资金危机,进而造成一连串信用链断裂。

总体上说,民间借贷资金的坏账率较低。被调查对象反映,尽管借款时多采取打借条的形式,民间融资的纠纷相对较少,借款人的信誉显得较高,流通比较顺畅,欠钱不还的现象较少出现。民间融资主要基于人缘基础,融资双方对各自的资信状况、资金用途较为了解,且中小企业的抗风险能力更高,资金的安全度也较高。由于民间资金的规模偏小,民间融资的空间范围也较小,对借入方的信息掌握相对全面,[①]资金配置效率也较高,同时也导致小范围空间的利率缺少充分竞争。

这种小范围的民间金融市场并不具有现代意义,但是,民间金融市场走向现代化的阻力并不是人缘、地缘和血缘本身,而是金融政策的限制、金融市场的不开放和金融体系的僵化,是它们制约了民间金融市场效率的形成和产业的成长。

4.1.2 民间金融平衡风险收益的逻辑起点

民间金融对风险的管理是长期自发形成并且运作有效的风险管控模式,这种模式的形成与发展也是民间金融风险管制模式的自我修正和完善的过程。与官办金融机构相比,民间金融对风险的管控模式存在显著差异,其中最重要的一点是对风险起点的认知完全不同。民间金融对风险的控制起点始于对对方的信用认知,融资过程的逻辑起点是正向判断——"对方有信用",这种认知来自对借入方全方位、长时期的信息积累和基于习俗法则的认同。这种正向判断对融资方有两大积极作用:一是缩短客户获得资金的融资周期,提高客户获得资金和使用资金的效率,客观上也加快了资金投入经营并产生效益;二是有利于融资方及时抓住商业机会,准确把握市场周期,提高企业参与市场活动的主动性和积极性。

而官办金融机构对于任何寻求贷款的自然人和企业法人的风险控制的起点是逆向判断——"对方零信用",并以此为基础让借入方提供信用保证文件和财产文件,并积累信用,这是一种信用逆向判断。虽然银行有授信额度管理制度来进行客户信用管理,但是,授信额度并不代表银行对客户的信用积累,在实际融资业务过程中,银行并不会把授信额度当作对己方的信用约束条款,依然把对客户的融资需求与授信额度割裂开来。

---

① 根据对民间融资人士的访谈,他们对借款人的调查是全面的,要去借款人家里看住的房子如何,还要看借款人有没有老婆、孩子,借款人企业的厂房、设备等,基于对其家庭、企业的了解,再做出一个要不要借的判断。

这种逆向选择路径把融资方置于被监管地位。在目前"二元"结构的金融市场中,官方金融机构在提供资金时具有明显的官方立场和优势地位,他们倾向于为国有经济部门提供资金,80％的民营中小企业不能从官办金融机构获取资金,中小企业在国家体制内获得的金融支持与其国民经济地位是极不协调的。同时,由于政府对融资市场实行利率管制政策,民间融资的资金来源主要是自有资金和民间借贷,民间金融市场的利率是均衡浮动利率,利率水平明显高于官方基准利率,造成"二元"金融市场中利率双轨制的格局。金融市场的"二元"体制下,社会资金作为经济增长的要素之一,没有根据市场规则进行合理有效的资源配置,而且还扭曲了金融市场中资金使用和风险控制的价格。因此,在中小企业面临融资困难、对民间借贷资金需求量大增的情况下,民间资本必然大量涌入民间借贷市场。

民间借贷在社会生活中普遍存在并相当活跃,且绝大多数民间借贷行为在乡规民俗约束下能够正常运作,因此,没有合法身份的民间借贷活动基本上以"地下金融"的形式存在。民间借贷行为只有在产生民事纠纷并诉讼到法院时,司法部门才延引散落在不同法律、规章和司法解释中不成体系的法律条文进行司法裁决。由于缺乏针对民间借贷实行有效管理的政策法规,政府基本上无力过问民间借贷行为,尤其是地方政府,对民间借贷基本上采取不管为主的态度,除非发生重大的民间借贷资金链断裂案件。具体而言,多个政府部门被授予监管民间金融机构的权责,如商务系统部门承担对典当行的监管权责,地方金融办负责管理小额贷款公司,省级人民政府对担保公司实行属地管理,多头监管且力不从心,导致政府及部门对民间借贷的常规监督基本不能到位,民间借贷一旦发生风险,只能事后被动地组织力量集中处置民间借贷违约事件,这种监管力量配置和监管模式难以有效控制和化解民间借贷风险。

在民间融资体系内部,民间金融平衡风险与收益的逻辑起点是熟人或者熟人中介。熟人关系的本质是信任和信用,信任是分工的逻辑起点。"市场经济……要求人们之间建立基本的信任关系。越是缺乏信任,人们之间的分工就越不发达并且交易成本越高。当信任关系微弱到使交易成本(包括信息交换和相互监督的成本)高于分工与交换所能得到的好处时(当然是

在"边际"的意义上），合作秩序的扩展就停滞了。"（汪丁丁,2006）

在实际民间借贷中,如果借入方与贷出方之间没有熟人关系,是很难发生借贷行为的,能够把这两者联系起来的是中间人,职业中介不仅起到搭桥牵线的作用,也为借贷双方实现资金交易创造条件,而且也扮演了担保人的角色,如果借入方欠债不还,中间人就有可能承担起连带偿还责任。

4.1.3　民间金融的习俗法则保障机制

经济活动离不开法则规范。从法则源流来看,法则可分为民俗法则和国家法则。在现代社会中,国家法律和民俗法则并存于社会生活并产生作用。法则作用的范围就要看法则本身的公平性和普适性,只有具备公平性才能让交易双方接受,只有具有普适性才能推广到经济生活当中。一千多年来,民间金融市场一直接受民俗法则的规范,形成了有序运作的民间金融法则,诸如社会关系、风俗习惯、社区记忆、人际信任、产业结构、资金供求等因素对民间金融都具有实质性的影响力。

1. "有借有还"法则

"有借有还"是对民间借贷的第一约束,它是借贷关系中的第一法则,也是借款人安身立命的第一信用。中国传统社会里,一般情况下借款人都不会损害自己的信誉赖账不还,以免断了以后的融资渠道,这也是民间融资市场之所以活跃的重要因素。这种价值观在许多家训中有大量记载,如明姚瞬牧(1996)要求家人:"无端不可轻行借贷,借债要还的,一毫赖不得。"杨继盛在遗训中也谆谆告诫:"切记不可揭债,若揭债则日日行利,累的债深,穷得便快,戒之戒之。"要求晚辈"若用度少有不足,便算计可费多少,即买田产补完"。在"有借有还"信用法则的约束下,民间信用可以正向累积,这种长期稳定的信用习俗法则能够约束民间借贷行为形成可预见的共性行为和可靠的长期规范,限制风险转化为损失。

2. "债不过年"法则

"债不过年"法则既是传统债务道德观,也是一种信用约束机制。无论是办厂还是经商,民间一般都存在两种形式的债务,一种是直接借贷,一种是相互赊欠。企业之间的商业往来,相互赊欠是约定俗成的习俗。这种商业习俗有三条习俗性约束：一是赊欠有一定期限约束，一般是 1～6 个月，期限长短以行业不同而不同，一般情况下，资金周转期短的行业赊欠期限也相对短。二是赊欠货款一般不发生利息，这种赊欠所发生的息金，在产品供应合同或协议中已经解决了，即按照约束的价格供货，同时也按约定方式赊欠。三是赊欠资金过年清算，即在农历春节前，民间家家户户普遍要把一年累积的债务进行结算并清偿。特别是小商户之间，一般不会把年内发生的债务拖到春节后。①

3. "中间人"法则

在民间信用机制中，中间人在其中有重要作用。在民间借贷行为中，中间人通常是为人正派、处事公道、热心助人，在当地有地位或成就，有权威，有影响力和公信力的知名人士，他们的家庭收入在当地处于中等以上，与乡邻的沟通能力和处理矛盾纠纷的能力突出。中间人的这些特质，客观上也是中间人本身的信用体现，而中间人要体现他的地位和影响力，也会在履行中间人角色过程中维护他自己的形象和地位。② 由于对民间借贷问题的判断和把握比较准确，中间人也就起到了对借贷双方的信用甄别和信用维护的作用和功能。

4. "亲缘担保"法则

以家族亲缘关系来保障借贷资金的安全是从古到今一直沿用的有效关联保障习俗法则。首先是家庭层面担保，其次是家族亲戚担保。为了不拖累家庭（家族）成员，人们在经营中有鲜明的自我约束倾向，③多数人经营时

---

① 华人有"过年不欠债，欠债不过年"的传统习俗。农村有不成文的规定，过年前三天时间集中清账。在这三天里，村民们把人欠和欠人的账务笔笔算清，这也是一种社会约束。当然，也存在少部分人年底无法偿还债务，对于一些特别困难的情况，欠债户会向债主——说明缘由请求宽限，基于同村同宗关系，债主也不会强行逼债。但是这种拖欠户的商业信誉会在当地受到影响，也进一步影响以后的借贷信用。在台州民间，经营户拖欠过年的债务，在来年是要计利息的。

② "一般民间借贷通常是借给亲戚朋友或通过朋友介绍把钱借出去，彼此有一层相互信任的关系。人们把钱投资到房地产或放在某个企业，当借款企业无法按时兑现承诺时，借款人会要求提前还款。借款人一旦无法偿还，就损害了彼此间的信任关系。这样的事情多了，整个社会的信用体系就会崩溃。在温州，现在除非是非常熟悉的人的小额借款，不然没人再往外借钱了。"来自 2012 年 5 月某温州放贷人笔录。

③ 笔者在浙江温岭的横峰调研时发现，这里的农民企业家一般以 4∶1 的比例借款来自我限制，这是其经营策略的典型表现。

不追求高风险、高投资和高回报,而宁愿采用低资本投入、多吸纳劳动力投入的经营策略来解决资本构成的安全问题,兢兢业业,稳扎稳打。但借出方往往把家庭成员中亲缘关系最近、个人信用最高的家庭成员纳入担保。[①] 同时,在乡村社会中,家族是以亲缘为纽带的集经济互助、养老保障和集体安全等功能于一身的功能组织。家族成员"做会"融资最大限度地借用了亲缘关系的信用基础,这种信用基础越牢靠、互助关系越有效,就越没有人愿意失去这种关系。即便是商业失败了,受惠于这种关系作为信用基础,也可以东山再起。

5. "女性信用"法则

有研究发现,东亚地区的民间融资组织者、参与者以女性居多,中国民间"会"的参与者 80% 是妇女。这是因为女性比男性有更高的履约率(Bakhoumet,1989;Berger,Buvinic,1989;Buechler,1993),而相同社会经济地位的男性则更可能违约。女性比男性有更高履约率,一是因为女性居住地的稳定程度高于男性。相对于男性经常外出,女性常年居住地变化相对更少,其社会稳定性更高,有更强烈的个人间相互信任或集体意识的天性(Tsai,2004)。二是女性比男性更加重视社会信誉。相对于男性对信用的认识和理解,女性更加明白损失信用被集体排斥的危害。保持良好信誉以融入社区群体是她们的理性选择(Ardener,1964;Hechter,1987)。在个人因素方面,女性与生俱来的细致缜密、委婉宽容、善于沟通等特质,在某种程度上决定了她们能够胜任理财角色,能够胜任与人沟通的工作,也决定了她们与信用有着特定的内涵。民间借贷履约机制中的性别差异,实际上是一种对个人履约机制的细分。[②]

6. "共荣共损"法则

这一法则的实质内涵是个体信用集体受益法则。在传统社会里,某个

---

① 笔者身边发生的一件事例:A 与 B 是中学同学,B 经营的 P2P 平台损失 6.7 亿元,在崩盘的最后时刻大量向周围的熟人借取资金,其中一笔向 A 借取 1500 万元,A 深知 B 的资金风险,提出借钱条件,B 同意由 B 家庭中担任公务员的弟弟签写担保书,B 弟弟同意并写下担保书,A 把资金转入 B 弟弟账户。结果 B 随后逃债至东南亚某国躲债,A 向 B 的弟弟求偿债务,最终协商结果是 B 的父母承诺分若干年偿还全额本金,A 答应放弃利息诉求达成资金偿还协议。

② 浙江省宁海县 2010 年 9 月,清理"日日会"时,清理对象的 9 个会头都是 40 岁以上的中年女性。

体出现在特定社区以外的社会环境中,他往往成为他所在社区的代表。因此,个体的信用对社区集体信用的增进或损益有直接的影响。社区信用程度越高,其在社区以外的商业活动所获得的信任程度也越高,也更容易在商业活动中获得宽裕的赊欠条件,也更容易获得经营机会,是故台州民间有"官令不如讨海令"的说法。① 损害社区信用的人,也会被社区集体排斥,这对于以亲缘关系为基础的社会中人来说,是无法弃之不顾的。为了维护这种共同信用,人们坚守传统的"欠债还钱"理念,即便是经营不顺或亏损,只要一个人肯干而且有亲缘网络和社区信用的支撑,也有翻身的机会。正因如此,谁也不愿意在社区中丧失自己的信誉。

在市场环境中,市场风险是可以被管理、减少、规避或者转嫁的。沿着人脉关系形成的企业联保就是规避风险的一种模式。简单来说,企业联保就是"一家借贷,几家担保",即某企业申请借贷时,请若干家企业基于社区信任为某企业共同担保,若干家企业为某企业形成担保链,共享信用,共担风险。

民间金融是基于血缘、地缘、人缘和民间自发形成的信任机制的典型关系型金融,民间金融市场的约束机制主要是习俗法则,习俗法则对民间金融市场的正常运行起到主要保证。② 基于习俗法则的民间融资具有较好的抗风险弹性的软约束,但是,相对于国家法律,民间习俗法则硬约束的力度少于软约束的力度。正因为如此,民间资金市场的局限性是明显的。随着市场经济的进一步发展,其不适应的部分将逐步显示出来。

---

① 台州传统渔业生产以近海捕捞为主,历史久远。由于海上作业艰险,并需要一定范围内的合作,沿海渔民在长期的生产中形成许多独特习俗。例如"小钓作业"中,拥有钓船的渔户称"头家",以约请的方式雇用船伙计,由头家约请伙计吃"结绳酒""打桩酒"为定约仪式。以"一风"为周期,"一风"之内,吃过"结绳酒""打桩酒"的头家、伙计均不得背信弃约,头家不得辞退,伙计不得擅离。即使有婚约、受官府抓捕或服役令,也得先服从出海,俗称"官令不如讨海令"。

② 2009 年,浙江泰隆商业银行推出"道义担保"。例如,大学生创业,或者商业助学贷款,泰隆要求学生的父母出面,为孩子担保。这个条件似乎没有意义:父母与子女是利益关系人,父母如果有担保偿还的能力,孩子何必贷款呢?但泰隆商业银行董事长王钧的分析角度是:"就是要看他是不是认真做生意。借来的钱,必须负责。现在让你父母担保,你亏了,不还钱吗?你为这一点钱,连父母都不要?如果是这样,让我看到这个人这么坏,我认了。商业有很多协议在里面,其实最终还是回归人性。"

4.1.4　对民间金融风险的错误认识

2008 年全球金融危机对我国外向型企业特别是沿海省份的民营企业造成了严重冲击,宏观政策收紧后,频频出现民营企业资金链断裂,企业家出走、自杀、被绑架等恶性事件,媒体描述为"企业连续出现破产、倒闭潮"。学界、政界和媒体,都非常一致地把造成民营企业困难归责于民间借贷,认为民间借贷的自发和无序导致了民营企业资金链断裂,从而导致民营经济危局。

就当时的经济困难而言,引起民营经济困难的直接因素是紧缩银根的货币政策,银行紧缩新增贷款或延续贷款导致民营企业无法延续经营。银行实行只收贷不续贷的措施导致民营企业资金链断裂,把民营企业逼向高利借贷。与银行资金关系紧密的企业,资金链断裂风险高;反倒是与民间融资保持正常关系的企业经营正常。

国有商业银行面向民营企业"贷款难",根本原因是目前的国有商业银行对草根民营企业缺少合理的定价模式,也缺少有效的定价能力,既不了解草根民营企业的市场价值和商业信用,也缺乏对草根民营企业开展小额信贷的主动性和积极性,无法把握对民营企业融资的低风险与高收益的高度不对称矛盾,对民营企业的融资要求一般采取回避的对策,往往实行不贷或者少贷的做法回应民营企业的融资需求。

而内生于民营经济的草根金融根植于草根民营企业,且与草根民营企业同步成长,对这些草根民营企业的市场价值和商业信用有相当深入的了解。双方这种天然的相互适应性使草根金融积累的经验和信息自然地应对草根民营企业的风险,也就是说,草根金融不是体制金融的利益争夺者,而是通过差异资源的掌控创造获利机会。草根金融系统作为信贷市场参与者,是通过市场机制分享体制金融原本就无法顾及的那部分增量收益。所以,民间金融不是造成民营企业资金链断裂的那个罪魁祸首。

民间借贷已经形成了自发的草根式融资规范,并开始向规范化方向发展,而不是混乱无序的融资体系。浙江民间借贷经过不断发展,已经开始呈现中介化、职业化、组织化、规范化的新特征,借款协议或者借条已经被一些职业放贷人格式化,同时诸如投资公司、担保公司等具有融资功能的非金融机构也相继加入了民间金融市场体系。这些新现象改变了民间借贷早期点对点借贷的特征,形成了自发有序的民间借贷体系。

民间金融不仅历史悠久,而且规模庞大,在国民生活中根深蒂固,无论经济运行还是政府治理,都无法回避。但社会实践中,政府和民间都无法驾驭民间金融,一方面,民间金融与民营经济的关系越来越深,无法分离;另一方面,政府试图限制甚至禁止民间金融的意图从来未曾实现。更进一步,政府与民间双方对民间金融的未来期待各执己意,互不让步,政府希望民间金融收缩范围、露出水面、接受监管,而民间希望市场开放、身份合法、自由经营,政府与民间的目标完全不一致。这也是以温州为代表的民间金融繁荣地区几度被国家确定为金融改革试点,但没有取得任何成效,民间金融市场依然处于"地下"的原因。温州曾三次被确定为国家级金融改革试点,但改革并没有取得显著的成果,而温州民间投机资本、民间集资风潮则日甚一日。

1986 年 5 月,中央政治局候补委员、国务委员兼人民银行行长陈慕华到温州考察,对温州金融体制改革做出重要指示。1986 年 8 月,中国人民银行总行和国家体改委正式将温州列为全国 13 个金融体制改革试点城市之一,主要开展利率浮动制改革。1987 年,央行批准温州实行利率改革。2004 年 1 月,全国统一实行法定利率上限管理。温州利率改革试点失去了独特性,统一执行全国政策。由于种种原因,改革并没有深化下去。

2002 年 8 月,央行行长戴相龙赴温州调研,提出温州金融体制改革的设想。2002 年 12 月,浙江省政府和中国人民银行上海分行联合在温州召开"深化温州金融体制改革工作会议",宣布温州作为全国唯一的金融改革综合试验区,正式启动新一轮金融体制改革。改革内容共有 6 项,包括国有银行小额贷款营销"三包一挂钩";利率市场化改革;改革农信社;改造温州城市商业银行;推动商业银行产品、服务创新,比如推出个人委托贷款;政府组建两家中小企业投资(担保)公司,进一步加大对中小企业的支持力度。但是,这次改革无果而终。

2008 年全球金融危机发生后,温州部分中小企业出现资金链断裂和企业主跑路现象,对经济和社会稳定造成较大影响。2011 年 10 月,国务院总理温家宝赴温州调研期间,浙江省委省政府和温州市委市政府提出在温州设立金融改革试验区的想法,希望将民间金融纳入监管轨道、降低风险,引导民间"地下金融市场"数千亿民间资金实现"阳光化";切实开展金融综合改革,解决温州民间资金参与金融市场发展,引导民间融资规范发展,提升金融服务实体经济的能力。2012 年 3 月,国务院常务会议批准《浙江省温州市金融综合改革试验区总体方案》,要求通过体制机制创新,构建与经济社会发展相匹配的多元化金融体系,使金融服务明显改进,防范和化解金融风险能力明显增强,金融环境明显优化,为全国金融改革提供经验。

温州金融改革的缘由是温州民间金融市场发生了严重的信用崩塌问题。国务院确定温州市金融综合改革的意图与温州争取金融改革的意图是不一致的,温州的改革目的在于改革方案中提出的十二项任务,而中央政府的目的是希望温州能够让民间金融浮出水面,即中央政府希望解决温州地下金融阳光化问题,而温州地方政府是希望解决民间金融合法化问题。[①]

4.2　信用逻辑:对冲借贷风险与收益

信用是市场经济活动的基础和保证,企业和个人是市场信用体系中最主要的微观主体,同时,信用保证也可以通过承诺由第三方担保履行。民间借贷行为大部分发生在亲缘圈、地缘圈内,多数由民间信用做保障,也有部分通过借贷中介等社会信用,但缺少规范的借贷流程和手续。失信将严重削弱民间信用对市场经济主体行为的约束,甚至造成新的社会信任危机及更多的信用违约行为,增加市场主体之间的交易成本,破坏市场经济有序运行。

---

① 在国务院 2012 年 3 月 28 日批准设立温州金融综合改革试验区的前几天,3 月 12 日,在"货币政策及金融改革"记者会上,央行行长周小川表示,温州金融改革试验区恐怕不应该挂"国家级试验区",可能不一定有这个抬头。这个试验区也是针对当前的问题通过改革进行探索的一个尝试,因此他们提出的一些试验内容,在一定程度上已经取得了共识,但是也还存在着一些难点仍在酝酿讨论之中。这充分表明,监管部门对温州金融改革试验区的级别存在争议,而且对试验区的具体内容还存在不确定性。

大量研究文献认为,民间借贷行为主要依赖血缘、地缘和业缘等民间信用,部分依赖借贷中介等社会信用,缺乏规范的借贷流程和手续。但是,在调研民间金融活动过程中,我们发现,民间信用是驾驭市场风险能力、承担财富担保能力和履行商业道德能力的总和,履约能力是核心因素,血缘、地缘和业缘是民间信用的保障因素。这种民间金融中的行为准则,本质上是民间金融市场中契约式的民间治理机制,这种治理机制包括了权利义务、利益分配、关联责任、违约惩罚等要素,这些民间金融市场中的民间治理机制很好地规制了民间借贷的违约现象。

4.2.1　信用贷款的理论与实践悖象

银行与企业之间的信息是不对称的。银行要向一家企业发放贷款,就必须详细了解和掌握该企业的资产、信用和投资目的。对银行来说,具有商业价值的企业信息应该是企业的经营状况,如产品销售、企业管理、现金流、企业主的商业信誉,等等。根据相关法规,银行必须对这些信息进行保密。由于市场规模和政策制约的原因,国内的绝大部分企业是非公开上市企业,大部分企业是私营企业,企业信息仅限于家庭成员,企业的信息并不需要向社会公开,而且,企业也不愿公开自己的资产信息、业务信息、财务信息、收益分配信息等。因此,银行既无法了解到企业的真实信息和贷款的真实用途,也无法通过信息透明公开的资本市场来判断企业的市场价值。面对银行的贷款制度和业务规范,民营企业获得银行的信用贷款几无可能。[1]

---

[1]　"小企业穷一点,大企业富一点。银行担心小企业信息不对称,经营成本高,风险大,但是不是穷人不讲信用,只有富人讲信用呢? 不是的。小企业的信用没有想象中那么可怕,只是了解方法的问题。金融看上去复杂,要用多少模型、工具来分析,其实它真的很朴素,最终是回归人性。小企业是讲信用的,穷人最大的资产就是信用,这一点我坚信。"——王钧(浙江泰隆商业银行董事长)

"市场必须把企业家才能同个人财富挂钩……穷人比富人有更大的积极性用别人的钱做风险经营。基于'风险不对称的原理',富人比穷人冒更大的风险。……在张维迎看来,穷人比富人有更大的积极性用别人的钱做风险经营。因此,一个有效的市场必须歧视穷人,必须在贷款给穷人时依照'坏账风险'的程度收取更高的利息或一定比例的财富抵押。"——汪丁丁《评张维迎〈企业的企业家—契约理论〉》

　　经济学家根据数据和模型推导出"市场歧视穷人"的书面结论,这是基于"风险不对称理论",认为金融资源不会配置到财富积累少的市场主体,因此,财富积累少的市场主体没有发展前景。然而,市场实践的结果并不像经济学家的理论所描述的那样,当习俗法则和社会道德的约束力在某些方面强大到让人们可以放心,那么这种具有较强约束力的习俗法则和社会道德就在一定程度上可以对冲财富积累与偿还能力不对称之间的风险。从台州银行的小微企业信用贷款的实践来看,在台州银行构建的小微企业融资体系规范中,基于企业信用的融资制度对企业的自主信用形成强烈的引导力量,小微企业确立了很强烈的信用意识和约束,小微企业融资由于资产不足等特点,他们与金融机构的议价能力几乎不存在,信用记录就是获得正规金融服务的通行证,他们会更加珍惜。

　　在经济发展初期或企业成长初期,民营企业处于市场扩张阶段,借贷资金主要属短期借贷。民营企业普遍存在资金短缺、资信记录不规范、企业规模较小和经营不稳定等问题。而在经济发展初期,银行与企业之间还没有建立起掌握信息产生、传递和甄别的渠道。民营企业的产品主要是生活必需品,产品的技术含量低,但是由于市场处于短缺时期,产品销售有保证,生产经营的风险低且处于可控阶段。同时生活必需品的生产周期较短,所需要的资金主要是流动资金,民营企业融资主要用于经营的周转环节,具有风险低、周转快、需求量小的特点。

　　随着经济发展和企业成长,民营企业进入资本扩张阶段,企业的资金用途主要是规模扩张。随着经济发展和企业规模扩张,劳动效率得到提高,同时生产资料、劳动力价格也相应上涨,企业普遍选择扩大固定资产投资,如扩建厂房、增加设备来代替日益增长的劳动力成本。企业的融资用途从短期借贷转向长期投资。但是,民间资金普遍不选择长期投资,民间资金的规模偏小也限制了民间资金开展长期投资。民间融资具有短期、小额两个基本特征,适用生产企业用于流动性纾困,而不适用于长期资金占用的固定资产投资。民营企业在无法从银行获得长期贷款时,只有继续向民间金融寻求短期融资,产生了短期借贷长期使用的现象。这种短贷长用的做法,一方面增加了企业的资金成本(因为长期贷款利息普遍低于短期贷款利息),另一方面,要为延续长期占用的短期借贷,民营企业要确保资金链能够延续,还要在获得下一期借贷资金之前寻找"过桥"资金。这种"过桥"时间很短,一般只有一周或者半个月,这种资金只有来自民间,而且基本上属于高利贷,这就增加了企业财务成本。而且,遇到宏观紧缩时,企业的下一期资金无法及时到位时,"过桥"资金就会拖垮整个企业。

产业资本和金融资本是两个天然相通的资金池,相互融通,互为补充。然而管制型金融体制建立了一个封闭式资金池,阻断了金融资本与产业资本在融资市场中的正常循环,同时管制型利率也扭曲了金融资本的价格。这就倒逼出另外一个资金池,就是微小资金集中,运作高效有序,与民间制造业高度对接、同步成长起来的规模庞大的草根金融市场。民间融资市场的成长平衡了民营企业与官方金融机构之间因过度监管、交易关系不对等、信息不对称等因素造成的扭曲现象,同时,也营造了一个能够平衡市场效率、信息反馈、机会收益和资金安全的融资平台,这个平台有效弥补了官方金融在民营企业融资市场上的缺失。

4.2.2　民间金融的信用与风险管理

理论上,国有金融机构也是市场主体,也要受到市场规律的约束。然而,在国有金融机构处于优势地位的金融市场中,他们对数量庞大而体量偏小的民营企业群体,尤其是对小微企业表现出漠然和无视。客观上,小微企业有其自身的商业价值、信息资源、自我规范和市场机会。而以风险控制为前提的正规金融市场,缺少能够发现中小微企业商业价值和信用信息的甄别机制,导致风险控制僵化、金融资源错配等扭曲现象广泛产生。目前的商业银行发现不了草根民营企业的市场活力,银行制度无法甄别出草根民营企业的商业价值和信用信息,也就无法对草根民营企业给出客观合理的市场定价,致使银行资金选择回避这个中小微民营企业群体。与此相反,草根金融却对草根企业具备天然的价值发现能力,如台州民营信用社总结出的存贷积数挂钩制度、无抵押保证贷款、企业"三品"和"三表"①等经验性制度，建立了对草根民营企业的信用评分机制，也建立了对企业商业价值的甄别制度。

国有商业银行与民营金融机构对民营企业商业信用的认识是完全相反的。国有商业银行一般需要客户在贷款时提供不动产押抵物。国有商业银行立足于信息不对称，采取抵押贷款的方式来平衡借贷双方的信用不对称所产生的风险。当然，抵押贷款也能够在一定程度上缓解民营企业的对资金的需求，但是，大量民营企业，尤其是中小企业的抵押物不符合银行对抵押物的要求。在金融产品短缺、产权市场不健全的环境中，企业的抵押物局限于土地、房产②和少数通用设备，这不仅阻碍了位于起步创业阶段、资产积累无多的中小企业的融资，而且，对处于快速发展的中小企业来说，这种融资模式是逼迫企业把有限的自有资金用于购置土地、厂房等不动产，影响到小微企业对技术设备投资和流动资金的积累，阻止了企业把自有资金用于流动资金和自主创新，实际上是制约了小企业扩张过程"二次投资"能力的形成，本质上制约了小企业的发展。

中小企业融资因其经营不确定性高、信息难以获得与证实，银行部门认为风险高，难以测度与控制，一般贷款契约难以适用。而民营金融机构却无须贷款户提供抵押物，而是采取担保保证贷款，通过全面的信息甄别对冲小

---

① 台州多家民营信用社在与草根民营企业发展融资业务过程中，探索出了"三品""三表"制度。这是针对中小微企业创立的一套独特的小额信贷管理模式，具体来说就是不看产品看"三品"，不读报表读"三表"。所谓"三品"，就是"人品""产品""押品"；"三表"，即"水表""电表""海关报表"。"三品"揭示的是客户的社会化软信息，"三表"揭示的是客户的数字化硬信息。在信贷调查审查过程中，要求信贷人员在信贷理念上树立看"三品""三表"的意识，有效地把控客户信贷风险。以浙江泰隆银行董事长王钧的话来说，他的客户经理必须说得出他的客户每天买什么菜、冰箱里放什么海鲜、抽什么牌子的香烟。

② 在实际当中，经常可以看到由于政府管理行为不规范，导致企业抵押物的法律特征不符合银行要求，主要问题是企业"两证"不全，即土地证、房产证不全。为了让企业资金主要用于生产经营，政府允许企业"缓交"土地出让金。同时企业由于没有足额缴纳土地出让金，因而无法拿到土地证，制约了企业进入生产经营阶段后，利用土地证来向银行融资；由于规划或设计不合理，企业厂房在施工过程中调整方案，与原先向建设管理部门报备的设计不一致，导致厂房完工后无法通过验收，企业无法拿到房产证，或者厂房未批先建（违章建筑）也拿不到房产证，也就没有办法用房产抵押融资。

企业"风险不确定性"难题。[①] 事实上,信用机制不只存在于银行与企业之间,还广泛存在于银行—政府—企业之间,企业更多的社会信息存在于政府的管理部门,如纳税、市场监督等经营性信息和治安、生产安全等管理性信息,因此,地方政府完全可以成为信用管理的关联第三方,在中小企业和银行之间架构桥梁,对冲市场风险,这是地方政府应承担但未承担的义务。

4.3 利率逻辑:平衡资产风险与收益

利率是资本收益(利息)的具体量化。利率不仅是资金的价格,而且是平衡风险与收益的均衡定价。民间融资的形式不仅包括民间资金借贷,还有票据融资、标会轮会、私募基金、股权融资等,民间融资过程不仅会产生利息,也会形成利息量化的机制,即利率机制,不同的融资形式就会有不同的利率机制。可以说,民间借贷的利率机制是对市场反应最敏感的资金定价机制。

4.3.1 利率的本质是对风险的定价

利息的本质是实体经济的资本收益。利率是资金的借贷双方对收益预期及其不确定性风险的市场定价。对资金借入方来说,利率是为使用资金过程中保障收益和安全的不确定性所支付的价格;对资金供给方来说,利率是对约定期限内出借资金所承受收益/损失不确定性的风险定价。

风险的高低决定利率的高低。中小企业的融资利率是借贷双方基于市场风险的不确定性和民营经济获利水平而形成的价格,是借贷双方平衡风险与收益的均衡定价。民间借贷利率可分为生活消费利率、商业利率、高利借贷利率。民间借贷利率往往与资金的用途和性质有关。一是用于人生重要事情的生活消费利率,如果偿还周期较长,亲朋好友之间考虑人情关系,

---

① "谁愿意借了一次钱不还,把自己的名誉毁掉? 没有人愿意。人其实都是讲信用的,小企业也讲信用,没那么可怕,但你做的方式方法肯定和大企业不一样。信息对称的问题解决了,借款还需要抵押吗? 多此一举。"——王钧(浙江泰隆银行董事长)

一般只要求与银行利率等额。[①] 如果借款来自非亲非故之人,则利率相对商业借贷利率略高些;如果用于救急,亲朋好友之间可能会不要求支付利息。二是民间借贷的商业利率高低与借贷期限的长短和商业活动内容直接挂钩。制造类企业固定资产多,资金安全系数高,借贷期限长且利率低;商业销售类企业固定资产少且要求资金到位快,期限短则利率高。

根据 2013 年 6 月对从事民间借贷专业人士的访谈,笔者了解到,确定短期借贷利率差别的依据,是借入方提供的不同抵押物:如果借入方提供房产等不动产做抵押,借贷利率一般是 3~4 分;如果借入方提供机器设备等动产做抵押,借贷利率一般是 5~6 分;如果借入方提供不了抵押物,有些比较"牛"的专业放贷机构也会放贷,但借贷利息会高达 7~8 分,甚至更高。"当然,我们在借款过程中还要看介绍人的面子,若介绍人跟借款人关系好,又跟投资公司关系好,那么利率可以在原来的基础上优惠点。"由此可见,决定利率高低的依据是风险。中国人民银行宁波中心支行监控的民间借贷利率显示,2010 年宁海县民间借贷年利率为 27.06%,这一监测结果反映了大多数民营企业从民间借贷获得、用于生产经营的流动资金所需产生的借款利率。

从风险定价机理角度看,民间金融中合理的信贷利息收入至少要覆盖放贷人的资金成本、经营成本、合理利润和人情费用,还需要覆盖合理的风险溢价,累计计算形成利率,这就是风险定价。民营企业经营风险的多样性决定了民间借贷利率的多样性。民间借贷没有特定的对象,一般分三大类:商业类借贷、生活类借贷、恶性借贷。从利率高低来分,商业借贷的利率最低,生活类借贷次之,恶性借贷最高。放贷人考虑风险定价时最核心的问题是,评估客户的预期损失率,评估之后确定风险溢价,与信贷利率合并,形成风险定价。

尽管民间融资的利率名义上比正规金融机构的贷款利率高,参与民间借贷的居民普遍认为:民间借贷风险低,收益高。实际上,民间金融的借贷

---

① 亲朋好友之间的借贷一定会在利率方面得到体现。如台州市椒江区人民法院民事判决书(〔2012〕台椒商初字第 1135 号)显示,原、被告系亲属关系,被告因需要资金,于 2011 年 7 月 16 日向原告借 130000 元,约定按照月利率 0.5% 计算利息,利息一年支付一次,但未约定还款日期。0.5% 的月利率比当时同期银行利率还略低一些。

成本与正规金融机构的借贷实际成本相差无几。民间金融的借贷利率是双方平等约定的,双方都要共同遵守合同。民间借贷的利率是企业融资唯一的商业成本,不会产生其他费用。而正规金融机构虽然基准利率较低,除了台面上有规定的相关费用、繁杂的办事手续外,还有不少隐性成本,如违规经营[①]等。

4.3.2　利率自由浮动是市场属性

民间利率市场化是金融市场利率市场化的组成部分。就民间借贷而言,自由利率有四个前提:一是借贷双方可以进行平等谈判,价格在市场均衡价格范围内自由协商;二是借贷双方能够认同和接受一定的利率水平;三是借贷双方提供的信息真实有效,没有刻意隐瞒或恶意欺诈;四是借贷双方在没有其他压力下确立借贷关系。

民间利率对同类风险的定价基本一致,利率根据资金的供求关系和动态平衡而波动。1979 年,温州苍南金乡的个体加工作坊发展快速,却不能从官方金融机构获得融资机会,民间个体加工户大多数通过"聚会"、借贷等方式为生产经营筹集资金。灵活高效的民间"聚会"和私人借贷吸收了大量民间闲散资金,导致农村信用社吸收不到社会储蓄失去资金来源而无法生存。[②] 1979 年初的金乡信用社全部资金只有 1803 元,其中居民储蓄 380 元,存款月利率 3.3‰,贷款月利率 3.6‰,处于连年亏损的状态。一方面,个体户虽有大量的资金需求,但因金融体制的局限得不到满足,而民间借贷需要

---

① 银行业存在"附加不合理贷款条件和不合理收费"行为,主要包括八个方面:①以贷转存,存贷挂钩;②乱浮利率,一浮到顶;③以贷收费,浮利分费;④转嫁成本,增加负担;⑤违规收费,擅自提价;⑥强制捆绑,不当搭售;⑦高息揽存,借道收息;⑧套餐服务,蒙骗客户。2012 年 3 月,《中国银监会关于整治银行业金融机构不规范经营的通知》(银监发〔2012〕3 号)针对性提出"七不准"规定:①不准以贷转存;②不准存贷挂钩;③不准以贷收费;④不准浮利分费;⑤不准借贷搭售;⑥不准一浮到顶;⑦不准转嫁成本。

② 据金乡信用社当时的负责人陈礼铨回忆,1979 年年初,整个金乡信用社所有的资金加起来只有 1803 元,金乡镇居民的存款只有 380 元,整个信用社无钱可用于贷款。1980 年 10 月 1 日,金乡信用社宣布,从即日起,存贷款开始实施新的利率,具体规定为:"存息:定期一年,月息从四厘二上浮至一分;贷息:月息从七厘六上浮至一分五。"1981 年 9 月,国家农业银行总行派政策研究室主任丁非皆带领调查组到金乡调研,经过 19 天的详细调查,认为此事与法规相抵触,但金乡信用社的做法得到了多数乡村群众的支持。

支付高额的利息;另一方面,信用社处境艰难。在这里,民间能够吸引资金的手段,就是有比农村信用社更高的随市场化浮动的利息。这时,金乡信用社也通过暗中提高利率来吸引存款、扩大贷款投放,1980 年和 1981 年两年内,共放出贷款 410 万元,此前 26 年全社才累计发放贷款 40 万元。资料显示,20 世纪 80 年代初,只用了 3 年时间,金乡镇金星村工业产值从 13 万元增长到 326 万元,人均收入从 70 元升至 672 元。1985 年,中央"1 号文件"明确规定允许农村信用社试行利率浮动。1986 年,农行总行决定在全国农村信用社普遍推广浮动利率。1987 年 6 月,经中国人民银行总行批准,允许金融机构流动资金贷款利率可以在 20% 范围内浮动,温州试行浮动利率制。到 2004 年 11 月,国家宣布停止存款利率上浮试点。

很显然,利率上浮的政策来源于当时价格双轨制的总体思路。政府利用利率上浮来为官营金融机构的生存创造政策空间。事实上,温州的利率改革达到了政府的目标,即维护了农村信用社的生存空间。但是,这种改革却不能培育出一个具有市场导向的农村金融市场。首先,农村信用社并不代表农村和农民的利益。其次,利率改革并没有引导农村金融的市场化发展。利率改革是由于政府无法接受民间高利率现象,但是,代表金融市场化的利率定价机制及相应的管理制度还没有充分市场化,既不能提高农村信用社的市场活力,也无助于改善农村金融市场。这就给农村民间金融活动留下了庞大的市场空间,如果改革不能引导有效的金融市场化,那么,民间高利率借贷现象就一直会成为农村金融市场的主角。温州的历次金融改革说明,若民间与政府的改革目标不一致,那这种改革就走不远。

4.3.3 民间自由约定利率的法律属性

国内利率有两个体系:一是人民银行公共的基准利率及由此产生的商业利率,二是民间金融活动中自由约定产生的自由利率。监管部门把官方利率与民间利率的相互关系确定了一个数字关系——"四倍"关系,即以官方商业利率为基础,在四倍范围内的民间利率可以得到司法部门的认同,成为合法利率;高出法定四倍上限的利率及所派生出来的收益,法律不予保护。

我国的官方利率代表行政命令,利率高低取决于政府管理部门对货币市场和产业发展的把握。长期以来,我国利率管理体制的不合理显而易见,尤其是缺少利率的市场定价机制和动态平衡机制。尽管利率改革使民间利率与官方利率的差距呈现缩小的趋势;但是,官方利率是法定利率,浮动弹性差,浮动幅度小。如官办金融机构的贷款利率一般在基准利率的 0.85～2 倍范围内浮动,除有行政命令外,一般只上浮不下调,波动性很小。

我们也发现,司法实践中对民间利率的法律支持并不统一,存在因地而异的司法判决现象。根据台州市范围内的基层法院对民商事的司法判决,基层法院对民间利率采取了包容和适应的态度,对民间借贷纠纷案中的利率,总体上区别两种情况:一是没有约定利率的契约借贷,法院一律参照同期同档次的银行利率判决;二是有明确书面约定的利率,则根据约定利率高低,各地法院结合各地发展和借贷情况酌情判决。在 2009 年以来的民间借贷纠纷案中,台州市辖区内各地法院的判决标准各不相同:玉环县法院对民间借贷有约定利率的纠纷案,一律按月利率 1.5% 的标准判决;路桥区法院对民间借贷有约定利率的纠纷案,则根据个案的不同而做出不同判决,如月利率 1.62%、1.8%、2% 等;椒江区法院、黄岩区法院、临海市法院则根据民间借贷约定利率酌情判决,高于月利率 2% 的,一律按月利率 2% 的标准判决。而温岭市法院则明确表示:"双方约定的月利率 2% 过高,本院根据本地区实际情况确定月利率 1.5%。"[①]温州市鹿城区法院亦有"鉴于原、被告约定的借款利率(月利率 3%)已超过中国人民银行同期同档次贷款基准利率的四倍,本院酌情调整为以月利率 1.5% 计息"[②]的判决。

尽管各法院对民间约定利率高低的自由裁量标准不一,但是,对于在官方法定基准利率四倍范围内的民间约定利率,各地法院都予以司法认同。由此可见,民间借贷及其约定利率并非处于完全自由的状态,基层法院在没有法律依据的条件下,在司法实践中也支持了民间的约定利率,尽管这些民间约定利率折算成年利率后远远高出法定利率。各地法院在判决当地民间

---

① 参见台州市温岭市人民法院民事判决书[(2011)台温商初字第 714 号]。

② 参见温州市鹿城区人民法院民事判决书[(2011)温鹿商初字第 3012 号]。

借贷纠纷案时,没有完全照搬其他异地法院的判决,而是结合当地的经济发展水平和民间借贷的大概标准来判决。因地而异的利率判决不仅使民间自由约定利率合法化,也创新了另一种形式的市场化利率。

对于超出官方法定基准利率的民间自由约定利率,如果已经发生支付行为,且没有发生危害社会的行为,法院也予以认同。如永嘉县法院曾判决:"本案借款金额 200 万元,口头约定月息 6%,该利率超过借贷行为发生时中国人民银行公布的同期同档次贷款基准利率的四倍。但借款人自愿给付出借人四倍利率以上利息,且不损害国家、社会共同利益或者他人合法权益的,法院可不予干预。"[①]

影响民间借贷利率高低的因素很多,如借贷双方社会关系的远近亲疏、使用风险和收益成本比较、借款人诚信度、资金急需程度等。这些利率的确定和变化不易受国家政策影响,主要由借贷双方协商而定。民间借贷的利率,一般来说,生活借贷高于商业借贷,短期借贷高于长期借贷,流通业借贷高于制造业借贷。[②]

4.3.4 高利率与恶性高利贷

区域性的专业借贷人和民间专业借贷机构开展的高利贷,其盈利模式与银行无异,即按一定利率吸储,以更高的利率放贷,获取利差。专业借贷人或机构充分发掘国家金融市场的细分市场空间,在保障资金安全和确保收益的前提下,收益丰厚。事实上,风险也极高。

高利贷一般是指借贷融资周期在 1 个月之内、月息 3 分以上,或借贷周

---

① 参见温州市永嘉县人民法院民事判决书[(2010)温永商初字第 225 号]。

② 根据浙江省玉环县人民法院民事判决书[(2012)台玉港商初字第 247 号],该案例中,民间个人之间的借贷约定利率为月利率 2%,借期 11 个月;而同期另一份浙江省玉环县人民法院民事判决书[(2012)台玉港商初字第 358 号]显示,该案例中,民间个人与制造业企业之间的借贷利率口头约定为月利率 1.2%,借期 16 个月;浙江省玉环县人民法院民事判决书[(2012)台玉港商初字第 363 号]显示,该案例中,民间个人之间约定月利率为 3%。在近几年的民间借贷纠纷案例中,玉环县法院在判决时,均采纳月利率 1.5% 作为判决标准。

期在 7 天以内、月息 6 分以上的资金借贷活动。①

1. 对高利贷的误解

人们解读民间借贷的特征,一是风险太高,二是利率太高。长期以来,民间借贷的利率一直是以 2 分(即年利率 24%)为基轴上下浮动,也经常有见诸报端的一些极端的所谓 5 分利、1 角利、1 角 5 分利,转换成年利率,相应的年利率是 60%、120%、180%,学界认为这是不折不扣的"高利贷"。但这种转换后的高利率只在理论上存在,②事实上,民间借贷几乎不会出现这么高的年利率,因为这种利率根本不会发生。

市场中的高利率借贷基本分两种类型:一是低风险的短期资金头寸搭桥,许多企业通过高利率借贷资金,或者为从银行续贷搭桥,或者为几天后的回笼货款搭桥等;二是高风险的高利贷长期融资,这类企业抱着侥幸心理,把高利率短贷资金当成长贷资金来用,希望货币和财政政策放宽松,或者市场行情好起来。显然,第二种情况是一种不确定性更大的资金使用方式,企业的危机大多源于此类问题。

就第二种情况来讲,后续发生的情况是:企业无法正常周转,短期借贷演变成"拆东墙补西墙",不断借新债还旧债,重复循环,每期支付的利息不断增长,直到企业无力偿还,最后因资金链断裂而关停。与此同时,高利率借贷资金也一同陷入损失的困境。这种案例中,企业资金周转和管理自身已经存在问题,使用民间高利率借贷资金不能从根本上改变企业的顽症,只会加速企业向坏的方向演变。这些企业的关停不能真实反映民间金融市场中高利率的负面作用,这种坏结果不能归结到"高利贷"的结果。即便没有高利率,这类企业也会因为自身存在的问题被其他因素引向关停之路。

---

① 根据对多位从事民间借贷活动人士的访谈,普遍认为,民间借贷利率在 3 分以上,如果短期(通常指 7 天之内,最多不超过 1 个月)借贷还可以接受,如果短期转变成长期,企业是无法承受的。无论经商、办厂,即便是企业的生产经营处于正常状态,现金流也不足以支付企业借贷资金的利息,企业只有拆东墙补西墙来偿还高利贷,直到无墙可拆,资金链断裂,企业停止运作。

② 例如,某企业借入 30 万元,利率 5 分(月利是 5%,推算年利率为 60%),借期 3 天,支付利息 1500 元。理论上 1 年支付利息 18 万元,属于高利贷,但事实上企业只借 3 天的实际负担并不重。

2.民间借贷高利率的风险及规避

利率是资产价格与风险收益的对价。[①] 什么样的风险敞露对应什么样的资产收益率。高利率资金的风险主要来自三个方面：一是市场波动风险，二是政策变化风险，三是企业内部风险。

民间高利率来自宏观紧缩政策。在银根收紧的背景下，央行提高存款准备金率和基准利率，商业银行收紧贷款规模并提高贷款利率，导致中小企业贷款难。中小企业基本的融资需求转向民间借贷，对民间融资需求的增长导致民间借贷利率不断上升。由于民间借贷利率上升快，借贷人还款压力大增，导致民间借贷资金循环处于"紧绷"状态，资金链随时可能断裂。

高利率的政策风险也来自央行关于民间借贷利率上限必须控制在银行同期同类贷款利率的四倍之内，超出部分不受相关法律保护。民间借贷高利率的形成与"四倍利率"的规定有密切关系，民间的四倍利率与金融机构的低利率形成较大利差，导致银行信贷资金流入民间借贷市场，很多借贷主体利用银行资金使用管理的漏洞套取银行资金进行民间放贷以牟取利差。

收回贷款往往是民间借贷机构最为头痛的，能否成功收回本利是评价一个民间借贷机构是否具有存活能力的基本标准。民间借贷手续简单，但是条件苛刻，大额的高利借贷必须提供担保，而且担保物必须是不动产和或者硬通货，且抵押比率也非常低。

这种压低抵押比率的做法是民间专业借贷机构防范风险的专业手段。民间专业借贷人认为："我们从来都不相信第三方评估机构，只相信自己的眼睛。"例如，某房地产公司拍到一块地，但是在缴纳土地款的最终期限时资金还缺 2200 万元，房地产公司不得不向民间专业借贷机构借款 2200 万元过桥一个月，并提供市值约 9000 万元（中介机构评估后的市场价格）的商铺房产做抵押。结果民间专业借贷机构评估部门告诉地产公司，按公司规定只能以抵押商铺的土地和建筑成本计算，折半抵押。确保有可靠的还款来源是风险控制的关键。

[①] 在高利率行业中，最让人担心的结果是无法收回借贷，导致"抵押变成房东，放贷变成股东"。

提前收取利息、借据不写明利息等做法也是民间借贷机构防范风险的手段。保证有确切的还款来源之后,第二道风险控制手段就是放款时先扣除利息,这在民间称"放倒款"。"放倒款"是民间借贷机构的行规,即利息在借款时先行扣除,借条上只写明借款的实际金额,实际上,贷款人拿到手的资金是书面金额中先行扣除利息后的资金部分。这一行规可以对抗司法诉讼的高利贷问题,一旦借贷双方发生司法纠纷,民间专业借贷机构完全可以不承认收了高利息,书面借据作为证据对民间借贷机构有利。

3. 正规金融机构资金流入民间借贷市场

在民间借贷资金中,有相当部分是银行资金经上市公司、国有企业之手,流入民间借贷市场。银行通过理财产品、承兑汇票、委托贷款等表外业务来增加资金,同时以较低利息放贷给上市公司或国有企业,由上市公司以委托贷款高息发放出去,银行收取正常贷款利息和委托贷款手续费。或者,银行的表外资金通过担保公司、小额贷款公司、借壳放贷、票据流通及委托贷款等多种通道流入民间借贷市场。银行这种通过表外业务的自由定价实现了银行资金事实上的"存款利率上浮",既可以消化吸储产生的成本压力,也实现了银行自身的表外收益,这种现象已经成为国内商业银行的常态。银行、上市公司或国有企业,通过金融中介公司、地下钱庄把银行资金放贷到民营企业,银行资金变身为民间借贷资金。另外一种途径是银行资金通过银行职员内部人关系组织资金流向民间借贷市场。一些银行职员利用职务之便套取银行资金,与人合伙开担保公司,以假实业的方式把钱借出来,再以高利率借给企业或个人。银行资金以这种更为隐蔽、看似合法的途径流入民间借贷市场,成为助推民间借贷市场发展的重要力量。

4. 国内外民间利率的历史传承与演变

中国传统的民间利率形成与演变历经千年,已经形成具有内在联系的运行机制。从近千年的演变来看,利率水平总体呈现下降趋势。唐玄宗开元十六年(728 年)下诏规定:"天下负举只宜四分收利,官本五分收利。"《宋刑统》卷二十六引《唐令》:"每月取利,不得过六分,积日虽多,不得过一倍。"南宋袁采《袁氏世范·假贷钱谷条》谈到利率时,说:"假贷取息贵得中,假贷钱谷,责令还息,正是贫富相资不可阙者。汉时有钱一千贯者,比千户侯,谓其一岁可得息钱二百千,比之今时未及二分。今若以中制论之,质库月息自二分至四分,贷钱月息自三分至五分。贷谷以一熟论,自三分至五分,取之亦不为虐,还者亦可无词。而典质之家至有月息什而取一者,江西有借钱约一年偿还而作合子立约者,谓借一贯文约还两贯文。衢之开化借一秤禾而取两秤。浙西上户借一石米而收一石八斗,皆不仁之甚。"这段南宋时期关于利率的记载,反映了汉代的年利率约为 20%,南宋时浙江一带普通利率:抵押借贷年利率为 24%~48%、货币借贷年利率为 33%~60%、实物借贷每收获周期(以半年计算)利率为 18%~30%。袁采认为这是借贷双方可以接受的利率水平,但借一还二的高利贷做法是不道德的。

金把利率限制降低到月利 3 分,元明清法律相沿不再改动。明朝朱元璋在《大诰》中说:"今后放债,利息不得过三分。"明律规定:"凡私放钱债及典当财物每月取利并不得过三分,年月虽多,不过一本一利。违者笞四十,以余利计赃,重者坐赃论罪。"清顺治五年(1684 年)十月规定:"三分行利,即至十年,不过照本算利,有例外多索者,依律治罪。"可见,明清以来到 21 世纪,中国民间借贷一般都以月利率 2% 为基准开展融资交易。[①] 民国初期部分省的民间借贷利率详见表 4.1。

---

① 明清以来,沿海地区民间以二分利为基准的民间商业借贷利率基本上没有变化。①据文献记载,明朝闽商李晋德说:"经营贸易及放私债,惟以二三分利息,此为平常无怨之取。若希七八分利者,偶值则可,难以为恒。倘存此心,每每欲是,怨丛祸积,我本必为天夺而致倾覆也。"(参见:李晋德. 商贾一览醒迷[M]. 太原:山西人民出版社,1992)②据一则荷兰文献记载:崇祯十一年(1638)五月,三艘中国运丝船从福建漳州港抵达大员同荷兰商馆交易,后者一反过去资金短缺时给予欠款月息 3% 的惯例,准备按月息 1.5% 计算。中国商人 Hambuan 与两位船主代表交涉,表示"他们只能接受月息 3%"。六月,双方再次交涉,中国商人说明他们的资本在中国是以月息 2.5% 和 3% 贷用的,不能接受荷兰商人提供的利息标准。经过反复谈判,最后达成协议,所欠货款以月息 2.5% 支付利息。(参见:杨国桢. 十七世纪海峡两岸贸易的大商人——商人 Hambuan 文书试探[J]. 中国史研究,2003(2):145-172)③福建省"闽清民间及商家钱债,通行利息每月二分,间有约定自一分半至三分者。至于长期债务,则每年届满,只收十个月利息;短期债务,则按月收取"。"连江民间,借款利息通常每月自一分五至二分"。"莆田普通利率按月日计算,一,二分至三分不等,债权人不能将利息滚入母金计算"。(参见:南京国民政府司法行政部. 民事习惯调查报告录(下)之第三篇债权习惯第十二章福建省关于债权习惯之报告[Z]. 北京:中国政法大学出版社,2000:625-642)

表 4.1 民国初期部分省的民间借贷利率

省别	县别	利率记载	省别	县别	利率记载
吉林		各县三、四分;一、二分;诉讼按三分断判	江苏	高淳	息金不满三分
河南	西北	利率大都不过三分		武进	利息自一分至二分
山东	滋阳邹平	二百元下月利三分,二百元上二分,千元以上一分至二分		无锡	房屋抵押,年利一分,两年为限
	青城	利率二分或三分	福建	闽清	通行利息每月二分,也有一分半或者三分
	嘉祥	少则二分,多则三分		莆田	普通利率按月计,一、二分至三分不等
	海阳	商人互借一分,非商人向商人告贷二分,非商互借三分		广济	利息重则按月三分,轻则二分。商场有若干厘之利息
	禹城	百元下三分,百元上二分,过千元至多不过一分五厘	江西	赣南	利息三分者十之地一,二分至二分五者十之七,不及二分者仅十之一
山西	辽县	商人互借一分五,非商互借三分,非商向商人告贷二分五		宁都	普通人家放债,利息较商家为重,二分至二分五者十之六,不及二分者十之二,满三分者十之二
	汾阳	人民借贷月利百分之二上下 大商借贷月利千分之八 小商借贷月利百分之一		省城	概以按月二分为率
热河		商户借商户之钱,利息至多不过一分五厘,至少不过五厘;民户借商家之钱,利息至多不过三分,至少不过一分五厘	湖南	长沙	金钱借贷,商业上每月六、七厘之利息;商业之外,至多不过二、三分

在欧洲 16 世纪新教改革前,基督教反对借钱生息,而犹太教认可借贷生息。新教改革后,放贷收息不再受到信仰的限制、道德的谴责,基督教徒可以公开从事金融借贷,同时也结束了犹太人对借贷金融的垄断。新教解放了借贷生息,事实上就是放开了对借贷金融的束缚,其结果是借贷市场化和利率下降。根据悉尼·霍默(Sidney Homer)和理查德·西勒(Richard Sylla)的 *A History of Interest Rates*(《利率史》),中世纪和文艺复兴时期至

19 世纪西欧商业贷款年利率见表 4.2。

表 4.2　中世纪和文艺复兴时期至 19 世纪西欧商业贷款年利率　（单位:%）

	13 世纪	14 世纪	15 世纪	16 世纪	17 世纪	18 世纪	19 世纪
意大利	20～25	7～15	5～15	4～13		4～5	
法国	15～20	15～20		8～12		4～5	3～5
英国	15～20	15～20			3～6		3～5
荷兰	10～16	10～16		7～12	3～4.5	2～3	2.5

资料来源:根据悉尼·霍默和理查德·西勒《利率史》第 10 章至第 15 章内容整理所得。

　　工业革命和金融体系的完善导致商业借贷利率持续下降。与西欧的利率演变历史相对照,可以看出,中国的民间利率水平相当于西欧中世纪的利率水平。

　　在中国传统社会,政府对民间利率有基本的法律约束,对利息实行最高限额,即无论是一般借贷,还是高利借贷,其利息累计额一律不得超过本金,而且不得复利。唐开成二年(837 年)敕:"如未办计会,其利止于一倍。"《唐令拾遗》所引法令规定:"积日虽多,不得过一倍。……又不得回利为本,及过一倍。"宋朝的法令沿袭唐末月利四分的最高利率限制,隆兴元年(1163 年)二月十一日下令,民间债负"出息过本,谓如元钱一贯已还二贯以上者,并行除放"。

　　简单回顾中国传统社会的自然利率,可以总结出四点结论:一是利率有分类,借贷利率因资金来源和用途不同而不同,可分为官方资金的借贷利率、民间生活借贷利率、商业借贷利率;二是利率有基准,商业借贷的基准利率基本朝着月利 2% 的目标演进,特别是明清以来,在风调雨顺的正常年份,商业利率基本上围绕 2% 上下浮动;三是利率有管制,政府对利率的高低是有管制的,总体上,利息的上限控制在借贷本金的一倍;四是民间借贷是生产生活和商业实践的基本手段之一,并不局限于贫困群体,生产领域的借贷现象更加普遍。[①]

――――――――――

　　① 北宋元祐五年(1090 年),苏轼上奏说:"春夏之交,雨水调匀,浙人喜于丰岁,家家典卖,举债出息,以事田作。"――见《苏轼文集》卷三一《奏浙西灾伤第一状》。

第 5 章　高利借贷的市场地位与作用

　　有效的金融体系是市场经济健康运行的前提。国内企业融资对债务融资的依赖程度明显偏高。[①] 与此同时,民营企业融资难、融资贵的问题也愈演愈烈,产生这种融资困境的根源是对民间融资的禁止性管制限制了民间资金的融资规模。当前民营企业的产权得到法律认可,但民间金融产权依然被隔离在合法化之外,民间借贷依然受到限制和打击。经济领域出现了相悖的政策和事实:一方面支持民营企业发展,一方面限制民间金融活动;一边是政策严厉打击民间借贷,一边是民间融资在经济活动中风生水起,民间金融的市场绩效挑战着关于民间高利借贷政策的"传统智慧"[②]。

5.1　民间高利借贷的商业使命和市场价值

　　民间高利借贷源远流长、根深蒂固,与民营企业借贷关系紧密。基于充分掌握对方的信用信息,民间高利借贷在相当程度上平衡了资金借贷的收益与风险。已有的研究没有关注到高利借贷的市场特性及其与资金需求的紧密关系,也从来没有认识到高利借贷的商业使命和市场价值。本书认为,

---

　　① 根据央行数据,2013 年社会融资总规模的非金融企业境内股权融资占 1.28%,其余都是债务融资,债务融资比例过高导致企业财务负担过重。详见 http://www.pbc.gov.cn/publish/html/kuangjia.htm? id=2013s.18.htm。

　　② "传统智慧(conventional wisdom)"由制度经济学早期著名学者加尔布雷斯提出,指那些未经事实证明,却由于被社会精英普遍使用,结果成为公众普遍接受的社会共识,并用来解释世界,成为习以为常的思维模式。加尔布雷斯认为,思想上的保守性导致人们习惯于接受那些已经熟悉和定型的观点,"传统智慧的敌人不是观念而是事物的发展"。

在市场经济条件下,高利借贷在金融市场中有其特定的商业使命和市场价值。

5.1.1 民间高利借贷的商业使命

高利借贷在经济活动中普遍存在且历史悠久,主要面向商业活动不确定性较高的资金借贷和资金供给条件有限的特定资金借贷,针对特定融资需求提供短期、应急、高利率的特定商业借贷,形成了高利借贷特定的商业运作模式,它有特定的商业对象、商业环节和商业规则。高利借贷的商业使命就是满足特定的应急融资需求,为民营企业提供短期、应急融资服务,这种特定的资金借贷在金融市场中是不可或缺、无法替代的,它完全不是普遍适用、长期使用的金融供给,这一点需要特别指出,使用高利借贷、研究高利借贷和政策制定者尤其要清楚这一点。①

1.高利借贷的市场特征是高利率,能促进市场优胜劣汰

利率高低变化是市场法则,民间借贷利率高低变化随行就市,是真正的市场化利率,与官方商业银行基本不变的固化利率形成鲜明对照。长期以来,民间借贷利率基本在月利率1%至3%之间变动。一般认为,月利率超过3%属于高利借贷,是高风险的商业借贷。在高利率引导下,融资主体可以在短期内快速集聚民间资金,注入企业的资金流,快速化解融资企业经营中的突发性经营困境,保障企业资金安全,最终增加资本收益。但高利率会增加企业的财务成本,高收益企业自然会较好地消化高利率带来的负担,但对利润收益处在平均利润水平线以下的企业来说,高利借贷会加速企业财务风险的释放。因此,高利借贷的资金法则也可视为某种优胜劣汰法则,这属于市场竞争的基本法则。

---

① 在走访放贷者时,普遍会听到:"如果直接贷款给你,利息很高的,要8分以上,周转十天半个月是可以的,但是长期用,一般做生意的人是用不起的,不可能赚那么多钱来还。"企业方面,台州某泵业公司老板林先生说:"有时也会去民间借贷融资,但都是一个礼拜或者几天时间,周转过来就立刻还掉。"

2.高利借贷是应急型融资借贷,能保障市场疏急维稳

任何商业行为都承担着创造利润的商业使命,借贷行为的一般功能就是改善企业的资金周转情况,作为一种经营资金的商业模式,借贷也要创造利润。与普通借贷不同的是,高利借贷参与企业融资的切入点是在企业产生了突发性、应急性资金需求时,向企业提供短期应急资金借贷,这种借贷融资的特点是用款急、数额小、利率高、借期短、风险大,企业凭借这种应急性短期借贷应对突发性商业活动,渡过难关。作为特定的商业模式,高利借贷资金的特殊功能在于解决企业的特定风险或应急需求,如解决企业因资金链断裂而处于生死攸关的商业节点时的风险。

3.高利借贷是经营风险的借贷,促进市场形成风控机制

在企业遇到突发性风险时,商业银行往往避之不及,普通民间借贷也会知难而退,只有高利借贷资金敢于面对这种风险。如果以单笔借贷计算,高利借贷资金的收益往往很高,这种高息收入也是承担借贷风险的商业兑价。但是,高利借贷更容易产生呆账、坏账、死账损失,再加上资金闲置、资金成本、管理成本等费用,按照高利借贷综合平均收益计算,正常的综合年收益不超过 30%。如果一笔普通业务坏掉,相当于一年收益全部损失,因此,生产企业和高利借贷者在从事生产经营时必须参照高利借贷成本来控制风险。

5.1.2　民间高利借贷的市场价值

在开放市场管制条件下,对于具有融资需求的企业而言,高利借贷的商业使命所蕴含的市场意义在于分担风险,改善企业资金流,具有一系列的正外部性。

1.拯救企业的商业生命和提供生存机会,保障企业经营的可延续性

高利借贷作为一种短期过渡性贷款,挽救企业于突发风险,有助于企业资金链在应急条件下正常运转,帮助企业走出困境延续经营。这种特定的商业使命使高利借贷承担着比普通民间商业借贷更大的商业风险。没有高

利借贷资金进入参与企业融资,更多的企业会因为资金不继而倒闭。①

2.拯救与风险企业关联的其他企业及其借贷资金的安全

企业一旦资金链断裂,关联企业及其他借贷资金也会遇到高风险,因此,高利借贷可以使企业避免因资金链断裂影响到其他企业经营安全。同时也拯救了企业其他借贷资金的安全。高利借贷商业模式中的个案借贷利息总体偏高,但是,如果把高利借贷的风险损失计算在内,高利借贷的总体收益并不高。

3.高利借贷资金增强了市场把控风险的能力

高利借贷经营者并非没有风险意识,而是围绕企业当期风险与预期收益之间把握利益平衡,他们不会向没有市场前景的企业提供应急资金。高利借贷利率高低变化处于动态调整之中,专业的民间放贷人一般以月息3分作为判断高利借贷的界限。对月利率超过3%的资金借贷需求,被认为是民间高利借贷利率过高、风险过高的标志,这也是市场风险的边界。

高利借贷资金的规模无法与银行资金规模相比,它的市场空间是小众细分市场,这种市场空间里的需求主体多、期限短、规模小,这部分市场长期以来处于被正规金融机构无视的市场盲区。这种短期借贷的利率之所以偏高,主要原因是没有专业金融机构推出满足这种融资需求的金融产品,且整个市场规模小,民间资金进入这部分市场直接面对两种后果:一是一旦风险发生,造成的损失较小,因为单笔高利借贷的数额不大,发生损失后的实际数额也不会太大,处于可承担的范围内;二是遭遇损失的资金比例和发生概率很高,在借贷过程中很容易产生损失。因此,从理论上来说,规模扩张是高利贷规避风险和损失的基本方向,而从"地下"借贷变成正规合法的金融机构是规避风险的唯一路径。

---

① 在2013年5月的一次调研中,一位企业主说:"有些担保公司提供的过桥贷款利率很高,比如,借1000万元,7天收息3万元,如果换算成年利率,那是很高的。但有些企业急需垫款拿项目,或者企业眼前拿不到这1000万元资金过渡就倒闭了。这时候你借还是不借?不借,企业就立刻倒闭关门!你说利率高,把这种借几天钱的利率折算成年化利率,那当然高了,但那不是真实发生的,不能当真。"

5.1.3　民间高利率的价值构成

借贷的风险源于市场的不确定性,而市场经济的最大魅力就是市场变化的不确定性。市场的不确定性,一是企业家技术创新破坏原有市场均衡所产生的不确定性,二是市场供求双方信息不对称导致市场失衡所产生的不确定性。投资者的能力集中表现为对市场不确定性风险的掌控能力,这既取决于企业家的个人意志及其商业智慧,也取决于由政府与市场的关系边界决定的经济体制环境。

高利借贷中的高利息主要由无风险利率、流动性风险溢价、信用风险溢价等部分组成。

1. 无风险利率

无风险利率是指资金投资于没有任何风险的投资对象得到利息的利率,且指在预期通货膨胀为零的利率,也称无风险真实利率,这是学术上的投资收益。一般来说,无风险利率通常是中央政府提供的国债收益率或银行定期存款上浮利率,国家信用担保使之成为风险最低的投资收益。在资本市场上,美国国债利率通常被认为是市场上没有信用风险和违约风险的无风险利率,因为美国政府的公信力被市场认可不会出现违约。在我国,央行定期存款上浮利率和国债收益率,因国家信用支持而具有高公信力和低违约率,可以视为学术上的无风险利率。事实上,每个人自己设定的机会成本都不一样,如果投资机会多且掌控风险能力强,也可以设定自己特定的无风险利率。因此,投资决策中的无风险利率并没有标准,更多的是投资者以自己的机会成本作为参照所做出的风险判断,特定的投资会有特定的机会成本作为参照,如果选择某事物作为参照的次数多了,这类参照物的投资收益率也就成了约定俗成的无风险利率。高利借贷的利率毫无疑问包括了这部分收益。

2. 流动性风险溢价

流动性风险溢价是对应资产流动性风险而产生的高利率的重要组成部分。流动性风险是指资产的流动性随时间推移,交易价格会发生不确定的变化,从而使流动性成为资产投资的风险来源。风险溢价是投资者面对不同风险选择时,在高风险高收益、低风险低收益的规则下,在自己能承受的范围内,决定接受风险获得的较高收益。风险溢价的机会成本是无风险利率,在确定的收入之上,投资者因为承受高风险而获得的高收益部分,即风险溢价与确定收入之差,是投资者对其承担风险的补偿。流动性代价会因市场上流动性短缺而上升,在极端流动性事件下还会有极端的反应,即使在经济常态条件下,流动性也是因时而变的。由于流动性风险的存在,理性投资者会要求相应的风险补偿,这就是流动性风险溢价。

3. 信用风险溢价

信用风险溢价是对应融入方信用违约风险而产生的那部分利率。高于普通利率之外的利率来自借款人的信用风险溢价,即对于违约风险可能性的补偿;违约可能性越高,补偿也相应增加。高信用风险就是资金使用者没有能力或没有意愿还钱的可能性很高。出借者承担了很高的资金损失风险把钱借出去,自然要提高利率以补偿自己承受的风险。高利借贷的高利息是信用风险的补偿,而不是普遍的获利手段。如果借入者信用良好,还贷能力强,那就无须承受高利率。[①]

5.2　高利借贷与债务危机

债务危机本质上是指企业资金不可持续而发生的债务危机。现实经济生活中,高利借贷与债务危机往往掺杂在一起,人们在分析企业债务危机时仅仅看到债务链的最后一环,而没有从企业发生债务危机的内外条件和宏观环境进行全面分析。由于企业发生债务危机前的最后一个环节大多经历过民间高利借贷,因而人们往往把导致企业债务危机的元凶指向民间高利借贷,这是一个典型的错误认知。

---

① 在调研中,我们了解到,用于生产经营、借期半年的民间借贷利率的一般行情:小额贷款公司平均月息在1.5分左右,亲友熟人之间的借贷月息在1.2分上下,典当行、担保公司的利率在2分以上。企业主反映,现在用于生产经营的民间融资利率水平,一般中小企业基本上能够承受。

5.2.1　高利借贷的商业边界和政策边界

对高利借贷,政府应该制定明确的商业边界和政策边界,使其活动有据可依,在法规或者政策范围内发挥积极作用。民间借贷对优化资源、多元化的金融体系发展有着重要意义,但目前政府仍未对民间借贷进行全面的松绑,而且民间借贷作为个人之间、个人与企业之间的借贷关系,在法律上是作为民事关系而不是商业法律关系来处理的。

1.商业边界

风险与收益对称,这是一个基本道理,也是高利借贷的商业边界。决定高利借贷发生的主要因素不是货币供需紧张,而是资金交易风险高。高利借贷是否有害,关键在于借款人资金的用途,而不在利率本身。任何投资决策都会面对市场的不确定性风险,面对风险与收益,决定是否使用高利借贷的首要原则是掌控风险的能力与获得收益的能力是否匹配,其次是正确使用高利借贷这一特殊金融产品,这也是衡量企业主商业智慧的重要标尺。如果以赌徒的心态去做决定,以低回报率博高风险率,客观上就是放任风险,结果可想而知。企业借高利借贷也是如此,如果市场行情不佳,企业处于亏损状态,如果依然逆市前行坚持投入资金,企业就会面临关停命运。如果企业失败,原因是错误的决策,而不是高利借贷。从这个角度看,使用高利借贷资金的领域要么是稳赚不赔的暴利项目,要么是周转应急的商业环节,否则不要使用高利借贷资金。

2.政策边界

对高利借贷可以限制利率,但不能禁止,这应该成为对待高利借贷的政策边界。从信用风险补偿角度来讲,高利借贷是合理的。与此同时,高利借贷也需要对风险给出合理定价,过高的定价会导致风险的放大;同时,对贷款人的偿还能力和偿还意愿要做充分的评估。一个违约风险很高的人,针对他的常规贷款年利率应该是30%。但受到市场的流动性限制,他暂时找不到愿意以30%年利率贷款给他的人,而他又特别急着用钱,只能接受60%的年利率,多出来的30%可以理解为流动性风险溢价,但是超常规的高利率会诱发风险。所以,立足经济持续和社会稳定的目的,政府应该对高利借贷实行一定程度上的限制,比如把 60％的年利率强行限制在 50％以下。不应该禁止高利借贷,历史和经验反复证明,禁止高利借贷会引发更多的问题。

对于应急短期小额贷款,任何正规金融机构都没有这种流动性储备,银行提供不了这种类型的金融产品,所有这类融资需求只有依靠民间借贷才能得到解决,而民间借贷的流动性并不是随时可得的大江大河。因此,企业需要的应急短期小额融资,在借款人有能力在还款期限前连本带息支付借款的条件下,高利借贷是不错的选择。因为贷款金额不大、资金使用时间短、融入方实际支付的利息并不多,一方面可以解决企业的燃眉之急,另一方面企业也没有无法偿还的后顾之忧。①

高利借贷具有显著的市场价值,它填补了民营企业融资需求的市场空白,平衡了金融市场超短期商业借贷市场供求不均衡关系(如银行没有超短期的快速借贷品种);它在企业商业运营中能够促进应急商业交易,平衡高风险对高收益的关系(如突发性商业机会所需要的商业借贷);它为民营企业跨越制度壕沟(如强制性企业注册资金年检制度)架设桥梁,一定程度上弥补了现有金融框架下民营企业的制度缺陷。新中国成立以来,对于民间商业活动中普遍存在的高利借贷的商业使命和市场价值缺乏正确认识和客观评价,对经济活动中的高利率借贷缺少系统研究,对民间高利率借贷存在一系列认识误区。

最新的法律条文认可了民间借贷,并确认了不同民间借贷利率区间的法律性质。民间借贷利率有三个区间:一是保护区间,即年利率在 24％以下的民间借贷利率部分,应受到法律强制保护,民间权利人可以向法院申请强制执行;二是限制区间,即年利率超过 36％的民间借贷利率部分,法院会认定为无效利率,属于不当得利;三是自然区间,即年利率在 24％～36％的区间,这属于自然债务区间,法院不会保护债权人的这部分利益诉求,也不反

---

① 2013 年 5 月某调研案例:从事装饰品半成品加工业务的企业主张×说,他借过一笔 30 万元的高利贷,当天拿到 30 万元借款,月利率 5 分,借期 10 天,利息 5000 元,有熟人介绍,不需要借条。(换算年化利率是 60％,同期央行法定 1 年期贷款利率 7.47％,月利率 5％是典型高利借贷)同期普通民间借贷,如果企业有房产、厂房抵押,借款 100 万元,资金 2 天到位,月利率 1.5 分,借期半年,借入方出具借条。

对债务人自动履行支付约定。这说明,法律认可民间借贷月息三分的利率,这是法律认可范围内的上限,同时也是普通借贷与超高利借贷的分水岭,这也是民间借贷者的共识。①

市场信号具有盲目性、自发性和滞后性,这也是市场失灵的表现。如果完全放任利率市场化、自由化,则会加剧放贷者为追求利益最大化而推动民间借贷短期化、高利率化,这不利于民间资金在民间金融市场与民营经济发展的内生优化配置,也不利于民间借贷市场的长远发展。以法律形式对民间借贷利率上限进行一定的限制是对民间借贷市场失灵的一种修正,也是平衡民间资金与民营企业之间市场风险的政策杠杆。

5.2.2　高利借贷发生危机的条件

高利借贷危机本质上是指企业资金链不可持续而发生的债务危机,由于企业发生债务危机前的最后一个环节大多经历过民间高利借贷,所以人们往往把导致企业债务危机的元凶指向民间高利借贷,这是一个典型的认知错误。

通过对经历债务危机的企业进行案例剖析,发现发生债务危机的企业多是民营企业。民营企业债务危机有四个共性:一是收不抵支,无力偿还到期债务;二是短贷长用,融资不继,银行抽贷断贷;三是过度扩张,负债过重,导致连续经营亏损;四是经济下行,市场需求萎缩,导致企业营业收入减少。同时,我们发现,在所有企业债务危机中,政府承诺失信、银行信贷违约、担保链危机、高利贷逾期等几个相互关联的因素从不缺席,这四大因素是企业债务危机发生的必备条件。

1. 政府刻意推动企业"做大做强"和"招商引资"

企业在政府的推动下上新项目扩大投资,导致资金紧张。绍兴江龙集

---

① 笔者走访了长期从事民间借贷的"老江湖"后发现,民间普遍以 3 分利为高利贷风险界限:温州陈××(2012 年)认为:"我们所说的高利贷一般指月息 3 分以上的借贷,媒体报道的 7 分、8 分利只是极个别现象,不能代表整个借贷市场的利率水平,目前中长期借贷利率一般在 2～2.5 分左右,这是真实的利率水平。"宁波的王××(2012 年)说:"市面上出现 3 分利就是开始撤兵的时候。3 分利可以理解为高利贷得到资金的成本。对于放款利率,短期月息 8 分、1 角都有,不过到时候别人还不还,就是另一码事了。"

团在破产前曾经在向政府提交的报告中提到"按照政府做大做强的要求,我们进行了扩张"。事实上,各级地方政府在追求地方经济发展的同时,也加剧了民营企业债务危机的发生。具体表现为:政府制定的发展规划偏向于重大产业项目,在执行规划时往往引导民营企业或异地引进民营企业投资,并许诺帮助企业解决相应的融资问题。事实上,这些所谓重大产业项目大多数属于过度投资项目,产业的市场空间有限而成长空间不足,一旦经济运行进入下行周期,这些项目的持续运行就会使企业因为资金供给不继而发生债务危机。

在招商引进民营企业扩大投资时,政府会做出帮助企业解决规划调整、土地征用、项目审批、税收优惠、融资贷款等一系列承诺。但是,企业投资到位和项目开工以后,这些承诺并不一定都能得到兑现,导致企业铺开摊子却长期无法生产,引资框架中的贷款资金不能到位,这就把企业置于风险之中,最终导致企业资金链断裂,这种情况更多发生在招商引资主导发展的地区。宝利嘉公司老板葛富春谈到宝利嘉破产的诸多原因时说:"六安、滁州两地开发区投资协议的重要款项没有兑现,其中六安经济技术开发区投资协议承诺为六安宝利嘉项目解决信贷资金4.2亿元,现已投资第七个年头,企业拿到的信贷资金仅为六安农商行的2000万元,只是协议承诺的一个零头。也因此原因,宝利嘉六安公司开工率不足,年年亏损。"①地方政府在招商引资过程中,对引进企业做出各种承诺的现象非常普遍,企业投资项目落地后地方政府的承诺不能兑现的情况同样普遍,很多被招商的企业形容这种情形为"关门打狗"。地方政府盲目鼓励企业做大做强,轻率承诺却不能兑现的失信行为把企业推上借贷危机的不归路。

2.企业多元化经营和盲目投资扩张

所有发生债务危机的企业都存在摊子铺得太大的情况。企业在扩张过程中投资摊子铺得过大,建设资金不足,企业资金流的抗风险能力非常弱。

---

① 参见2015年7月31日宝利嘉老板葛富春公开的《告社会各界和宝利嘉员工书》。宝利嘉公司原是位于苏州太仓的一家民营企业,是华东地区最大的纺织企业,职工5000多人。2008年,被招商引资到安徽六安、滁州投资。2015年7月,宝利嘉遭遇资金链风险,位于安徽六安的宝利嘉公司进入破产清算程序。

所有出险企业无不存在短期内多元投资现象,特别是投资了一些短期内对资金规模要求特别大的房地产项目,一旦资金不继就会发生资金链断裂,导致企业垮塌。在调研中,台州中捷环洲公司董事曾先生反映,小型企业的资金都是靠原始积累,负债率不高,由于资不抵债而倒闭的企业并不多,"倒闭的企业都是因为 1 块钱要做 10 块钱的事"。没有足够的资金却要盲目做大事,这是民营企业发展过程中的通病。

3. 企业之间相互提供资金借贷担保

联保互保是银行和地方政府发明的融资担保新模式,曾经被当作促进企业扩大融资的成功经验广为推介。一般来说,企业之间的联保互保是发生在企业的土地、厂房等固定资产已经向银行办理了抵押贷款,机器设备存货原料同样抵押或者无法抵押的情况下,银行与地方政府设计创新的一种担保方式,也得到企业的普遍认可。客观上讲,因为没有实物抵押,互保联保是一种弱标准、非标准抵押物,但略强于普通信用担保等级的担保层级,弱担保贷款的利率会高于强担保贷款。在宏观经济运行处于上行或者平稳期时,这种担保方式能够较好地增加企业的资金;在经济下行时期,企业很可能遭遇到利润被摊薄、应收款回收周期被延长甚至无法收回的情况,而原先计划中的利润覆盖银行贷款成本的融资循环可能无法如约履行。当出现入不敷出的情况时,企业的债务风险就产生了。这种互保联保链上发生的债务风险会把关联企业带入危机,引发多米诺骨牌式企业倒闭潮。当初银行为分散借贷资金风险而设计的企业连保互保制度,在经济下行时成为加剧资金链风险的重要推手。①

4. 银行釜底抽薪式的抽贷构成主观恶意违约

银行在企业出现资金困难时往往会加紧收贷,是企业风险成为事实的最后推手。宝利嘉公司遭遇破产的主要推手就是"金融机构无节制地收贷、

---

① 在调研中,FST 公司总经理张先生说:"联保的起因是银行授信的要求,银行为了减少自身风险,要求企业互保,多方的互保产生联保。因此,产生互保联保的责任在于银行。"张先生认为,企业资金链出了问题,银行只顾维护自身权益,而不管互保企业死活,危机根源在银行。

压贷,造成企业开工率严重不足,亏损严重,直至今天无力维系。"[1]2008 年以来,浙江温州、台州、绍兴、杭州萧山、宁波慈溪等地发生了多起企业资金链危机,所有债务危机的发生都在银行抽贷不续贷环节之后。银行以还贷后续贷款的承诺骗企业提前还贷,当企业向民间借贷融入短期高利贷向银行还贷后,银行就以新贷款审批不下来为借口,不再给企业续贷了。我们在调研中发现,"经济形势好的时候银行求着企业放贷,经济形势不好的时候银行则扮演了落井下石的角色"。所有民营企业对银行习以为常的主观恶意违约行为恨之入骨却无以解恨。[2]可以说,是银行金融机构的主动违约把民营企业推向了民间高利借贷之路。

2007 年以后,中央实施紧缩货币政策,先后 6 次加息,15 次提高存款准备金率,致使国内银行流动性大减,民营企业贷款申请很难获得许可,民间金融在相当程度上缓解了企业融资难的问题。从资金绩效来看,融资增加的绩效是促进经济稳定运行,并不能确定促进经济增长。台州民间借贷能力和意愿都比较强烈,本质上保持了企业的稳定运营。如果没有民间借贷的支持,越来越多的民营企业会因为资金不继发生经营萎缩,甚至停产;但这一时期民间借贷利率比较高,又会因为增加企业成本而加剧企业困境,从而加速民营企业债务危机发生,并引发其他社会问题。

5.3　高利借贷与政治基础

在新中国建立初期,政府认为高利借贷是资产阶级剥削行为,破坏了公有制的经济基础,是新中国的"阶级敌人"。对高利借贷进行阶级属性的解

---

[1]　2015 年 7 月 31 日,葛富春在《告社会各界和宝利嘉员工书》中提道:"自去年(2014)至今(2015 年 7 月),宝利嘉集团被各家金融机构密集收贷,压贷计贰亿零柒佰伍拾万元整,设备租赁费壹亿多元,仅一年过程就减少了叁亿多元现金流。"

[2]　2015 年 11 月 30 日,福建省科技型企业领导品牌的民营企业—丁集团宣布破产。一丁集团成立于 2001 年,草根创业起步,2013 年年底,业务覆盖全国 22 个省 57 个城市,员工逾 2000 人,资产超 10 亿元,营业额突破 40 亿元。副总裁林德志在企业宣布破产当天发了一篇长文,文中提到一丁集团老板的三点反思,其中第一条就是"永远不要跟银行借钱"。

读导致政府与民间高利借贷之间产生对立关系,在确定高利借贷的剥削阶级属性后,政府就制定了一系列政策,对其实施严厉而长期的打击,严禁农村经济生活中发生民间借贷,更不允许发生高利借贷现象,这一做法的一大结果是生产受阻和市场扭曲,对农村经济活动造成一定的资金困境。

5.3.1　高利借贷"阶级敌人论"的思想渊源

在马克思笔下,高利借贷存在于前资本主义时代,"剥削已有的生产方式",不仅剥削封建小农,还因为深度"剥削已有的生产方式"而促成封建生产方式破产。在资本主义生产方式下,银行制度的建立"剥夺了高利贷资本的垄断"。

沿着马克思的思路,新中国成立后,一直反对民间借贷与高利借贷。明确高利借贷具有资本主义的剥削属性,并认为高利借贷的存在破坏了公有制的经济基础,把高利借贷视为破坏公有制经济基础的"阶级敌人"。事实上,在现实生活中,从事高利借贷不等于有某种政治立场,参与高利借贷的人中有阶级"敌人",也有阶级"友人",跨越了所谓阶级"敌人"与阶级"友人"的界线,这让官方陷于敌友莫辨的处境当中。

5.3.2　高利借贷"阶级敌人论"的政治脉络

新中国建立初期是国民经济恢复时期,农村的生活水平很低,"土改"后获得土地的农民期望通过发展生产来改善生活,但国家银行和农村信贷无法满足农民发展生产的信贷需求,农民普遍通过民间借贷发展生产,因此高利借贷在农村广泛存在。

在新中国初期的国民经济恢复阶段,中央政府把高利借贷定性为经济问题,对民间借贷利率持包容态度。1950 年,政务院在《关于新区农村债务纠纷处理办法》中规定:"今后借贷自由,利息由双方约定,政府不加干涉。"1953 年 7 月,政务院在《关于发放农业贷款的指示》中指出,发放农业贷款和发展农村信用合作是"和高利贷作经济斗争","在国家银行尚不能全部满足农民贷款需要,信用合作又未普遍发展的情况下,农村自由借贷仍为农民所需要,应容许其存在和发展……单靠法令限制私人借贷的利率,难收实效"。

　　1953 年 6 月,中央提出过渡时期总路线。1953 年冬,农村广泛进行总路线宣传后,高利贷被定性为"资本主义的高利贷剥削",在政治上和经济上都受到了严重的打击。在"一化三改造"运动中,江永(1955)把此时的高利借贷定性为"资本主义性质的剥削活动,因而它就是劳动群众向社会主义道路前进的障碍,也就是他们最凶恶的敌人"。他认为发展社会主义国家银行和信用合作社是"从限制高利贷到消灭高利贷"的唯一办法。但是,在现实生活中,高利贷不但非常活跃,"阶级敌人"阵营中"敌友混杂",中国人民银行发现参与高利贷活动的"有地主、富农、商人等剥削阶级分子,也有贫农、中农等基本群众。个别乡村干部、信用社、生产社(互助社)的成员,以及鳏寡孤独,复员军人等,(他们)虽然不是剥削阶级……却从事高利贷剥削"。面对这种无奈的格局,江永主张,"既然社会主义信贷不能完全解决贫困农民的困难,有高利贷比没有好","和平共处,各不相干"。

　　基于私有和剥削是高利贷生存的制度基础的理论判断,新中国把发展公有制和计划经济作为消灭高利贷的有效措施,通过建立生产合作社、供销合作社、信用合作社,以达到"消灭高利贷"的目的。但是,即便建立了公有制,农村和城市的高利贷依然顽强存在着(黄贵诚,1958)。调查发现,"农村合作化以后,生产资料的所有制改变了,但是有些农民向资本主义发展的旧思想意识,还程度不同地存在着",这是农村"高利贷抬头"的思想根源(一知,1957)。事实上,民间借贷活跃的根本原因是经济向好而资金不足。[①] 合作化初期的调查发现,高利贷活跃的理由有三:一是小农经济的存在,农民发展生产需要资金;二是信贷政策只管农业生产,不管生活,农民生活困难,需要借贷来解决生存问题;三是政府提倡私人借贷,为高利贷活动创造了机会。

　　此后,打击和消灭高利贷成为一项长期政策。"城乡高利贷活动相当普遍,相当猖獗"(邓子恢,1964)。中共中央对此认为,高利贷活动"仍然严重地危害着劳动人民的生活,影响着集体经济的巩固,助长投机倒把和其他资

---

　　① 苏轼在《奏浙西灾伤第一状》中说:"春夏之交,雨水调匀,浙人喜于丰岁,家家典卖,举债出息,以事田作。"

本主义复辟活动。这是阶级敌人在金融战线上向我们的进攻,必须引起全党的严重注意"。

20 世纪 70 年代,公有制和计划经济体制高度完善,但高利贷依然活跃。调查发现,农村经济生活中两个基本事实没有发生任何改变:一是农村的信贷需求从来没有得到应有的满足,二是高利贷在农村从来没有被消灭。高利贷活动依然活跃在农村集体经济组织内部,20 世纪 70 年代末,相关调查发现,"社会主义条件下虽然建立了生产资料公有制,但高利贷并没有被消灭,它的存在是一个不容否认的事实"(苑德军等,1980)。

到 20 世纪 70 年代末,在市场机制先发地区如温州、台州、泉州等地,乡镇工业与民间高利率借贷遍地开花,把官办农村信用社挤到几乎不能生存。此时,农村的金融生态表现为:①农村资金供求矛盾大;②银行、信用社的业务活动不能适应农业生产发展的要求;③社队经营管理水平太低;④党的农村分配政策没有很好落实;⑤对高利贷认识不清,听之任之(苑德军等,1980)。也就是说,20 年的公有制经济和计划经济实践未能消灭高利贷。

随着民营经济和民间借贷的日益活跃,中央重新考虑民间借贷政策。1981 年 3 月,国务院批转农业银行《关于农村借贷问题的报告》,允许集体与社员、社员与社员间存在正当借贷,严格区别个人间的正常借款与农村高利贷活动。1984 年 12 月,中共中央《关于进一步活跃农村经济的十项政策》提出适当发展民间信用。国务院对高利贷持"不争论"立场,认为"必须严格区别个人之间的正常借贷与农村高利贷活动。对于个人之间的正常借贷利息偏高的,不能视为高利贷者"。但只允许个人之间的高利率借贷,不允许民间借贷专业化、组织化,"对那些一贯从事高利盘剥并为主要经济来源,严重危害社会主义经济和人民生活,破坏金融市场的高利贷者,要按情节轻重和国家法令、规定严肃处理"。政策不再把高利贷定为政治敌对势力,而是视为经济体制的异己势力。

5.3.3　高利借贷认定标准很难确定

长期以来,监管部门、理论界对"什么是高利贷"这个问题莫衷一是,症结就在于无法确定一个判断高利贷的标准,至今也没有结论。事实上,民间借贷利率的高低是随行就市变化的,而法规标准一旦确定则很难随行就市,利率变化的不确定性让监管部门在划定高利借贷标准方面无从下手。

新中国成立初期,中央政府对民间借贷利率高低持包容态度。1950 年,政务院在《关于新区农村债务纠纷处理办法》中规定:"今后借贷自由,利息由双方约定,政府不加干涉。"1952 年,最高人民法院在《关于审理借贷案件的若干意见》中指出:"根据目前国家银行放贷利率以及市场物价情况,私人借贷利率一般不应超过三分。……民间自由借贷利率即使超过三分,只要是双方自愿,无其他非法情况,似亦不宜干涉。"1953 年,时任中共中央农工部部长的邓子恢在《全国第一次农村工作会议上的总结报告》中主张:"今天要提倡自由借贷。农民要借钱,国家没有这些钱,他就要借贷。帮助农民完全解决困难,规定几分利是高利贷,几分利不是高利贷,用意是好的,但如没有国家的农业贷款之增加和信用合作事业之发展相配合,则其实际效果不大。……单纯用行政命令,高利贷是禁止不了的。"1953 年,政务院在《关于发放农村贷款的指示》中指出,在国家金融未普及、农民对高利贷有需求的情况下,"应容许其存在和发展……单靠法令限制私人借贷的利率,难以收效"。上述意见表明,新中国成立初期,中央政府对民间借贷利率持完全包容的态度。

过渡时期总路线确立后,高利贷在政治上、经济上被彻底否定,对高利贷利率的政策认可范围也全面收紧。1964 年,国务院副总理邓子恢主张:"月息在一分五厘以上的私人借贷,无论债款多少,时间长短,债主的阶级成分如何,都属于非法的剥削行为,都应该予以取缔。"中共中央肯定了邓子恢的观点,并转发了邓子恢的报告。

改革开放后,高利贷及其利率问题再次摆在决策者面前。1980 年 5 月,中国农业银行在《关于农村自由借贷情况的调查》中提出:"对于社员之间的自由借贷,有的认为应维持一九六五年规定的不超过一分五厘。"但是民间市场化的"自由借贷利率一般维持在月息 2～3 分的水平",卢川汉(1984)认为,"把利率高低作为区别高利贷和正常借贷的唯一标志是不妥当的,不能作为决策依据"。自由借贷利率是借贷双方议定的"议价利率",在不同的时间和地区上有较大差别,但同时也存在着一般利率水平,这是符合资金市场规律的。对高利借贷应做具体分析,不宜单从利率上区分,主要应看资金用途和使用效益,用途得当、效益很高,利率高一些也不能视同高利贷。

1991 年,最高法院在《关于人民法院审理借贷案件的若干意见》中指出,民间借贷利率"不得超过银行同期同类贷款利率四倍的标准。超出此限度的,超出部分的利息不予保护"。而央行则在《关于取缔地下钱庄及打击高利贷行为的通知》中指出:"不得超过中国人民银行公布的金融机构同期、同档次贷款利率(不含浮动)的 4 倍。超过上述标准的,应界定为高利借贷行为。"

监管系统从来没有给出一个市场可接受的高利贷标准。有研究者主张用经济与社会效应的好坏来界定高利贷。蒋世绩(1985)不主张用设定数额界线来识别高利贷,他认为目的不是打击高利贷,而是打击那些对生产、生活、社会造成破坏的借贷行为;高利贷利率因时、因地、因贷入者所获利润状况而有很大不同,绝不是一个静态的固定数字所能表达的。王君(2014)认为按照一定数额设定高利贷界线的做法已经过时了,事实上,只要借款者能够在偿还贷款本息之后仍有利润空间那这个就不是高利贷。利率高低因通货膨胀率高低、资金供给多少而不同。理论界、政策界一直试图用固定量化的办法来划分民间借贷与高利借贷,但始终没有成果。如果试图对高利贷进行量化定性,其结果就是经济问题政治化解决,会引起社会不同群体之间的矛盾。

5.4　高利借贷与经济秩序

管制部门认为民间高利借贷破坏政府宏观调控,是经济秩序混乱的根源。这一误读认为是民间高利借贷把民营企业拖入泥潭,把高利借贷与民营企业对立起来,坚决打击高利借贷,却导致民营企业陷入融资困境。

5.4.1　高利借贷成为"政策失灵"的替罪羊

改革开放以来出现了几轮经济过热,原因是项目与货币投放过快,而治理经济过热的手段是采用行政命令,基本措施是收紧银根、调高存款准备金率,其结果是民营企业面对突发性的银根收紧资金失血。在银行资金断贷的情况下,许多民营企业向民间高利贷寻求"搭桥"融资,由于银行坚守政策不肯续贷,企业被迫把用于"搭桥"的应急短期高利贷资金转为长期借贷,最终不堪高息重负而产生民间借贷危机。企业一旦把短期应急的高利贷资金当作长期借贷资金使用,就意味着走上了不归路。表面上看是高利贷让企业走上不归路,根本原因是突发的银根收紧让企业措手不及。

1997年、2008年、2011年金融危机中发生的企业"倒闭"和老板"跑路"风潮,表面上看高利贷是压垮企业的"最后一根稻草"。观察到企业借入高利贷后出现倒闭现象,有部分研究者把民营企业倒闭的恶果归罪于高利贷,得出"高利贷有害"论,并总结出高利贷五大害:扰乱金融秩序、风险无法控制、加大企业负担、催生金融腐败、诱发违法犯罪(杨积堂,2006)。

蒋致远(2012)认为:"高利贷被视为我国社会一大'毒瘤',高利贷蔓延所带来的种种风险确实不容小视。"深层次对高利贷进行递进式"妖魔化"的宣传逻辑是:民间借贷=高利借贷=暴力讨债=黑社会性质犯罪。现实生活中,因高利贷被逼典当房屋,被逼逃往他乡,被逼破产、自杀等现象也是时有耳闻,高利贷已成为社会经济的毒瘤,是社会稳定的定时炸弹(刘新荣,陈亚东,2006)。

事实上,政府审批项目、投放货币行为的无序制造了一轮又一轮扩张型通胀,这是经济过热的直接根源。资源错配导致民营企业资金供给旱涝无常,社会投资被误导。脱离实际的紧缩政策造成的资金供求乱象,高利贷则当了"替罪羊"。然而,高利贷却是企业遭遇危机时最后一位拯救者,如果银行不肯放贷,高利贷会与企业一起破产,成为经济危机的"牺牲品"。

一方面是体制性内生的通货膨胀和官办金融机构的垄断弊端日益突出,另一方面是民间借贷对民营经济发展所起的作用日益增强,社会广泛存在的高利贷现象也引起了学术研究、司法实践、企业经营和政府监管等多角度的关注,形成了关于高利贷"有理与无理""有害与无害"等对立性的争论。

叶檀(2012)不认同实体经济过度依赖高利贷融资的发展模式,认为实体经济借助高利贷融资是饮鸩止渴,实体经济皮之不存,高利贷毛将焉附,所以,高利贷模式属于自杀式融资模式。她认为,高利贷后期出现的不被认可的"地下"秩序(暴力催讨等)可说明金融部门对风险失去控制,导致高利贷从灰色演变成黑色,正因为制度缺失,高利贷性质才会发生巨大变化。

　　基于对金融高度管制的反感,有人对被"妖魔化"的高利贷进行了辩解。丁彦皓、刘海生(2010)主张以经济发展与高利贷的动态关系来界定,只要高利贷有利于经济社会发展就应该支持,如果对经济社会发展产生负面影响就应该纠正;在金融资源分配严重失衡的条件下,高利贷的界线应根据其与当地经济、金融的发展依从关系来界定,应避免全国统一界线的限定。

5.4.2　解决高利贷问题的政策路径

　　20 世纪 80 年代,一系列研究尝试从新的角度对民间高利率借贷行为及其市场绩效做出新的解释。王娟等(2011)从国家以紧缩银根为主要手段的宏观调控屡试不爽的经验主义出发,观察到金融资源日益向大型央企集中,民间金融成为民营企业不可缺少的金融资源,说明内生于民营企业的民间金融制度有其存在的合理性,政府的压制并不是最好的路径选择。

　　一些学者主张开放金融市场来解决民间借贷利率偏高的问题。钱颖一等(2001)讨论金融稳定与发展的关系时强调:"自我融资和非正式融资通常是中小企业唯一现实可行的选择,因为中小企业往往发现从市场和银行融资或不大可能,或成本过于高昂。"陈志武(2005)强调要重新释放民间金融对区域经济发展的作用,确立高利贷不是剥削的观念,让"地下钱庄"从"非法"走向"合法"。他解释了错误观念的思想根源,即长期以来过度意识形态化的渲染使我们普遍认为高利贷就是剥削,放贷者就是剥削阶级,进而得出错误结论:要消灭高利贷就要打倒放贷者,就要关闭民间金融。

　　在金融市场开放的问题上,斯蒂格利茨(2004)没有停留在简单的是否解除政府对资本市场干预的层面,而深入讨论了金融规制的重要性,他认为资本市场解除管制的后果是经济衰退及引起银行业危机,因而,金融自由化要更加重视金融制度建设,在强有力的金融制度成长之前,金融自由化是不利于金融市场稳定的,也不利于经济增长。在金融机构没有充分发育之前,金融自由化会加剧金融市场的不稳定,不能简单地认为"自由市场比较有效率,而效率越高则经济增长越快",如果只有充分竞争,规制没有到位,就会转为自由化的反面,"金融市场中的有限竞争意味着自由化并不总是能够带来它所承诺的降低利率的好处。相反,农民们有时会发现,他们不得不支付更高的利息,使得他们更加难以购买为了维持生计而必需的种子和化肥"。然而,一个不可忽视的事实是,中国沿海地区的民营企业在发展初期,基本上是依靠民间资金的支持发展起来的,而那时的民间资金和民间金融市场只接受民间习俗的约束,既没有开放的金融市场,也缺少现代金融监管制度的约束,民营企业与民间金融都如火如荼地发展起来了。但是,由于缺少开放的金融市场和现代金融监管制度,民间金融终究没有发展成为现代金融。

对于小额贷款高利率现象,李海艳、周孟亮(2012)从供求关系和市场信息不对称现象出发,认为小额信贷高利率有合理性和必要性,小额信贷实行较高利率是明智的,高利率有利于机构的发展。但是高利贷给企业带来负担是个绕不开的问题,何光辉、杨咸月(2011)以印度小额信贷危机为例指出,高利率小额贷款只会为其经营者带来持续高利润,而借款人的生计则陷入不可持续的困境。王君(2014)在考察小微企业后认为,小微企业能够获得比大企业高得多的边际利润,能承担高利率;贷款利息仅占生产成本的一小部分,只要借款者能够在偿还贷款本息之后仍有利润空间,利率就不是高利率。高利贷与民营企业的内生关系符合哈耶克(1960)的"自生自发秩序"特征。让高利贷与民营企业之间建立"共同利益内生模式",这种模式可以平衡民营企业短期损失与长期收益的关系。

5.5 高利借贷与侵财犯罪

高利贷侵害他人财产,破坏社会财产秩序,是国家法律体系中的加害者,①这一误读是把高利贷收益与社会财产秩序对立起来,逻辑推定高利贷有罪,进而在全社会限制高利贷行为。各界围绕高利贷"罪与非罪"展开了广泛的讨论,出现了两类截然相反的观点。

5.5.1　高利贷"有罪论"及其理论依据

在讨论高利贷时,法律的规范性和公平性被忽视了,只剩下打击高利贷的声音不绝于耳。"有罪论"者整理出高利贷三大罪名:非法经营罪、非法集资诈骗罪、非法吸收公众存款罪(潘庸鲁,周荃,2012)。监管部门也一直没有放松对高利贷的打击,《非法金融机构和非法金融业务活动取缔办法》(国务院〔1998〕第 247 号令)、《关于取缔地下钱庄及打击高利贷行为的通知》(银发〔2002〕30 号)等政策相继出台,旨在加强民间金融管制。

很多研究者赋予"高利贷"负面色彩,把高利贷与犯罪行为捆绑在一起。在 20 世纪 80 年代,刑法学界便开展"高利贷"入罪的理论研究。徐德高、陈兴良主张高利贷专项入罪,陈兴良(1990)还草拟出了"发放高利贷罪"的刑法条文:"违反金融管理法规,以营利为目的,发放高利贷的,处三年以下有期徒刑或者拘役,并处或者可以单处罚金;情节严重的,处三年以上七年以下有期徒刑,并处罚金。"龚振军(2012)认为高利贷入罪具有理论上的合理性和立法意义上的合法性,将高利贷行为入罪并不意味着对民间借贷实行制度性压制,而是在保障市场主体的财产权利与融资自由权利的基础上必要的制约。非法经营罪不适用于高利贷,考虑到刑罚预防需要和刑法打击对象的准确性,刑法单独设立高利贷罪更具合理性。

5.5.2　学术界反思高利贷"有罪论"

随着民营企业持续发展,企业对民间借贷依赖程度不断提高,人们对高

---

①　我国学者在讨论"高利贷罪"时,往往不是针对获得的"高利"定罪,而是针对获得"高利"的行为定罪。因为支付"高利"毕竟是借贷双方自愿订立的商事约定,虽然法律不能对获得者的权益提供法律救济,但也不强行制止支付者的支付行为,因此,司法实践只能从获得者的其他行为或行为后果进行定罪。希克斯(1987)曾说过,如果把获得借贷高利也当作一种罪,这种罪就会成为"犯得相当普遍的一种罪"。

利贷"阶级敌人论"的论述越来越不信服。刘长明、张国清(1981)认为取缔民间高利率借贷属于极左路线错误,认为民间高利率借贷"应该允许存在"。在确认高利贷对发展生产力的作用后,高利贷参与再分配顺理成章,中国农业银行(1981)在《关于农村借贷问题的报告》中认为农村取消生产资料私有制后,高利借贷所取得的利息是农业总收入的再分配,"借和贷是借者有利、贷者生息的互助互利关系,都是按劳分配所取得的劳动报酬,不会转化为借贷资本。因此,在社会主义条件下,是不会产生高利贷者的"(黄世纯,1981)。结论是,不能把个人之间利息偏高的正常借贷视为高利贷,"对那些一贯从事高利盘剥并为主要经济来源,严重危害社会主义经济和人民生活,破坏金融市场的高利贷者,要按情节轻重和国家法令、规定严肃处理"。国务院在批转中国农业银行《关于农村借贷问题的报告》时指出要"慎重处理"民间借贷,对民间高利率借贷表现出了更多的宽容态度。

支持高利贷阵营主张为高利贷正名并合法化。传统的学术观点是把市场经济行为与自然经济行为混为一谈,并把导致农民贫困的原因与高利贷联系起来。温锐(2004)认为,传统民间借贷在学术界长期被笼统冠以"高利贷"而备受责难,道德评判多于甚至替代了经济理性分析,这是用道德标准评判经济行为。李金铮(2002)认为大众媒体刻意"将高利贷描写为面目狰狞、充满血腥、吸尽农民脂膏的恶魔",主张摆脱意识形态的影响来公正地评价高利贷。从事高利贷经营的张化桥(2011)直接指出"不要妖魔化高利贷",认为高利贷是经济多元化的表现,"高利贷不会让一个好端端的企业倒闭",管理不善才是企业倒闭的根源。

哈耶克(1997)认为法律的功能"就在于提供一个可靠且有效的货币体系(monetary system)",陈志武(2005)则清晰表达了"高利贷不是剥削"的观点。朱海就(2012)反对高利贷有罪论,认为法律行为解决不了金融风险,主张"给高利贷平反,民间金融合法化"。

5.5.3 法学界思辨高利贷入罪

雷新勇(2012)列举了法律压制民间融资的八个表现:一是鼓励投资的原则在法律制度中并没有得到确立;二是投资权利被行政管制架空,造成民间资本所有者的投资权利被无形消解;三是严格限制集合投资,阻碍民间资本集中;四是在投资方向上,严格限制民间资本的活动范围;五是阻碍民间资金与有融资需求企业之间的自由联系和选择;六是无视民间融资小额借贷的特点;七是在分享金融发展机会上,内外资实质上是不平等的;八是严格限制民间融资及其利率的法律效力。"法律和政策立场十分保守,过度强调安全性,不是鼓励人们将剩余资财用于投资,而是一贯以投资有风险为由吓阻人们积极投资,鼓励储蓄,对民间借贷尤其是所谓高利贷具有普遍的歧视心态。"

进一步的研究指出法理、法律的条文对高利贷入罪不具有适用性。付丽芳(2009)用利弊区别的分析方法,认为民间高利贷是利大于弊的行为,不具备受刑法处罚的社会危害性,不应当入罪,可以通过法律、行政手段等来规范高利贷,以扬长避短,使其最大限度地为社会服务。刘晶(2018)认为在现有法律框架下,民间高利贷不符合非法经营罪中"其他严重扰乱市场秩序的非法经营行为"之要件,也没有违反刑法意义上的"国家规定";在现行刑法对民间高利贷定罪量刑依据尚不足的情况下,不宜以非法经营罪进行刑法评价;目前急需改进的不是刑法的规制,而是监管的缺失问题。对于民间高利贷不能采取简单的防堵政策。潘云波、周荃(2012)结合涉高利贷金融案件呈现出的多发态势,指出立法的目的应当是防范金融风险,贷款利率远超中国人民银行规定的贷款基准利率及规避限制性规定的做法,反映了部分金融机构违规经营、监管缺失、法制配套不足等问题,这需要从健全法律、强化监管、能动司法等各环节共同防范金融系统风险。2010 年,最高人民法院《关于审理非法集资刑事案件具体应用法律若干问题的解释》(法释〔2010〕18 号)指出,只要经营者能够证明是民间融资主要用于正常的生产经营活动,就有很大的可能免于刑事处罚,意味着民间高利贷关系朝着不入罪方向迈进。

高利贷政策问题的根源是金融管制,问题的本质是民间金融产权保护制度缺失,改革的方向是向民间资本开放金融市场,解决问题的出路是构建多元化的金融产权格局。钱颖一(2007)指出,走出"坏的市场经济"的共同途径是保护产权,其实质是既要防止私人掠夺,也要防止政府掠夺。因此,制定一部好的法律来保护产权的安全,是有助于"好的市场经济"形成的基本逻辑。发展经验表明,产权确认和市场开放是改善民营经济发展环境、促进民营企业发展的前提条件。需要指出的是,认识到这种经验并不意味着民营企业的产权问题研究已经成熟。每一次实施宏观紧缩政策,都会产生民营企业与国有企业此消彼长的结果,其中差别化的金融救济政策是导致这种结果的直接原因,这说明新的市场扭曲还在不断发生,有缺陷的行政命令依然会抵消制度改革所产生的公共行政绩效。

经济管制如果背离市场本质,其结果不仅会在一定时间内抑制相对应的经济成长,还会诱发市场产生抵抗,民间借贷和民营企业在灰色地带、在体制外大行其道便是印证。更进一步的意义是,金融管制与市场转型相互阻滞,不仅会导致经济陷入低水平循环,最终还将导致低水平的发展绩效,这也是我国目前民营企业转型升级面临困境的根本原因。刻意远离市场化思维,强调政府管制意味着"正规""正确"的"传统智慧"必定成为阻碍改革深入和社会进步的思想桎梏。

第6章　民营企业债务危机及处置案例研究

受全球性金融危机影响,2008 年以来,国内发生了一系列企业债务危机,尤其以浙江最为典型。债务危机普遍表现为民营企业的流动资金枯竭,无法通过金融机构继续得到补充资金,最终导致企业停产。与停产企业存在联保联贷关系的企业也因此被银行收贷、抽贷而停产,个别企业的债务危机演变成区域关联企业发生资金链断裂,对金融业和社会稳定带来直接影响,形成错综复杂的资金链危机。浙江发生的债务危机有两个鲜明特征:一是产生债务危机的企业多为民营企业;二是资金链债务危机的关联圈具有地域性,债务危机企业牵连了当地参与互保联保的骨干民营企业。区域性借贷危机不仅对地方长期积累的商业信用造成严重打击,也使得长期积累的体制性矛盾全面爆发。

2008 年以来发生的民营债务危机,其发生的金融环境有了显著的变化:一是民间借贷从血缘地缘小额借贷转变为社会化大规模资金借贷,浙江沿海民间借贷市场规模相当于正规金融市场规模的五分之一;二是资金组织形式从私营业主和普通家庭的闲散资金转变为现在的民营企业、普通家庭、上市公司、商业银行、产业基金、风投基金等多层次资金参与其中;三是民间资金的借贷性质从生产经营直接借贷为主转变为资金中介和间接投资为主;四是民间借贷市场利率总体上从超高利率主导转变为中高利率主导,高利贷从普遍现象转变为特定金融商品。

债务危机集中表现为借贷危机。浙江民营企业借贷危机始于 2008 年,第一轮是 2008—2009 年,台州飞跃集团债务危机和隆标集团引发的借贷债务危机,波及当地一批骨干企业;绍兴江龙控股、华联三鑫、纵横集团等企业民间借贷危机,以及杭州南望集团、嘉兴旭莱集团等龙头企业债务危机。

2011年,进入第二阶段,债务危机转化为担保链危机,杭州发生行业性担保链债务危机,温州民营企业债务危机则波及当地一半以上的民营企业。

6.1　民营企业多重债务组合危机案例及处置

2008年3月,中国缝纫机行业龙头企业飞跃集团发生债务危机,拉开了2008年金融危机以来遍及浙江各地民营企业借贷危机的序幕。

6.1.1　飞跃集团债务危机及处置

飞跃集团是专业生产工业和家用缝纫机的民营公司,2006年,产品出口到120多个国家和地区,连续多年居全国同行业出口首位。飞跃集团是在高技术、专业化和外向型经济的道路上成长起来的,长期坚持技术创新和技术投入,累计获得专利300多项。2008年,飞跃集团爆发资金链危机。

1.外部环境和金融背景分析

2008年以来,浙江民营企业整体面临严峻挑战,企业亏损面扩大,有些企业出现资金链断裂,甚至面临破产。由于原材料价格上涨、人工成本激增、人民币不断升值等因素,小企业经营成本上升,企业融资需求扩大,但面向中小企业的资金供给日益紧张,加大了信贷供需矛盾。"银根紧缩"政策使当地银行机构的总体信贷供给能力明显下降。

由于银行的信贷资源稀缺,中小企业银行贷款利率随之高涨,不少银行对中小企业贷款利率普遍上浮30%至40%,甚至80%。众多中小企业转向民间借贷,以寻求融资渠道。民间短期"过桥借贷"的月利率高达4至6分,一旦企业没有偿还能力,资金链就会断裂。一般来说,在经济危机中最先倒下的企业有三类:一是过度依赖银行贷款和民间信贷的企业,二是生产品种过于单一的企业,三是大客户过于集中的企业。

2.飞跃集团的资金债务梳理

飞跃集团有限公司注册资本2.58亿元,邱继宝控股93%,其妻阮云兰拥有7%的股权。飞跃集团年产各类缝制设备500多万台,同时,也涉足食品机械、箱包、中央空调、纺织机械等行业,并在天津、山东等地有房地产项目,在台州当地也参股旅游酒店项目。由于投资摊子较大,资金短缺问题日益突出。2008 年年初,飞跃集团的资金周转困难问题显现出来,加上国内政策在人民币升值、原材料涨价、银根紧缩等方面的调整,飞跃集团的现金流和资金链出现断裂,债权人开始上门催债。

　　到 2007 年年底,飞跃集团有限公司的总资产为 24.64 亿元,总负债为 10.90 亿元(不计民间借贷余额)。总资产包括货币基金 2.31 亿元,应收账款 4.06 亿元,固定资产 6.59 亿元;总负债包括短期借款 5.71 亿元,应付账款 0.97 亿元,长期负债 3.45 亿元。到 2008 年 6 月,飞跃集团有限公司的银行贷款余额为 3.3278 亿元,总共涉及 17 笔贷款,多数为 1000 万元以下,其中最大的一笔贷款为 2 亿元,最小的一笔为 123 万元。导致飞跃集团陷入困境的导火索,是 2008 年 4 月份部分银行的意外抽贷、停贷及民间债权人的起诉。

　　飞跃集团在民间借贷的最大一笔借款来自金华与永康的三家知名企业,约 8000 万元。这三家企业的主营业务分别属于房地产、防盗门和电动玩具行业。2008 年 4 月,三家企业与飞跃集团协商成功,把飞跃的一块地拿来做抵押,在法院查封飞跃集团资产前签下协议并且签署了书面协议。

　　3.法院对飞跃债务诉讼案实施集中管辖

　　飞跃集团陷入巨额债务危机后,由于当时还未能与其全部民间债权人达成解决方案,债权人和供货商在杭州、金华、台州等市相关法院提起诉讼,各地法院异地查封了飞跃集团的资产,并申请对飞跃集团的银行账户、房地产采取保全措施。同时,媒体的渲染报道加剧了飞跃集团生产经营的困境。

　　针对涉飞跃集团债务纠纷案件债权人多的情况,为避免出现各地受案法院不当采取查封资产、冻结账号等强制措施,使企业失去通过重组或重整起死回生的机会,2008 年 7 月,浙江省高院依法指定由飞跃集团所在地的台州市中院集中管辖涉飞跃集团 2008 年 6 月底之前的 18 件债务纠纷案件和 1 件执行案件,台州中院成立了由院长牵头的工作小组,实施了一系列有效的司法举措和积极的司法协调工作。随后几个月,椒江区和台州市中院与飞跃集团各位债权人进行了细致耐心的谈判,促使原被告达成了分期归还借款的债务处置办法,使法院得以依法解除冻结查封措施。

浙江省高院既依法平等保护了各地债权人合法权益,又保护了企业生产能力,同时促进了台州缝纫机产业的整合提升,实现了多方共赢,这是浙江省内实行集中管辖的第一案。2008 年 7 月,浙江省高院及时下发《关于资金链断裂引发企业债务重大案件的集中管辖问题的通知》,并先后指定相关中级人民法院集中管辖涉及台州的飞跃集团、中汽雷克萨斯汽车销售公司、隆标集团,绍兴的江龙集团、纵横集团,丽水的银泰集团等企业债务的重大案件。浙江高院推出的涉企业债务纠纷重大案件集中管辖的司法对策,是在指导台州市飞跃集团债务纠纷案件审理过程中摸索出来的。

4. 政府从注资解困到资产重组

2008 年 3 月底,飞跃集团由于资金链断裂的强大压力,向政府提出破产申请。台州市政府组织调查组进驻飞跃集团,调查后认为:由于财务危机,飞跃集团自身已无法支撑,面临崩盘危险。浙江省政府在之后的一次常务会议上,相关各方确定了"帮助飞跃"的基调,随后召集飞跃集团各家债权银行进行协调,使各家银行达成了"不压贷、不抽资、不起诉"的协议。台州地方党委政府认为,保飞跃集团不但是保住"飞跃"品牌,更是为保住飞跃集团的配套厂商、担保企业乃至区域经济社会的稳定与发展。

2008 年 4 月初,椒江区和台州市为飞跃集团注入 9500 万元财政借款,帮助企业维持正常生产。2008 年 6 月,台州市政府同意将飞跃集团名下的一块土地使用性质由"工业用地"转为"商业用地"。在地方政府的帮助下,在 2008 年 7 月,飞跃集团获得债权银行承诺,两年内不收回贷款。

在浙江省政府决定"帮助飞跃"的同一天,台州缝纫机行业的中捷股份(002021)发布公告称,公司已于 2008 年 7 月 28 日与台州飞跃集团签订合作意向书,拟对飞跃集团进行行业内部整合,具体整合方案将于 8 月 28 日前披露。

5. "保留主业＋债务转股＋盘活资产"的债务处置方案

根据整合方案,台州七家涉债企业共同出资设立的浙江新飞跃股份有限公司,对飞跃集团核心业务进行了重组并取得了成功。这一重组开创了浙江企业界抱团应对全球金融危机的新范例。

(1)债务处置("香溢融通"案部分)

2008年6月19日,香溢融通(600830)披露《关于公司子公司与飞跃集团有限公司子公司典当业务相关情况的公告》,元泰典当、德旗典当与飞跃集团子公司飞跃进出口有限公司、飞跃股份有限公司发生的6000万元典当业务。2008年年底,飞跃集团重组工作取得重要进展,拟成立浙江新飞跃股份有限公司,香溢融通公告,债务处置方案已取得了各债权人的一致谅解同意。为妥善解决6000万元典当借款,浙江元泰典当有限责任公司、浙江香溢德旗典当有限责任公司与飞跃集团有限公司签署《飞跃债务处置协议书》:经双方核对确认,至该协议订立之日,飞跃进出口、飞跃股份尚欠元泰典当借款本金5000万元、德旗典当本金1000万元。鉴于飞跃集团的困难,元泰典当、德旗典当同意仅按本金数处理,对利息、综合服务费部分不再主张。协议约定,对元泰典当、德旗典当的债务分期归还。飞跃集团在新公司的股权作为债务清偿的质押担保,除征得债权人同意或用于清偿本次债权人债务的情况下,在此期限内不得作为对其他单位或个人的偿债,也不得行使质押、转让等有损股权价值的行为。

(2)飞跃集团"瘦身计划"

浙江省、台州市、椒江区三级政府随后出台了一系列具体措施,努力帮助飞跃集团走出困境,维持正常生产。在各级政府的帮助下,飞跃集团启动"瘦身计划",处置与主营业务无关的资产,加快回笼应收账款。"瘦身计划"将剥离飞跃集团的核心资产连带银行债务、飞跃商标出资组建新飞跃股份,通过引进战略投资者收购飞跃集团持有的新飞跃的股权,以及转让飞跃集团的部分土地房屋资产,使飞跃集团避免破产清算。2008年,飞跃集团依然实现进出口9123万美元,其中缝纫机出口4700万美元,出口额继续保持全行业领先。

(3)"新飞跃"重组核心业务

浙江新飞跃股份有限公司注册资本3.16亿元,由星星集团有限公司、飞跃集团有限公司、台州市椒江区国有资产经营有限公司、中捷股份、浙江海正集团有限公司、钱江集团有限公司、浙江新杰克缝纫机股份有限公司等七家公司共同发起设立,其持股比例分别为31.65%、30.38%、14.24%、

9.49％、6.33％、4.75％、3.16％。星星集团有限公司出资 1 亿元,持股 31.65％,为公司第一大股东;飞跃集团为第二大股东,以实物、专利出资 9600 万元,持股 30.38％。除飞跃集团外,其余股东均为现金出资。按照协议,飞跃集团应于 2009 年 1 月 12 日前以机器设备缴纳 3563.62 万元,其余 6036.38 万元以专利技术和现金在 2009 年 3 月 31 日前出资到位。重组后,飞跃集团的负债率已降低至合理水平,"新飞跃"的负债率则不到 50％。"新飞跃"法人治理结构,由飞跃集团董事长兼任董事长,董事会聘请业内资深专业人士担任总经理,体现了"股权社会化、运作规范化、团队专业化"的特点。飞跃集团通过业务拆解,把缝制设备制造与研发业务全部注入"新飞跃",原飞跃集团的发展方向定位在再生资源、自动化控制系统等环保、高科技产业。

6.1.2　隆标集团债务危机及处置

隆标集团是台州温岭市铝塑复合材料行业民营龙头企业,也是一家多元异地投资的民营企业。2008 年年初,因当地金记米业和三丰实业两家企业存在联保联贷关系,金记米业资金链断裂停产后,三丰实业被银行追偿担保 1500 万元贷款后停产;与三丰实业有联保责任的隆标集随后被银行追偿担保借款 8600 万元,2009 年 6 月,光大银行从隆标集团骗取贷款 5000 万元后,[①]违背承诺不再给隆标集团续贷,成为压垮隆标集团的最后一根稻草,隆标集团因资金失血而停产。各银行纷纷对隆标集团采取资产保全措施,并转向与隆标集团有连带担保责任的中马集团和金龙机电等企业追偿。中马集团虽经营正常,但面临 17 家银行提前收贷而危机四伏。银行的提前收贷行为进而扩大到涉及与中马集团和金龙机电存在联保联贷关系的企业。这次担保链债务危机先后关联到 10 家企业,信贷风险总额约 9.2 亿元。中马集团董事长陈刚向台州市政府提交了《关于建立国有控股担保公司解决企

---

① 隆标集团在光大银行的 5600 万元贷款中,与隆标集团有互保责任的新水晶公司、鑫隆公司、阮建荣、易维、金龙机电公司、华泰印染机械公司等。参见中国光大银行股份有限公司台州支行诉隆标集团有限公司等金融借款合同纠纷案(浙江省台州市中级人民法院民事判决书〔2009〕浙台商初字第 33 号)。

业互保链危机的紧急建议》。

隆标集团除了银行债务外,还有大量民间债务。民营企业的民间借贷往往以法人的全资企业资产与实际控制人的自然人身份订立连带保证责任,因此,互保关系也存在于企业与企业实际控制人之间。2007 年 7 月 13 日,阮建荣向龚江群借款 500 万元,隆标集团连带保证责任,借期 3 个月,约定 2007 年 10 月 12 日归还借款。实际上,阮建荣只收到龚江群提供借款 465 万元,龚江群在支付借款时扣除的 35 万元,就是民间借贷中普遍存在的"放倒款",即预收利息,以 500 万元借款计息,3 个月 35 万元,即月息 3 分,是典型的高利借贷。尽管民间融资的利率偏高,但企业为了生存,在无法从银行借款的情况下,不得不向民间高利借贷融资。对利润微薄的民营企业来说,高额、高利的民间借贷如果转为长期借贷,债务风险必至无疑。

企业之间互相借贷、相互担保现象相当普遍。当宏观经济处于紧缩下行周期时,高负债企业极易产生债务违约风险,一旦其中一家企业因资金链断裂倒下,债务风险就会沿着担保链一直转嫁、扩展到与其存在互保关系的企业,互保圈也就演变成风险圈。[①] 2008 年 6 月 11 日,隆标集团因资金周转需要,向王国达借款 2000 万元,借款期限为 2008 年 6 月 18 日至 2008 年 12 月 17 日,月息 3.5 分,阮建荣为这笔借款承担连带保证责任。3.5 分的超高月息说明隆标集团陷入危机后融资难度增加了。[②]

在本案中,隆标集团的债务总额达到 9.9 亿元。台州市、温岭市两级政府召集了隆标集团银企合作恳谈会,提出债务重组方案,最后确定:引进新公司作为资产重组平台,承接隆标集团主营业务资产,整合产供销资源,恢复生产,并承担全部银行债务;新隆标集团加大对应收账款的催讨和土地等资产的变现处置。经过整合,新隆标集团银行债务由 9.9 亿元降为 5.6 亿元。

台州市与温岭市有关部门分析认为,隆标集团出现财务危机主要有四

---

① 参见《龚江群诉阮建荣等民间借贷纠纷案》[浙江省台州市中级人民法院民事判决书(〔2009〕浙台商初字第 32 号)]。

② 参见《王国达与隆标集团有限公司、阮建荣民间借贷纠纷一审民事判决书》[浙江省杭州市中级人民法院民事案件(〔2014〕浙杭商初字第 70 号)]。

方面原因：一是宏观调控背景下，银根收紧，企业融资难度加大；二是企业一度盲目扩大生产，扩张速度过快，再加上四处投资，摊子铺得太大；三是家族式管理，缺少风险控制机制；四是个别银行为顾自己利益，压贷抽资。针对隆标集团债务危机，台州市、温岭市多次召开协调会议，研究提出以下五项对策。[1]

（1）涉贷银行的贷款，企业必须如期如数归还，按时付息

银行如期如数贷回，做到不减贷不抽贷，确保隆标集团公司现有的贷款额度保持不变。同时要求各债权银行不提起司法诉讼，建议已起诉的撤诉，以免司法介入影响企业资金流转。各相关担保企业和隆标集团提供的互担互保手续继续有效，相关银行确保各担保企业贷款额度保持不变。

（2）增加银行贷款

为保证企业正常生产和资金周转，台州市协调当地有关银行在保持原有信贷规模的基础上，增加对隆标集团的贷款，台州市协调台州市建行增加5000万元贷款，台州市工行增加3500万元贷款，光大台州支行增加1000万元贷款。在上述银行资金到位的前提下，台州市农行增加500万元贷款。同时，结合隆标集团生产经营情况，台州市中行、交行台州分行、兴业银行台州分行也适当增加了对隆标集团的信贷支持。

（3）成立隆标集团主债权银行制度，确定建行为组长单位，其他债权银行为成员单位，签署债权银行协议

债权银行成员单位之间建立通报制度，信息共享。要求隆标集团对银行注资后的资金设立专户，封闭运作，由注资银行监控资金用途。注入资金专款用于生产经营，不得用于归还老贷款，不得查封。而企业重大事项变化，必须经过债权银行同意。银监部门负责指导协调债权银行妥善处置隆标财务风险，必要时可采取相应措施。

（4）鼓励隆标集团坚定信心，恢复生产，增加经济效益

同时，加大对应收账款的催讨和库存物资、在途物资的变现处置，抓紧回笼资金，确保企业资金正常周转。企业必须严格接受债权银行的信贷管

---

[1] 参见浙江省台州市中级人民法院民事判决书（〔2009〕浙台商初字第33号）。

理,增加透明度,及时真实地向银行通报生产经营、资产负债情况及重大事
项变化等情况。

(5)由台州市和温岭市建立处置隆标集团财务危机协调小组

温岭市组建专门工作小组进驻企业,进一步摸清企业资产状况,指导企
业生产,帮助企业处置债权债务问题。尽快出台有关优惠扶持政策,帮助隆
标集团办理包括土地权证等有关权证,便于企业再融资抵押。另外,筹集
5000万元,用于债权银行到期贷款还贷资金的周转,各债权银行努力确保
5000万元资金的安全。

6.2　民营企业借贷扩张债务危机案例及处置

2008年三季度,浙江绍兴大型龙头企业华联三鑫公司、江龙控股集团、
纵横集团等民营企业先后发生资金链危机,随后绍兴市29家规模以上企业
出现资金链风险,涉及银行贷款总额195.1亿元,其中涉及绍兴市内17家银
行贷款79.5亿元,覆盖绍兴市74%的银行金融机构。银行业金融机构的不
良资产从2008年三季度起迅速增长,与2008年9月末相比,2010年10月
末全市银行业金融机构的资产不良率、不良贷款余额和垫款总额是借贷危
机发生前的1.80倍、2.93倍和6.50倍,详见图6.1。

6.2.1　江龙控股集团借贷危机及处置案例

江龙控股集团2003年4月开始建厂,是集研发、生产、加工和销售于一
体的大型印染纺织企业,生产规模居全国同行前列,2006年在新加坡主板上
市。发生债务危机前的2007财务年度,企业总资产22亿元,员工4000多
人,销售额20亿元。2008年7月,江龙集团爆发借贷债务危机。江龙集团
债务中,银行贷款12.09亿元,民间借贷9.1亿元,涉及关联担保企业十几
家,涉及470家供货商货款2亿多元。

2007年,江龙控股以承债的方式收购当地的南方科技股份有限公司,江
龙控股因此新增债务4.7亿元。江龙控股收购的南方科技原计划于2008年

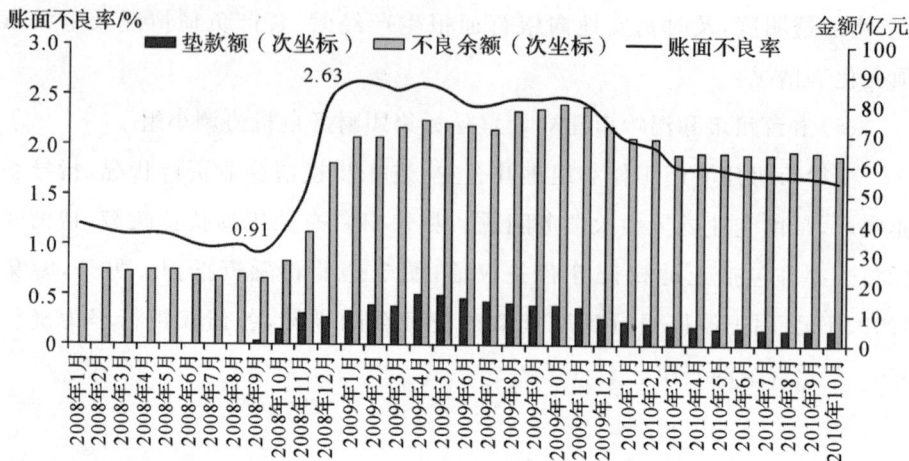

图 6.1　绍兴市 2008 年 1 月—2010 年 10 月不良资产变动情况

9 月在美国纳斯达克上市,计划用上市融资来偿还债务。2007 年年底,南方科技总资产 8.97 亿元,金融机构总负债 5.19 亿元,净资产 3.78 亿元,资产负债率为 57.90%;对外担保 29 笔,担保总额 5.56 亿元。金融机构负债和潜在负债总计超过 10 亿元,过高的负债率导致江龙控股承担巨大的财务压力和潜在的支付危机。

2008 年年初,当企业出现资金短缺而无法从银行继续贷款时,江龙控股选择了民间借贷。江龙控股专门设立了向民间融资的资金部,民间融资利率从起初的 3 分、5 分,加高到 2008 年 9 月的 8 分,民间债务规模越借越大,利息越来越高,2008 年仅支付民间借贷利息就高达 2.8 亿元,导致企业不堪重负。2008 年 10 月,江龙控股实际控制人出走。

2008 年 11 月,绍兴市中级人民法院、绍兴市政府在江龙控股的总部分别召集供货商和民间借贷债权人召开会议,商讨江龙控股的债务问题。政府、法律部门经过深入研究形成共识,提出对江龙控股“两保一严”的工作思路:确保生产稳定,确保社会稳定,严肃追究法律责任,打击经济犯罪。为实现“两保”,在企业资金方面的解决办法是“政府政策扶持一点,担保企业剥离一点,债权银行让利一点,社会个人承担一点”。

检察院为此成立了“两保”工作领导小组,确定“六个不轻易”的工作原则,即:不轻易扩大案件的知情面,不轻易传唤企业公司经营管理者,不轻易查封、冻结企业账目和银行账户,不轻易追缴涉及企业生产经营的物款,不轻易报道有损企业形象和声誉的案件,不轻易开警车、拉警笛去企业调查取证。

法院确认江龙控股清算重组的工作思路,即"依法确认债权,拍卖企业资产,依法平等清偿,实现资产重组"的"江龙模式"。2008 年 12 月底,绍兴市中级人民法院共收到江龙集团相关民商案件 738 件,共收执行案件 619件;同时绍兴市中级人民法院依法对江龙控股及所属企业的财产进行拍卖,拍卖所得总额 6.5 亿元。法院审理江龙控股清算重组案最终审理确认 739件案件债权,执行兑现 767 件案件,兑现 78 家社会债权人和 514 家供应商债权人的执行款总计 2.7 亿元。江龙控股全部资产经过评估拍卖顺利实现资产重组,基本完成债务清偿工作。江龙控股债务的成功清算重组是绍兴市以清算重组方式解救危困企业的第一例。

2009 年 5 月,绍兴市中级人民法院依法清算拍卖江龙纺织印染有限公司,浙江新中天控股集团有限公司通过司法拍卖,受让江龙纺织印染的资产,并出资把江龙印染资产重组为新中天集团旗下的绍兴县广丰印染有限公司。5 月底,印染设备开始重新运转,1000 多名工人重新上岗。江龙控股借贷危机债务处置案清算重组开始结案。

6.2.2　华联三鑫借贷危机及处置案例

1.案例概述

华联三鑫创建于 2003 年 3 月,注册资金 24.52 亿元,是由华联控股(000036)持股 51%,与浙江展望控股集团和浙江加佰利控股集团等合资组建的特大型石化企业,是当时亚洲最大的 PTA(精对苯二甲酸)行业龙头企业。成立之初提出企业发展目标:在未来 3 到 5 年内投资 100 亿元建设PTA 项目,产能达到 200 万吨,实现销售收入 150 亿元,成为世界一流的PTA 生产经营企业。

受行业周期性波动和企业经营失误等多重因素影响,华联三鑫连年亏损。2006 年 12 月,全球首个 PTA 期货品种在郑州商品交易所挂牌交易。在资金供给非常紧张、PTA 行业前景不佳的情况下,华联三鑫作为 PTA 生产企业,选择在期货市场悍然发动多头行情,以明显高于现货市场的报价接下约 15 万吨期货实盘,期望借机带领 PTA 价格走高。期货交割后,被套资金 11 亿元,按交割价计算损失近 5 亿元。作为 PTA 生产企业,接下的现货变成新增库存,导致企业流动资金严重不足。

由于流动资金严重不足,2007 年 7 月,华联三鑫宣布增资扩股,华西集团出资 6.8 亿元,成为第四大股东;华联控股放弃增持,股权稀释为 35%。2008 年 6 月,华联三鑫再度增资扩股,华西集团、展望集团、加佰利集团均增持,华联控股再次放弃增持,股权比例降至 26.436%,退居第二大股东,失去了对华联三鑫公司的控制权。在银行收贷持续催逼下,大股东华西集团、展望集团、加佰利集团对企业信心不足,决定不再增资,华联三鑫被迫启动破产清算程序。

根据华联控股 2007 年年报,至 2007 年年底,华联三鑫公司总资产 1098746.95 万元,净资产 107566.01 万元,2007 年实现营业收入 796397.18 万元,净利润为 -95969.44 万元,负债总额 99.12 亿元,资产负债率高达 90%。年报分析,由于国际原油价格持续高涨、PX 价格高位运行、下游聚酯行业需求不旺,以及国内 PTA 产能集中释放和 PTA 进口量剧增等因素,华联三鑫全年亏损近 9.6 亿元。

2.债务梳理

根据华联控股 2008 年半年报,2008 年 1 至 6 月,国际原油价格大涨,最高达 146 美元/桶,原料成本大幅增加,而纺织服装行业持续低迷、人民币持续升值、宏观调控紧缩政策、国内新增 PTA 产能集中释放、进口 PTA 低价倾销等因素,导致华联三鑫公司经营环境非常严峻,在 2007 年亏近 9.6 亿元的基础上,2008 年前三季度亏损高达 11.66 亿元。

2008 年 9 月,在金融危机直接冲击下,华联三鑫因资金链断裂停产,同时陷入担保圈困境。华联三鑫和江龙集团的第一层互保圈有华西集团、华联控股、展望控股、加佰利控股、远东集团、赐富集团、精工建设、南方控股等关联公司。债务圈由三类关联债务组成,即法人关联债务、投资关联债务和担保关联债务,详见图 6.2。

（1）法人关联债务（3家）

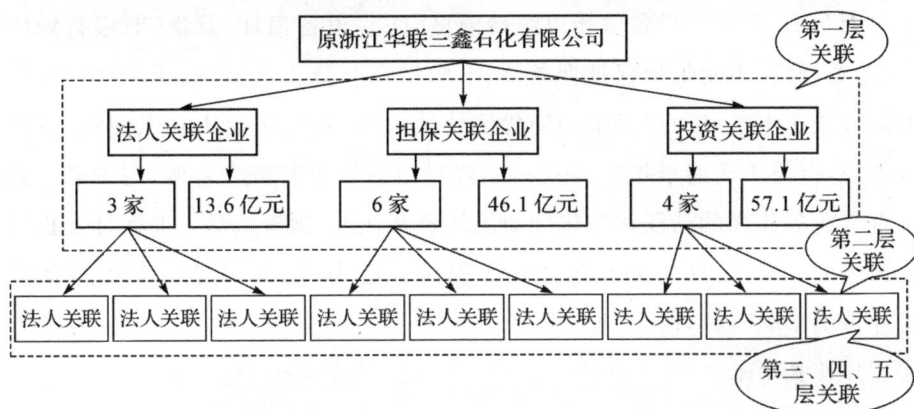

图6.2　浙江华联三鑫担保链

据国家质检局"组织机构代码共享平台"资料，华联控股、华联三鑫法人董某某在全国设立14家同一法人的关联企业，其中有3家企业在银行有贷款，合计13.6亿元。

（2）投资关联债务（4家）

2003年，华联三鑫由华联控股、加伯利集团、展望集团等3家合资组建。这4家投资关联企业的债务余额合计达57.1亿元，其中贷款余额21.21亿元。

（3）担保关联债务（6家）

为华联三鑫担保的企业有远东集团、赐富集团、精工建设、南方控股等关联公司6家，担保金额46.1亿元。这6家担保企业自身的信贷余额34.8亿元，负债很高。华联三鑫出现债务违约就会追加担保企业责任，使这些担保企业资金链面临严峻考验。

3.处置措施

华联三鑫危机发生后，绍兴县委县政府迅速组织相关部门16人成立应急处置工作小组进驻企业，摸清企业资产和债务，维护企业秩序，加强安全保卫，谋划重组方案。由于PTA是化工原料，一旦停产，生产设备在冷却后会发生腐蚀而报废。因此，华联三鑫停产后，价值60亿元的整套设备面临报废。

对此,绍兴县政府首先于工作组进驻第二天,为保住设备免遭腐蚀,决定每天花10万元让设备空转以维持温度,防止设备损坏;其次,对银行做出"不随意撤贷、不附加担保抵押条件、不增加企业贷款负担"的请求;再次,全力推进企业重组,宣布"不惜一切代价快速重组,重组中出现什么问题,有什么责任,市委市政府承担"。10月底,经过绍兴县政府努力协调,与华联三鑫一直有业务往来的浙江远东化纤集团注资9亿元、国资滨海工业区开发投资公司注资6亿元、16家银行组成银团提供融资10亿元,由浙江远东集团接管并重组华联三鑫,改名"远东石化"。

4. 处置结果

重组完成后,远东集团成为三鑫石化第一大股东,持股50.159%,滨海开发持股比例为33.439%,而华联控股从原来第二大股东变为第三大股东,持股比例从26.436%下降到16.402%,华西集团宣布转让股权退出,详见表6.1。

表6.1 从"华联三鑫"到"远东石化"的股权结构变化

华联三鑫(处置前,2008年8月)			远东石化(处置后,2008年11月)		
出资人	出资额/万元	持股比例/%	出资人	出资额/万元	持股比例/%
华西集团	87100	35.52	远东集团	198227	50.16
华联控股	64821	26.44	滨海开发集团	132151	33.44
展望集团	46639	19.02	华联控股	64821	16.40
加佰利集团	46639	19.02			
合计	245199	100	合计	395199	100

2008年11月,重组后的远东石化顺利恢复生产。2009年3月,三条生产线全面恢复生产。2009年5月实现扭亏为盈,11月底,"远东石化"现金流达6.4个亿,彻底扭转借贷危机带来的被动局面。绍兴政府主动、强势介入对扭转危局起到显著作用,尤其是为重组企业融资提供直接担保的决策成为本轮"重组救市"的核心内容。

6.3　民营企业联保联贷债务危机案例及处置

2012 年杭州民营企业借贷危机有三个导火索事件:一是中江控股董事长因无力偿还高利贷,资金链断裂,2012 年 6 月 14 日被杭州警方以涉嫌非法吸收公共存款罪刑拘,旗下数十家实体企业和相关资产、债权、债务被依法核查,涉及金额初步统计达几十亿元;二是天煜建设下属江苏分公司经理因涉嫌非法集资于 2011 年 12 月被法院立案,牵连天煜建设全部账户和房产陆续被法院冻结查封;三是 600 家杭州知名民营企业因银行催贷、抽贷,2012 年 7 月联名上书向浙江省政府紧急求助,恳请政府帮助它们渡过难关,其中家具行业担保圈所涉企业 100 多家,债务金额超 100 亿元,涉及 23 家银行,影响就业人口 5 万多人。

6.3.1　天煜建设联保债务危机

受天煜建设事件影响,2012 年 1 月,嘉逸集团被建设银行收贷,集团企业共被 8 家银行收贷 1.15 亿元,并产生 1.2 亿元逾期贷款。到 2012 年 4 月,天煜建设引发的信贷危机总共影响到关联企业近 100 家,关联债务超过 100 亿元,涉及中国银行、建设银行等 23 家金融机构。由于银行收贷,企业资金缺口愈来愈大,借贷危机波及越来越多的联保企业。

银行还贷的时间节点大多集中 7 月,面临各大银行对民营企业集中收贷抽贷,2012 年 6 月,600 家杭州知名民营企业紧急联名上书浙江省政府,请求政府帮助企业渡过难关。诉求集中在三点:一是希望浙江省、杭州市政府牵头成立维稳协调小组,对这次因银行收贷引发的民营企业资金链危机尽快进行集中处置;二是希望浙江省政府出面协调银行暂时停止收贷,并尽快将近期所收贷款暂时发放给相关企业,给企业重生机会;三是希望政府出面与银行方面协调,争取今后 3 年之内,不要削减相关企业的贷款额度。

6.3.2 杭州民营企业债务危机联保圈

天煜建设注册地在浙江东阳,2011 年 12 月,天煜建设下属江苏分公司经理因涉嫌非法集资被法院立案,牵连天煜建设全部账户和房产陆续被法院冻结查封。

1. 一级联保圈危机:嘉逸集团和华洲集团

华洲集团(华洲集团是嘉逸集团的下属公司,实际控制人同属姚荣华)为天煜建设总担保 9000 万元,天煜建设为华洲集团总担保 1 亿元。华洲集团和嘉逸集团的实际控制人同属姚荣华,嘉逸集团是杭州家具行业龙头企业,天煜建设被查导致嘉逸集团被银行列入重点"关注"名单,原本银行 6.5 亿元总额的授信也处于不确定状态。2012 年 1 月,嘉逸集团开始被建设银行收贷,随后,嘉逸集团共被 8 家银行收贷 1.15 亿元,企业顿时陷入资金困局。

2. 二级联保圈危机扩散

二级担保圈中包括与嘉逸集团有互保关系的 6 家企业、与华洲集团有互保关系 5 家企业。华洲集团为荣事集团总担保 3000 万元,荣事集团则为华洲集团总担保 9800 万元;华洲集团和高盛集团双方互保均为 4000 万元;华洲与中业控股互保贷款金额也为 4000 万元;华洲集团为浙江正见担保 5710 万元,浙江正见则为华洲集团总担保 1.5 亿元。受嘉逸被收贷影响,2012 年 3 月初,浙江荣事实业集团被北京银行收贷 3000 万元。

3. 三级联保圈危机扩散

二级联保圈中的荣事实业与虎牌集团、九龙控股、朗华家具、博洋家具、荣业家具、新世纪管道、东新木业等 10 家企业有互保关联。虎牌集团是浙江省明星企业,连续 5 年入选"中国民营企业 500 强"。2012 年 3 月,受荣事实业被北京银行收贷 3000 万元的影响,以及自身收购引发的债务问题,虎牌集团被华夏银行收贷 4000 万元,被中国银行收贷 4000 万元。二级联保圈中的中业控股与康辉铜业存在联保关系,康辉铜业因为中业控股担保被收贷而停产,致使康辉铜业总负债达数亿元。

4.四级联保圈危机扩散

九龙控股与博洋家具、康顺贸易等企业有联保关系,博洋家具与晶瑞家具、麦尚实业等企业有联保关系。4月,虎牌集团担保圈的企业陆续被银行收贷,正邦水电在45天内被4家银行收贷1.05亿元。

在忽松忽紧的货币政策影响下,银企关系互构成"企业融资难—银行不愿贷—企业贷款逾期—银行资产不良率上升"的恶性循环。2012年年初,浙江全省银行业资产不良率约为0.93%,到年底增加到1.45%。不断攀升的资产不良率激发了银行的风险控制意识和更坚定的强硬收贷行为,最终导致群体性债务危机发生。天煜建设引发的信贷危机总共影响到关联企业近100家,关联债务超过100亿元,涉及中国银行、建设银行等23家金融机构。其中,嘉逸集团的互保圈有6家大集团30多家企业,互保金额合计4.18亿元,涉及总资产55.17亿元。这种圈层式的联保危机不断延展,并不会因为远离联保圈层中心而消减。

6.3.3　处置联保联贷危机结果

2012年3月29日,萧山区政府先行召开有各方参与的协调会,定调企业面临的财务困难是暂时的,区政府决定启用在2008年金融危机中成立的总额为5亿元的区政府应急专项资金作为企业续贷时的"搭桥"资金,帮助企业解决续贷难题。5月31日,杭州市级层面召开杭州市家具行业信贷问题的政银协调会,市政府要求银行不随意起诉、查封实体企业及其资产,防止引发恐慌心理;对生产经营情况良好的企业,由相关区、县政府协调相关金融机构,理清企业财务困难的本质,分别设置债务链防火墙,不致优质企业因关联担保而影响到企业本身正常发展。6月14日,杭州市政府进一步提出,发生财务困难的问题家具企业债权银行要及时向中国人民银行杭州中心支行和省银监局汇报,不再出现"一家银行放贷,一家银行收贷"的现象,做到银行之间共进退。6月20日,浙江省政府召开视频会议,要求"尽快建立专案小组受理危机企业的报告,帮助企业渡过难关"。

2012年7月,杭州市家具协会向杭州市政府提交紧急报告《关于杭州市家具行业金融环境急剧恶化,紧急请求杭州市政府出面协调帮助企业经营脱困的情况汇报》《关于杭州市家具行业信贷危机的紧急报告》《关于加大、加快杭州市家具产业当前危机处置的报告》,提出对一级互保圈企业中的嘉逸集团、新洲集团进行资产重组,设立第一道防火墙,防止危机继续蔓延。显然,行业协会是从维持行业产业链、维持企业继续运营的角度提出的。同时,行业协会认为,家具行业的主营业务均为正常,资产负债水平也基本合理,只是受互保牵连才引发了银行信贷危机,所以请求各级政府出面协调,组织企业、银行共同协商解决办法。杭州家具行业的担保链危机,在政府的协调下基本平稳渡过。

6.4　地方政府处置民营企业债务危机评述

《中华人民共和国企业破产法》第七条第二款规定:"债务人不能清偿到期债务,债权人可以向人民法院提出对债务人进行重整或者破产清算的申请。"由于破产清算的司法程序耗时太长且债务债权双方的损失都很大,因此,处置因债务危机而陷入经营困境的企业资产,很少发生直接进入企业破产司法程序的事例,一般是由地方政府组织开展行政协调,避免或延缓进入破产程序。

6.4.1　债务危机中的企业、银行和政府

在金融危机背景下,由政府主导处置民营企业重组,在短期内对维持现有债权人和投资大众利益,促进经济运行稳定有一定作用。但从长期看,需建立民营企业资金风险监测机制和清算重组制度,增强政府主导处置危机企业清算重组的规范化和市场化。

1.民营企业债务危机的基本脉络

企业发生债务危机的主要原因有三:一是民营企业盲目扩大投资,投资盘子过大,占用资金过多,当流动资金被银行收贷后无法周转,造成财务状况恶化;二是宏观紧缩影响到企业制订的融资计划,特别是宏观紧缩后企业销售款回笼延期、应收款增加,企业对民间借贷资金需求更大,担保过多;三

是民营企业同时涉足高风险投资和高利率借贷,特别是参与投资证券市场和期货市场失利,造成巨额损失,同时又参与民间高利借贷,造成利润无法覆盖资金成本。而政府对骨干民营企业长期实施土地、税收、资金等资源的倾斜优惠政策,也助长了企业盲目投资;对这些骨干企业的对外投资、资金流向等监管缺位也助推了企业风险的发生。

产生民营企业债务危机的脉络有三:一是联保联贷圈形成、扩张及其破裂,表现为企业融资难—联保联贷—银根紧缩—向民间借贷—资金链断裂—危机产生;二是企业追逐高利、扩大投资和资金链断裂,表现为产业链低端过度竞争—民营企业利润微薄—寻求短缺热点领域投资—进入资金密集的房地产投资和民间借贷领域—过度投资产生资本泡沫—宏观紧缩导致资金链断裂—危机产生;三是民间资金脱实就虚、追逐短期资金投资导致资金泡沫化,表现为民间资金低小散资金投资—资金中介钱生钱资金买卖—参与房地产投资或钱生钱游戏—资本泡沫化—资金链断裂—危机产生。三条主线并不孤立运行,而是体制内外、地上地下相互交织,最终导致债务危机爆发。

2. 银行成为市场失灵和政府失灵的主要推手

在金融市场发达国家,信用制度发达,企业融资的主要途径是直接融资,抵质押贷款、担保贷款的比例很低,即便是贷款也大多是信用贷款。我国金融市场发展水平低,金融市场的信用水平低,信用制度也不发达,融资首先采用抵押、质押贷款等强保障贷款,其次是由第三方承担连带责任的担保贷款等弱保障贷款,很少有银行会执行无抵押、质押的无保障信用贷款。在强保障贷款条件下,由于企业有固定资产作抵押,贷款风险较小,因而贷款利率浮动幅度也较小。只有完全信用贷款,才能反映出银行把握和判断风险的能力,才能真正通过利率的浮动来确定风险的高低,利率市场化才成为可能。我国体制内银行的信用贷款主要流向国资大中型企业,民营企业在体制内银行获得信用贷款的概率很小。为了推进体制内银行向民营企业提供融资服务,银行创造性地推出互保联保制度,成为一种准信用贷款,在解决民营中小企业融资问题中起到了巨大的推动作用,同时也导致银行忽视对风险的把握和控制,把控制风险的责任转移到担保民营企业身上,放任民营企业联保联贷,尤其是大大超出民营企业资产和收益可覆盖风险范围的条件下,也向民营企业发放贷款,成为市场失灵的推手。

银行不仅是市场失灵的推手,更是政府失灵的推手。银行作为市场中极其重要的角色,没有发挥对冲市场风险的作用,反而成为加剧风险的推手。无论是经济上升时期,还是经济下行阶段,体制内银行首先遵循的不是市场原则,而是政府政策(首先是中央政府的货币政策,然后是地方政府的协调政策),银行成为政策的执行者,而不是企业的好帮手。在2008年金融危机背景下,2009年推出4万亿经济刺激政策后,浙江银行数量迅速增加。企业普遍反映:在4万亿元经济刺激政策推出后,企业就不再需要跑银行申请贷款了,反倒是银行积极主动跑到企业,推动企业多贷款,有些银行会向企业施加一定的压力,迫使不需要贷款的企业向银行贷款;更有甚者,银行会为不符合贷款条件的企业"创造"条件,为企业"包装"好量身定做的贷款方案。这种状况一直延续至2011年。一旦企业发生债务危机、出现资金风险,银行首先想到的是提前催收贷款,把企业推向资金链断裂甚至停产的境地。

3.政府主导企业债务危机处置模式

政府主导民营企业危机后资产处置行为,是指政府为了避免债务人直接进入破产清算程序,最大限度地保护债务人、债权人及其他利益体的利益,通过行政统筹协调手段,清理和处置民营企业的债权债务关系。

从采取的应急方案来看,政府都是从遏制债务风险随资金链扩散入手开展债务危机处置的。

(1)建立企业资金链危机处置工作领导小组

由市长任组长,分管工业的副市长和分管金融的副市长为副组长,抽调工业经济局、财政局、国土资源局、人民银行、银监办、审计局、监察局、相关银行领导为成员,组成危机处置工作领导小组,领导小组下设联合调查组、资产处置组、发展企划组,进驻发生债务风险的企业开展全面调查,梳理企业资产和债权债务处置思路,建立企业资金链危机应急处置机制,制定相关预案,及时解决企业资金链问题。

（2）建立企业债权银行协议处置机制

鉴于联保联贷企业涉贷银行较多，少的 5 家，多的 15 家，需要对债权银行进行统一协调。为防止银行抽贷导致企业关停，政府会及时组织市场前景好的债务危机企业与银行召开银企合作恳谈会，建立债权银行联合协议处置制度，并由主债权银行牵头，各债权银行签订协议，做到不抽贷、不诉讼、必要时增加注资，实现企业资金借贷平衡并逐步化解危机，与企业共进共退，帮助企业渡过难关。

（3）建立风险企业资金救助机制

大力整合区域内已有专业担保机构的担保资源，增强担保机构实力，帮助债务企业逐步化解连环担保死结，阻断企业债务危机通过担保链传递扩散到其他企业。同时，建立企业资金链风险救助基金，由市财政、工业部门牵头，政府财政提供一部分资金，同时企业在自愿的基础上，以会员身份按一定比例交纳企业债务救助基金，由政府指定机构集中管理，对发生财务危机的成员企业直接注资救助。

（4）建立债务风险实时监测机制

引发资金链风险的一个主要原因是银行与企业之间关于企业债务信息的不对称，银行不能掌握企业有多少笔金融机构贷款和民间借贷。鉴于此类情况，政府指定人民银行、银监部门牵头，严密监测经济运行和金融运行状况，加强对企业贷款资金流向的监管，确保企业贷款资金用于生产经营活动。同时，要求各金融机构落实专人专职，掌握贷款企业发展动态，建立贷款企业资金信息报告制度，并且银行间共享此类信息。

（5）建立企业发展引导机制

政府组织召开规模以上企业发展座谈会，加强对企业投资行为的引导，要求企业梳理好新形势下的发展新思路，做到科学决策，量力而行，不可盲目扩张投资；引导企业进一步提高人才、资本、市场等要素的运作效率，提升企业科学管理水平；减少企业联保联贷规模，增强企业防范和抵御有关风险的能力，实现企业可持续发展。

4.政府主导企业债务危机处置模式的意义

(1)维护国家金融机构权益

对实行抵押贷款产生的银行债权,由法院通过对抵押财产的司法诉讼,让银行优先受偿并得到全额赔偿;对联保产生的银行债权,由担保企业或重组企业承担,使银行债权不受损失,也有效防止了担保链断裂。政府对承担偿还责任的联保企业给予相应的政策扶持。

(2)保护当地生产力

对因债务危机而陷入清算重组的企业,由于企业的生产能力和产品的市场占有份额依然有价值,政府在资产处置上的态度是保持企业生产力,让有实力的企业对清算资产进行重组,使清算企业的资产尽快恢复生产能力,既可以减少对联保企业的不利影响,又可以减少对当地年度经济增长的影响。

(3)维护社会稳定

江龙集团发生倒闭事件时,政府首先出面筹措资金,解决拖欠3000多名职工的工资问题,由法院配合政府共同做好所有关联企业的资产清查工作,加强对相关财产的监管,防止诉讼期间资产流失,为确保清算重组方案的顺利实施打下了良好基础。

6.4.2　政府主导危机企业清算重组的目的

1.首要目标是保障社会稳定

债务危机中影响社会稳定的因素主要来自两方面:一是涉险企业拖欠职工工资,二是涉险企业存在大量民间借贷。这两类因素如果处置不当会引发群体性事件。地方政府在处置企业债务风险时,第一步都是组织资金垫付工人工资,然后是保障一般债权人的利益。例如,在处置江龙控股债权债务时,政府将银行债权之外的一般物权、民间借贷债权和供应商债权列为首要清偿对象,共有78家民间借贷债权和514家供应商债权得到优先清偿,总金额达2.7亿元。

2.关键环节是切断担保链

发生债务风险的企业大多是资本密集型企业,资产盘子大,对流动资金需求量大,所涉民营企业担保链也长,几乎所有大中型民营企业都处在担保网中。而且,担保性质也复杂多样,有内部人关联、投资关联和担保关联。一旦其中一家企业出现债务危机问题,银行会首先向关联企业追偿连带责任,随后风险沿着担保链逐层传递扩散。所以,政府介入债务危机处置的关键是切断担保链,防止风险扩散,保障企业生产力。

3.最终目的是保护生产力

企业是社会生产力的具体体现。浙江民营企业的组织特征是产业集群,在当地有完整产业链,在国内外细分市场中有一定的影响力。发生风险的资本密集型企业基本上是当地的骨干企业,虽然发生债务危机,但企业的质地优良。地方政府处置风险债务危机的最终目的是保护当地支柱产业免遭冲击,避免企业直接进入司法清算程序而停产,防止企业停产和设备报废,让企业恢复生产经营,保住企业和产品的市场地位。

6.4.3　政府主导处置债务危机的方式

政府在处置民营企业债务危机时,往往以行政主体和市场主体两重角色介入债务危机处置,既代表政府的意图和利益,也代表企业和银行的利益,尽可能体现三方的利益平衡,相关利益方达成各有让步、相互谅解、协商一致,形成最终债务危机解决方案。

处置方案主要有四类:一是全盘接收资产与债务。参与重组的企业全盘承接危机企业的全部资产和债务,重组后的新设企业继续履行偿还原债权人的债权,而不是指由重组方承继。二是资产与债务分置处理。把危机企业的资产与债务分开处置,资产由接盘企业承接,把部分或全部债务出售或分立,使资产与债务分离。三是注入资金补充资产。由外部企业向危机企业注入资金,改善危机企业资金流,补充资产可以由企业自己组织资金自救,也可以由外部企业注入资金来解困。四是债务转为资本。即债务人将债务转为资本,同时债权人将债权转为股权。

从债务危机企业的债务重组实践看,危机企业的债务处置方式很少采用单一方式,一般都需要采用两种及两种以上方式交叉运用,如债权转股权、变更债务条件、转让部分资产、债务剥离救活资产、注入资金激活资产等多种方式结合。

6.4.4　政府主导处置债务危机的效率

政府主导处置民营企业债务危机的措施具有成本高、风险后移、金融生态退化、过度依赖"免费午餐"等不足。

1. 处置债务危机的财务成本极高

地方政府处置民营企业债务危机时,普遍采用"三个一点"原则,即"政策扶持一点,银行让利一点,担保承担一点"。银行让利主要是存量贷款不收贷不抽贷、执行基准利率不上浮、追加一定额度的流动资金贷款等。政策扶持主要是政府注资、土地变性、税收优惠三大部分。一是处置初期直接由财政资金借给危机企业用于安置职工支付工资和增资占股帮助企业增加现金流;二是改变土地使用性质,对工业企业用地实施"退二进三"政策,由政府对危机企业的工业用地进行收储,通过规划调整把土地性质变更为商业、办公和居住用地,按规范程序在国有土地一级市场公开出让,土地出让产生的收益在上缴有关规费后,地方政府所得部分中列出大部分返还给企业,用于支持企业发展;三是税收奖励返还,地方政府明确一定期限内对恢复生产的危机企业所产生的税收地方所得部分以奖励名义返还到危机企业,用于支持企业发展。担保方按照协议约定承担一定额度的债务,由危机企业在未来偿还。在"三个一点"中,政府的扶持政策是实实在在地拿出真金白银承担处置危机企业的直接成本;[①]银行和承担债务的关联企业承担了未来不确定性债务风险的预期成本。

2. 资产重组掩盖了企业风险

处置风险企业债务时,银行普遍存在"以贷还贷"的清收现象。一是担保企业以贷还贷,即银行向担保企业追偿担保责任时,按照政府主导的危机企业债务处置协议,承诺担保企业履行担保责任后,由债权银行向担保企业

---

① 根据相关资料,绍兴县政府在处置江龙控股债务危机中,企业直接获益部分:银行减息让利4.6235亿元、地方政府税收优惠补贴2.1463亿元、土地改变使用性质收益1.0亿元;注入资金部分:地方政府所属国资资金注入6亿元、参与重组企业注入资金9亿元。两部分资金累计22.7698亿元。

发放相应额度的贷款,保证担保企业应有的流动资金规模。二是重组企业先还后贷,即资产重组后新设立的企业,按照危机企业债务处置协议,先履行危机企业的还款责任,然后银行再按照协议约定的额度,向新设立的企业发放新贷款。三是并购贷款还贷,①这项贷款有国务院和银监会的文件作为依据,在危机企业债务重组中容易执行。即新设企业获得并购贷款后,另外组织资金向银行归还原危机企业的债务,实质上,就是把并购贷款用于偿还原先企业的债务。事实上,危机企业风险处置后重新设立的新企业,就算已经恢复生产,也依然处于生产自救、债务协调过程中,根据《贷款风险分类指引》"完全依靠正常营业收入已无法足额偿还贷款本息的贷款,至少应纳入次级类贷款"的规定,新设企业依然是存在风险的企业。但商业银行在政府主导下,对危机企业执行"以贷还贷"措施,这种贷款掩盖了新设企业具有潜在风险和不良贷款的事实。② 事实上,重组后新设立的企业因继续承担过重债务而经营不善导致停产的事例时有发生。

3. 金融生态环境退化

金融生态是金融发展的外部环境。骨干民营企业无不涉及银行贷款和民间借贷,当民营企业因债务危机而陷入困境后,债务违约与恶意逃债成为普遍选择,银行担保圈和民间借贷圈也在同一时间轰然崩塌,社会信任和商业信用荡然无存。温州 2011 年秋爆发借贷危机③,2013—2015 年,温州银行金融系统核销坏账 1000 多亿元,其中包括中央政府命令各商业银行向温州提供救济资金时,被当地民营企业转化为恶意套现,大量资产被恶意转移;有 4 万多人被收录进官方征信系统黑名单。债务违约和恶意逃债不仅破坏

---

① 并购贷款是一项政策性贷款,源自 2008 年 12 月国务院常务会议通过的金融"国九条",根据国务院的决定,2008 年 12 月,中国银监会关于印发《商业银行并购贷款风险管理指引》的通知(银监发〔2008〕84 号),2015 年修订中国银监会关于印发《商业银行并购贷款风险管理指引》的通知(银监发〔2015〕5 号)。并购贷款是商业银行向并购方企业或并购方控股子公司发放的,用于支付并购股权对价款项的本外币贷款,是针对境内优势客户在改制、改组过程中,有偿兼并、收购国内其他企事业法人、已建成项目及进行资产、债务重组中产生的融资需求而发放的贷款。并购贷款是一种特殊的项目贷款,普通贷款在还款顺序上是最优的,但如果贷款用于并购股权,通常只能以股权分红来偿还债务。

② 2012 年 11 月,浙江省银监局负责人表示,浙江省企业贷款近 40% 为互保贷款。

③ 温州民间借贷一年之中有两个还款时间节点,一个是中秋节,一个是春节。

了正规体系金融的规则和潜规则的根基,也同时动摇了民间借贷基于"熟人社会"的行规俗约,信用关系毁于一旦。政府主导处置债务危机只能针对少数大型企业,不可能改变普遍恶化的金融生态,地方金融生态水平倒退到整个经济周期前的水平,一般是 10～15 年。

4. 道德风险增加

政府对危机企业实施扶持的目的是救助企业免于倒闭,维持地方的经济稳定和社会稳定。但就具体工作而言,地方政府这种"一企一策"的救济做法,与市场经济规律和政府职能是不相符的。特别是当地的骨干民营企业从地方政府财政资金中获得了大额"免费午餐",对其他没有发生危机的企业和没有获得救济的企业来说,是不公平的。而这种"免费午餐"还会导致一些民营企业依赖政府或钻政府救济的空子获得种种利益,或者推动企业盲目扩张,不利于现代企业制度运行和市场配置资源效率的提高。

5. 债权银行资产损失增加

目前,各家商业银行上级行对基层行新增不良贷款实行严格的指标控制,如不良贷款总额实现零增长或负增长,不良贷款反弹不仅会影响年度考核、职工工资奖金,而且对主要负责人、责任人实行问责和处罚制度,有的银行甚至实行"双降"(降级、降工资)制度。各债权银行在承受考核压力的情况下被动参与政府主导的破产重整。

政府处置债务危机企业的前提是避免司法诉讼,在进入司法诉讼之前介入债务处置,地方政府通过行政手段和政府掌握的经济资源,主导发生债务危机的民营企业的资产处置行动。政府的基本立场是统筹各方利益,地方政府要坚持具体问题具体分析,充分把握政府与企业、增长与稳定、权利与义务、企业与社会、企业利益与国家利益、眼前利益与长远利益之间的平衡,对利益相关方都不能采取强行措施。政府处置危机的着重点是抓大放小,对于规模小、产品落后、缺乏竞争力的企业,政府的态度是破产清算;对生产规模大、贷款额度高、职工人数多、社会影响广的大型民营企业,政府以救助生组为主。

第7章 金融资源错配与小微企业融资路径

　　小微企业融资难是市场和政府共同失灵的表现，当前，社会对金融改革的呼声日益高涨。政府应对办法往往局限于行政命令，习惯于出台文件，以行政命令给银行下指标为小微企业融资解困。① 而现行金融体制下，这种应对办法却陷于解决问题效果不著的困局。另外，民间资金在缓解民营企业融资难的同时，却身陷被指责为恶化融资环境主角或推手的责难（孙国茂，2012）。实际上，小微企业融资难的根本原因在于制度壁垒，以及由此产生的国资银行与小微企业间的融资错配关系。

7.1　大银行与小微企业融资错配

　　由于我国金融体制改革滞后，各类国有大型商业银行的融资政策长期服务于国家经济政策和宏观经济发展，建立了一套适应国家经济和国有企业发展的融资机制。这种融资机制与改革开放后大量发展起来的小微企业的融资需求天然无法衔接；而政府在解决小微企业融资困难时，每每以行政命令强制商业银行给小微企业贷款解困，导致银行与小微企业融资间存在三大"拉郎配"式误区。

---

　　① 中国银监会 2010 年 2 月宣布，小企业信贷投放要做到"两个不低于"：增速不低于全部贷款增速，增量不低于上年。中国银监会《关于进一步做好小微企业金融服务工作的指导意见》（银监发〔2013〕37 号）、《关于 2015 年小微企业金融服务工作的指导意见》（银监发〔2015〕8 号）提出"三个不低于"：贷款增速不低于各项贷款平均增速，贷款户数不低于上年同期户数，申贷获得率不低于上年同期水平。

7.1.1 银行公共职能与小微企业融资需求错配

国有大银行长期立足服务国家宏观发展战略,形成了与国有企业相适应的融资机制,其融资职能与小微企业融资需求形成天然的不对称。首先,在发展战略目标上,国有大银行引导产业融资的方向与众多小微企业的融资需求无法匹配;其次,在银行融资倾斜上,国有大银行重点支持国有企业或地方经济发展的支柱产业和重大项目,即使它们出现产能过剩,企业负债过高,资金在这些领域低效运转。^① 显然,银行的金融职能与小微企业的融资需求是不对称的,小微企业处于被挤出的地位。当小微企业陷入融资困局之时,政府同样以行政命令的方式要求银行支持小微企业融资,实际首先就将银行与小微企业融资置于"拉朗配"式的错配关系当中。

7.1.2 银行融资评价与小微企业草根特征错配

大银行的融资评价尺度和融资项目选择导向是保障国有资产安全,选择零风险偏好的融资项目。具体而言,银行监管部门会对银行资产"不良率"进行考核,而银行内部对此也有考核,对风险控制实行责任终身制,追求信贷资产无风险。银行所谓"零风险"控制就是对融资方的财务信息、抵押品及担保方进行零风险控制。而在财务信息、抵押品及担保方三个问题上,小微企业的现实状态与大银行的评价标准相去甚远。

首先,小微企业的家庭式经营管理方式,决定了其经营信息不透明、会计资料不健全、管理制度不规范,无法提供银行所需要的财务信息,造成小微企业与银行之间信息严重不对称,这种现象必然导致融资过程产生大量交易费用。无论企业规模大小,银行对单个贷款项目投入的业务成本相差不大,但贷款额度却相差很大,相比之下,银行对小微企业融资所投入的业务成本就要高很多。据调查,银行经营小微企业借贷的平均成本比大客户

---

① 许权胜(2015)认为,"我国银行只是政府权力的延伸",银行行长的任命权在政府手中,政府借助银行管理者对金融资源再分配,"这种政府权力控制的资本当然会流向权力需要的地方,弱势的小微企业不可能得到权力的垂青"。

高出 5～8 倍,①这种现状制约和影响了银行与小微企业建立"双向选择"的良性融资关系。

　　其次,小微企业缺乏抵押品。小微企业不仅规模小,而且大多是轻资产企业,生产经营对流动资金的依赖程度偏高,却又缺少必需的土地、厂房等可抵押的有效资产,很难找到能保值的抵押物,相关调查反映 80% 以上的小微企业抵押物不足,或没有抵押物。② 在难以通过直接抵押物控制小微企业信用风险的条件下,银行也针对这一问题,设计了小微企业贷款的第二还款来源,即担保人,企业相互担保使小微企业组团为银行承担风险。依赖担保人提供资产担保,又往往使个别企业的经营风险殃及其他关联担保企业,导致更大范围的互保链金融危机,把更多小微企业推入互保风险泥潭。鉴于监管部门对风险控制的高要求,银行在小微企业不能够提供必要抵押物的情况下,自然不会轻易向小微企业发放贷款。

　　再次,小微企业本身抗风险能力弱。相对于大企业,小微企业规模较小,自身收益规模小,积累不足,抗风险能力较弱,生命周期较短,破产概率更高。据调查,一般小企业创办 5 年内的死亡率高达 30%～50%,③风险大而难覆盖。因此,很多银行金融机构不敢向小微企业放贷。

　　小微企业的金融支持之所以成为目前中国金融改革的难题,是源于银行采用财务信息、融资抵押、风险覆盖等评价尺度,与小而多且有广泛融资需求的小微企业的地位、特征及需求极不相称,希望通过行政手段,以行政命令的方式让国有大型商业银行来完成这一难题,显然是一种"拉郎配"式的一厢情愿。

7.1.3　银行冗长手续与小微企业融资速效错配

　　如前所述,国内商业银行普遍不愿意向小微企业提供贷款,表面是小微

---

　　①　参见民生银行行长洪崎 2011 年 11 月在北京第八届中国企业竞争力年会上的演讲。
　　②　参见四川省农村信用社联合社内部资料《农村合作金融机构支持小型微型企业发展探析》(2015 年)。
　　③　参见国家工商总局企业注册局信息中心《突破"瓶颈期"与"危险期"迎接成长关键期:全国内资企业生存时间分析报告》(2013 年)。

企业没有抵押物、财务报表、完善的管理制度和业务不稳定等因素所致,实际上是国有大型商业银行把对大企业的融资模式套在小微企业头上。在这基础上,银行做一笔大额贷款与一笔小额贷款的成本相同,于常理自然不会选择给小微企业贷款。与此同时,小微企业申请贷款的主要用途是流动资金,贷款特征是需求急、周期短、额度小(张迪,徐海峰,2013),融资的目的是快速获得资金,尽快采购原材料投入生产,主要考虑的因素是贷款手续繁简、利息高低、融资速度快慢等,核心则是融资市场的反应速度;而银行首先考虑的是财务信息、抵押品、生命周期及其"零风险",导致贷款申请手续繁杂冗长,与需求是完全相左的错配;相反,国有大型商业银行如果要满足小微企业这种特殊融资需求,就其本身来说也是一种风险。因此,从双方各自的资金安全性、流动性和效益性等方面考虑,并依据不同的商业逻辑所进行的资金交易,国有大型商业银行难以用简便手续响应小微企业高风险、高效率的要求,小微企业也经不起冗长融资手续的折腾,只能转向民间高利借贷。大银行融资的冗长手续和小微企业资金快速效应构成的这种错配,便先天决定了商业银行与小微企业难以形成相互呼应的融资关系。

综合上述分析,小微企业融资之所以成为我国金融解困难题,源于传统金融体制改革严重滞后的国有大型商业银行与政策对小微企业"拉郎配"式融资思维,导致双方在金融职能与经济地位,财务信息、融资抵押、风险覆盖等评价尺度,融资效率等三方面构成融资错配关系。在目前中国银行业追求"零风险"目标管理小微企业融资的思维中,严格的贷款审查标准和冗长的审批程序大大制约了国有大型商业银行服务小微企业的积极性。国有大型商业银行在向小微企业提供融资服务时的职业行为,会进一步放大与小微企业融资"拉郎配"的负面效应,即不注重了解小微企业经营状况,不深入分析小微企业的订单量、现金流、资金链,当然也没有多大必要去辨识企业经营的效率、利润及其风险的真实性,只任小微企业在融资饥渴中自生自灭。这一融资错配行为,自然将各级政府为小微企业融资解困的行政命令消解于无形之中。

7.2　小微企业融资难的体制性症结

政府始终十分重视为小微企业融资解困,但受扭曲的金融管理体制影响和国有大银行与小微企业融资关系错配制约,为小微企业融资解困制定的政策成效并不显著。在这种背景下,民间借贷自然成为小微企业融资的主渠道,特别时期甚至是唯一渠道。然而,在融资环境恶化时,小微企业往往被拖入高利借贷泥潭,民间高利借贷也被指为破坏政府宏观调控和小微企业融资环境恶化的推手。这种认识主要来自管理部门和媒体,并长期成为对民间金融的主流共识。

7.2.1　过度管制破坏了小微企业融资的信用基础

利率是调节经济运行的主要政策工具之一。利率管制对小微企业融资带来的负面影响,一方面,利率管制导致银行更愿意采取附加条款和潜规则实施寻租,这不仅有悖公平原则和市场决定资源配置原则,也恶化了小微企业融资环境,破坏了小微企业信用基础。另一方面,利率管制为银行带来了暴利,却剥夺了小微企业的收益积累,企业的经营收益基本上用来支付银行利息,企业自身所剩无几,也就是企业普遍反映的"企业为银行打工"现象。利率管制不但导致银行获得暴利,还助推银行强化垄断地位,削弱了小微企业财富积累,不利于小微企业成长和信用积累。

对民间金融管制过严限制了民间融资的发展。央行原副行长吴晓灵曾表示,出于对私人合法财产产权的尊重,国家应给资金拥有者以运用资金的自由。国家应在规范民间借贷的条件下,让筹资人、投资人自主决策,解决小微企业贷款难的问题。吴晓灵认为中国金融发展的现状之所以与中国经济发展的强大势头不相匹配,根本原因是中国金融管制过严,以致限制了直接融资的发展,扭曲了社会融资的结构。

7.2.2　打击高利借贷破坏了民间信用环境

民间信用体系能否持续有序,关键是民间借贷与民营企业之间的借贷关系能否稳定持续。在宏观紧缩政策时,民营企业只能寻求民间借贷资金的支持,而这个市场是脱离政府监管的"地下"借贷市场,充满不确定性风险。在缺少法律保障的条件下,民间高利借贷不断遭遇打击,其结果是民间借贷双方都蒙受重大损失,民间信用环境被破坏。一个基本的事实是:民间高利借贷是企业财务危机的最后一位拯救者。在行政管制保护下的银行遭遇空前信任危机,却可以保证资金安然无恙;而高利借贷却因为拯救民间企业而一起破产,与民间信用共同成为宏观调控政策的"牺牲品"。表面上看,高利借贷是压垮企业的"最后那根稻草",事实上,行政审批制度下项目和资金"双失控"导致宏观经济失控才是造成资金供求乱象的直接推手,行政管制是造成小微企业融资困局的根本原因。

7.2.3　周期性紧缩打乱了民间借贷资金链的正常秩序

改革开放初期,在民营经济先发地区,民间高利率借贷与工业化、城市化如影随形,市场开放到哪里,高利借贷就延伸到哪里,高利借贷与民营企业相得益彰。根据中国金融学会利率研究会的相关调查:在(民间)借贷活动隐蔽且资金紧张的地方,利率呈上升趋势;在借贷活动比较公开且资金宽松的地方,利率则呈下降趋势。在当下银行常态融资环境中,小微企业借贷资金必须不断重复经历"还贷—续贷"的循环,循环过程的衔接点也是融资风险多发的时间节点:许多小微企业为了向银行延续贷款,往往向民间高利借贷寻求短期"搭桥"融资;而使用搭桥资金期间,如果从银行续贷不成功,甚至被银行抽回贷款,企业就要陷入高利借贷逾期的困境。这时如果遭遇政府实施宏观调控治理经济过热——事实上,经济高速发展期间出现的每一轮经济过热,都是建设项目开工过多,货币投放过快、数量过大导致的——措施,行政命令银行收紧银根、控制信贷、调高存款准备金率,银行突发应对措施即为只收贷不放贷甚至抽回贷款,小微企业在丝毫没有防备的情况下遭遇资金失血,资金链断裂,唯有寻求民间借贷资金"拆东墙补西墙"，短期应急的高利借贷资金转为长期借贷，陷入不堪高息重负的借贷危机；民间借贷也由利率失控从灰色演变成黑色，出现不被认可的"地下"秩序（暴力催讨等）和转化为"高利贷"的质变，企业无法履行契约，老板最终"跑路"，民间借贷信用体系崩溃。表面上看，20 世纪末以来发生的企业"倒闭"和老板"跑路"风潮，高利借贷成了压垮企业的"最后一根稻草"，但实质上却是行政审批制度下造成的一次次经济过热及随之而来的"一刀切"式的宏观紧缩政策，直接打乱了小微企业的融资计划和民间借贷的正常秩序，全面恶化民间借贷的信用环境，从而造成小微企业融资难的困局，并成为民间金融乱象的主要或直接推手。

7.2.4　行政管制导致民间借贷资金脱实就虚

管制政策可以控制资金流动，却控制不了市场对资金的需求。对民间资金而言，行政管制所导致的流动性紧张自然会推高民间借贷利率，高利率诱导越来越多的民间资金进入"钱生钱"的循环，小微民营企业以自有资金经营高利率借贷，导致民营经济脱实就虚。行业垄断和行政管制下的金融市场严重影响到金融市场的金融资源配置，由于行政管制，民间资本被集中挤到传统制造业、房地产业和一般服务业的狭窄空间，实体经济领域因为过度竞争，推动了民间资金进入高流动性领域，使民间资金在实体经济与虚拟经济之间产生金融资源错配；银行机构高存贷率扭曲了金融市场的资金流动和资金定价，高融资成本和高借贷利率削弱了实体经济的吸引力，导致实业空心化、资产泡沫化，造成民间资金借贷与经济运行相互背离的"脱实就虚"格局。

在经济发展与改革过程中，市场与政府本是互为纠偏的统一体，前提是市场与政府各自归位。金融市场应该开放金融管制，由市场来评价小微企业的融资形象及其市场价值，只有这样才能真正纠正融资难的困局。我们长期视民间高利借贷为导致小微企业融资环境恶化的真正推手，本质上是把民间高利借贷与小微企业对立起来，实践中则是在强化金融领域垄断利益的基础上，通过对高利借贷的全面打击加剧了小微企业融资难的困境。行政过度管制，不但不能改善小微企业融资环境，反而将小微企业逼进违约困境,成为恶化小微企业融资环境的主要推手——尽管这不是行政管制的本意。事实证明,高利借贷不是企业借贷危机的罪魁祸首,过度管制才是导致民营企业融资乱象的根源。放开行政管制,给民间借贷资金开门放行,畅通其融入实体经济的渠道,民间借贷利率将会更贴近实体经济。

7.3　建立适应小微企业的多元融资体系

如前所述,以往小微企业融资之所以深陷困局,一是因为进入将大型商业银行与小微企业"拉郎配"的融资借配误区,二是因为误将民间借贷视为小微企业融资环境恶化的真正推手而加以严管与打击。因此,改善小微企业融资环境的根本出路在于深化金融乃至经济体制改革,关键是"正确处理好政府与市场的关系",让"市场在资源配置中起决定性作用和更好发挥政府作用"。[①]金融改革的目的,就是厘清政府与市场的边界,市场的归市场,政府的归政府,比较理想的目标是实现利率在不同市场间有效传导,资金在不同市场间有效融通,民间资本合法进入小微企业融资服务市场,建立与小微企业"门当户对"的多元融资服务体系。

7.3.1　解除民间借贷市场的管制壁垒

解决小微企业融资问题需要发展民营金融机构,消除传统思维下的市场管制壁垒,开放民营资金为主体的小微企业融资市场。小微企业与民间资本具有天然内生关系,用民营资本解决小微企业融资的关键是消除政策障碍。[②]目前,尽管历经十多年的深化改革,政府已基本放开了长期的利率管控,民间资本进入银行业的政策也在逐步开放,但民间资本服务实体经济

[①]　详见《中共中央关于全面深化改革若干重大问题的决定》(2013 年 11 月 12 日中国共产党第十八届中央委员会第三次全体会议通过)。

[②]　2016 年 3 月 4 日,习近平在全国"两会"上指出:"市场准入限制仍然较多;政策执行中'玻璃门''弹簧门''旋转门'现象大量存在;一些政府部门为民营企业办事效率仍然不高;民营企业特别是中小企业、小微企业融资渠道狭窄,民营企业资金链紧张,等等。对目前遇到的困难,有的民营企业家形容为遇到了'三座大山':市场的冰山、融资的高山、转型的火山。"

仍然面临"玻璃门""弹簧门""旋转门"障碍,消除障碍的基本思路就是通过改革政策的落实,打开这些"玻璃门""弹簧门""旋转门",①通过政策调整,让民营资本进入金融市场取得合法地位和市场机会,建立以民营资本为主体、定位小微企业融资的小型商业银行体系,实行公平市场准入条件和差异市场定位政策,为中小微企业和个人信贷提供相适应的产品和服务。

1.降低民营资本进入金融市场的准入门槛

当前设立民营银行的门槛提高了。据内部传达,新细则原则上要求东部地区发起组建民营银行的主发起法人净资产不低于100亿元、实际控制人净资产不低于50亿元;民营银行注册资本最低为20亿元,②而政府控制的城市商业银行法人机构注册资本最低限额为1亿元,两者差距明显,增加了设立民营银行的难度。要降低设立民营银行的政策门槛,设立众多的能够匹配众多小微企业融资需求的专业化金融机构。

2.调整现行小额贷款公司"只贷不存"的政策

小额贷款公司不吸收存款不是铁律。要逐步调整"只贷不存"政策,在加强风险控制的前提下,放开民资贷款公司存款业务,应当允许民间贷款公司经营"小存小贷"业务,服务小微企业和个人信贷,成为准银行金融机构,③让民间借贷机构成为完整意义的市场主体,成为真正有活力的市场主体。

3.调整民资贷款公司的税负率和杠杆率

税负偏高、资金杠杆率低会影响小额贷款公司的持续发展。要充分考虑民资借贷业务属于金融业务的特点,把民资借贷业务纳入金融行业,执行

---

① 国务院常务会议决定对促进民间投资政策落实情况开展专项督查,李克强总理在会上直言:"说实话,一些民营企业面临的问题,不是'玻璃门''弹簧门''旋转门',而是'没门',不知道'门'在哪儿! 因此,必须进一步放宽准入,让民间资本投资'有门'!"

② 2015年7月,在银监会组织的民营银行业务培训会上,银监会传达了有关民营银行设立的"十二条细则",对民营银行发起人限制性条件还有:主发起企业最近3个会计年度连续盈利,年终分配后净资产达到总资产30%以上,权益性投资余额不超过企业净资产50%等。社会普遍认为这是歧视性市场准入"隐形门"。

③ 浙江网商银行注册资本金40亿元,批复的业务范围是:吸收公众存款,发放贷款,办理国内外结算,办理票据承兑与贴现,发行金融债券,代理发行、代理兑付、承销政府债券,买卖政府债券、金融债券,从事同业拆借,买卖、代理买卖外汇,提供担保,代理收付款项及代理保险业务等。参见中国银监会浙江监管局《关于浙江网商银行股份有限公司开业的批复(浙银监复〔2015〕285号)》。

金融行业的税收政策。[①] 政策要适度提高民资贷款公司的资金杠杆率,增进贷款机构的业务量并服务更多的小微企业,提高民资从事贷款经营的积极性。

4. 通过专门立法把民间借贷的属性从民事行为调整为商事行为

现行法律把民间借贷视为随机、零星的个体民事行为,依据《民法通则》和《合同法》对其进行调整。但当前的民间借贷已经成为规模化、专业化的普遍行为,且随着商业模式变化发生新变化,法律应该跟上社会发展的步伐,引导民间借贷走上专业化、规范化、市场化、现代化的发展道路。

正是由于现行的银行体制无法承担起满足民营小微企业对资金的需求,才要推进金融市场逐步开放,引导庞大的民间资金参与小微企业融资服务体系。

7.3.2　创新民间金融的多元融资模式

民营银行与小微企业具有天然的内生关系。国外发达金融体系中,有大量专业从事小微企业和个人业务的小型商业银行或社区银行。国内银行很多,但小微企业专业银行很少。从国内现有实践看,专业从事小微企业金融服务的民营银行和准金融机构能够有效缓解小微企业融资困境,在这方面取得成效的探索主要有两类典型:一是民生银行专门面向小微企业提供金融服务的"商贷通",目前已经从贷款收利息升级到综合金融服务,以模块化的评价标准来拓展小微企业融资业务,取得了很好的市场成效;二是浙江台州的小微企业金融服务创新改革,城市商业银行专业面向小微企业提供融资服务,以非主流信息开展信用融资服务,政府配套公共服务。从普惠性来看,台州的实践经验更具推广价值。

台州三家城市商业银行(台州银行、浙江民泰商业银行、浙江泰隆商业银行)在企业改制时一步到位,改制为民资主导的民营银行,形成民营银行

---

① 根据对小额贷款公司实地调研得知,民资贷款公司需要缴纳的税项包括营业税 5%、营业税附加 5.56%、企业所得税 25%、自然人股东分红个人所得税 20%,税负约占营业收入的 30%。而农村信用合作社需承担的税负只有 15% 左右。营改增以后,民资借贷公司因为可抵扣的项目不多,真实税负还会提高。

服务小微企业融资的"台州模式"。一是民营银行担当小微企业金融服务主力。三家银行坚持零售化经营和社区化服务,客户户均贷款余额都在 50 万元以下,发放小微企业贷款占全市小微企业贷款的 70％以上,客户数占 90％以上,成为全国地级市小微企业融资的典型。二是创新小微企业融资风险识别与控制技术实用可复制。三家城市商业银行有各具特色的服务模式,如泰隆商业银行的"三品三表"信息识别技术、台州银行的"三看三不看"风险识别技术、民泰银行的"九字诀"风险审贷技术。三是简便高效的业务流程服务迎合了小微企业融资"短、急、小、频"的特点。泰隆银行推出"三三制"流程承诺,老客户贷款三小时以内解决,新客户三天内给予明确答复;72％的业务审批由业务经理一线完成,90％以上的贷款在半天内办妥,贷款期限不超过 6 个月,对接了小微企业融资需求"短、急、小、频"的特点。四是灵活多样的担保方式。民营银行普遍不接受实物抵押质押,推行信用保证贷款。三家民营银行的信用、保证贷款占贷款总量的 90％以上,重点关注第一还款来源的稳定性和有效性。同时推行多人保证,分散每个担保人的风险数额,还实施辅助担保,一次性防范道德风险。①

台州民营银行的创新业务模式最主要的特征是贴近草根接地气,实现低成本获取信息和准确评估客户信用,充分对冲了银行与小微企业之间信息不对称关系。台州民营银行在实践中摸索出来的小微企业信贷调查技术和风险控制模式,实用性强,实效性好,有效解决了银企之间的信息不对称的问题,降低了贷款不良率。银行也通过这种针对性强的审贷技术,实现了对企业发展前景、竞争能力及赢利能力的有效筛选,有利于小企业贷款实现良好成长,台州地区银行业金融机构信贷资产质量也长期稳居全省前列。

台州民营银行的改革创新实践证明,只有发展充足的民营金融机构,才能解决大量小微企业的融资难题。只有尊重规律开放市场发展民营经济,

---

① 台州泰隆银行"三品三表"审贷模式:"三品"是企业主"人品信得过"、企业"产品卖得出"和企业及企业主"物品靠得住","三表"是小微企业的水表、电表和海关报表,能更直接地反映经营动态信息。银行长期采集企业"三品三表"信息产生了信用评定依据。台州银行"三看三不看"审贷模式:不看报表看原始,不看抵押看技能,不看公司治理看家庭治理,以此类信息评价小微企业融资风险。台州民泰银行审贷"九字诀":看人品、算实账、同商量。"看人品"是考察借款人的诚信史;"算实账"是查征信,看水电税"三费",看台账流量和资金结算;"同商量"是与客户共同设计个性化融资方案。

发挥市场配置资源的决定性作用，才能激发金融机构和小微企业的发展活力，形成民营银行和民营企业双赢发展局面。

7.3.3　推动互联网金融服务小微企业融资

互联网金融是传统金融服务借助网络技术、大数据分析等信息技术实现资金融通的金融服务模式，主要发挥了互联网服务信息透明、成本低廉、手续简便、时空错位等优势，拓展了第三方支付、网络借贷、众筹等金融服务新模式。其中，P2P 网络借贷的融资新模式在"小额、快速、短期、高频"方面天然适应了小微企业融资需求，是探索有效破解小微企业融资困境的重要新途径。

过去的几年是互联网金融野蛮生长的阶段。2015 年 7 月，国务院发布《关于促进互联网金融健康发展的指导意见》后，互联网金融步入监管时代，规范化发展推动了资金融通、支付、投资和信息中介服务的新型金融业务模式的成长，主要业态包括在线支付、网络借贷（P2P）、股权众筹、网络保险、网络信托、网络基金销售和网络消费金融等业务全面发展，特别是在解决中小企业融资难的问题方面展示出很大的发展潜力。目前，互联网支付、网络借贷（P2P）、股权众筹对解决小微企业融资影响巨大。2015 年，非银行支付机构累计发生互联网支付业务 821.45 亿笔，金额 49.48 万亿元；[①]至 2016 年 6 月底，P2P 网络借贷平台数量达到 2349 家，成交金额接近 8422.85 亿元人民币；[②]同时，电商小贷规模不断增加，互联网金融产品越来越丰富。2010 年 6 月以来，阿里巴巴集团先后成立阿里小贷、蚂蚁金服，为阿里巴巴 B2B 业务、淘宝、天猫三个平台的商家提供订单贷款和无担保、无抵押信用贷款；2015 年 6 月，经银监会批准，国内首批民营银行、首家网商银行正式开业，定位服务小微企业和农村普惠，营业一年来，网商银行累计为 170 多万家小微企业贷款金额 230 亿元，户均贷款额约 4 万元，户均贷款频次远高于其他银行同业，不良贷款率为 0.36%。为农村地区小微经营者提供的无抵押无担保信

---

① 数据来自中国支付清算协会《2015 年支付体系运行总体情况》。

② 数据来自网贷之家、盈灿咨询《2016 年中国 P2P 网贷行业半年报》（2016 年）。

贷服务,已经覆盖了全国 25 个省区市 234 个县市的 4852 个村庄。网商银行
(加上之前的阿里小贷、蚂蚁金服)累计服务 100 万农村地区小微用户,提供
信贷资金累计 1400 多亿元。① 目前,腾讯、京东、百度、苏宁等纷纷进入网络
小贷市场,开展小微企业网络融资服务。

与传统银行不同,P2P 网贷平台实现了投资人和借款人的资金对接,网
贷平台运营成本低,但所收取的"中介费"和利息依然居高不下。银行和互
联网金融因为各自的优点,两者在解决小微企业融资问题上,无法替代而各
自发挥自己的优势,相辅相成,既互为补充,又相互借鉴。发展中特别需要
注意的是,互联网金融是一种新生事物,国家应积极完善对互联网金融服务
的法规建设与监管,在加强小微企业信用体系建设的同时,加强法规监管、
风险控制,为小微企业提供积极的金融服务。

7.3.4 探索小微企业股权融资新模式

政策要探索小微企业开展股权融资道路。在改善债权融资基础上,努
力提高小微企业股权融资的比例,尤其是对科技型、成长型小微企业,开展
股权融资可以极大降低企业使用资金的成本。特别是民间资金与小微企业
之间的股权融资,是解决小微企业融资困境的重要途径。

1. 探索"股权+债权+担保"联动融资模式

构建"股权+债权+担保"等机构合作机制,以投引贷、以保促贷,形成
面向科技型、成长型小微企业提供资金的融资模式。三方联动融资的本质
把具有不同风险偏好和收益选择的金融机构,围绕风险与收益的最优配置
进行差异化联合投资,形成"创投跟着企业走、银行跟着创投走、信保跟着贷
款走"的模式,从而形成紧密联系的利益共同体。"股权+债权+担保"联动
机制是平衡风险与收益关系的融资模式创新,这种模式的本质是以企业资
产高成长和产业化带来的投资收益来补偿银行债务性融资所承担的风险,
以政府性信保基金平衡股权投资和债务融资产生的风险。

科技型、成长型小微企业具有大众创业特征,是国家未来经济增长的来

---

① 数据来自《北京商报》2016 年 6 月 29 日第 7 版《网商银行开业一年不良率 0.36%》。

源,所以,支持小微企业的信保基金应由政府主导应该突出控风险、低回报。2015年,由台州市组建了政府主导、银行参与、信息透明的小微企业信保基金与信用信息查询平台,[①]对增进小微企业融资起到了巨大作用。在此基础上,探索设立政府性的风险投资补偿基金,激励风险投资把更多的资金配置到科技型、成长型小微企业。"股权＋债权＋担保"模式可以促进金融要素有效对接科技要素,形成服务小微企业多元化、多渠道的科技金融体系。

2. 探索"股权众筹＋创业投资＋新三板"股权融资模式

小微企业创业初期,由"众筹资本＋技术项目"启动项目,然后申请进入政府背景的"种子基金＋孵化器"系统,实现初期融资。股权众筹把民间财富带入资本市场,然后支持小微科技项目进行创新。随着项目商业化的推进,创投机构加入第二时期融资,分"天使投资—风险投资—私募投资"三阶段,天使投资侧重投资有商业化潜力的技术成果进行早期培养,风险投资侧重以投资和管理推进初步成型的项目实现商业化目标,私募投资的目标是把成熟的商业化项目推进新三板。新一轮融资可以使上一轮资本实现升值或退出,小微企业通过出让股权的途径实现企业成长,民间投资分享了企业成长的收益,但股权融资的周期较长,股权的市场流动性也较弱。

实体经济是资金借贷的信用基础,货币是经济运行的第一推动力和持续推动力(史致金,1987)。金融借贷与小微企业是内生关系,以往的金融市场行政管制显然割裂了民间资金与小微企业的内生关系,国有银行占有金融资源过剩且效率不高,小微企业分享金融资源不足且机会无门,造成银行与小微企业之间结构分立、资源错配的"二元困局",其本质是国有部门与非国有部门分立形成的"新二元结构"(史晋川,2016)[②],根本原因是市场化改

---

① 2014年,台州市把金融、法院、公安、国税地税、社保、国土、环保、建设、房管、市场监督、质监、电力等12个部门78大类600多细项,共2000多万条反映企业动态的信用信息集中在信用信息共享平台,平台包括"基本信息系统""综合服务系统""评价与培育系统""风险预警与诊断系统"四个子系统,实现"投资""融资""法人代表与企业"三方面的关联,为融资机构提供免费查询服务。

② 史晋川教授认为,"新二元结构"是由于改革不彻底所形成的国有经济部门与非国有经济部门的分立。国有经济部门占据着政府实行严格市场准入及产业管制的部门,在很大程度上是封闭和具有垄断地位的部门;非国有经济所在的部门是不存在政府市场限制及产业管制的,基本上是开放的且有着充分竞争的部门。

革不彻底。社会金融化程度越高,不平等程度越低(希勒,2012),要解决小微企业在融资市场中的不平等地位问题,不能限于现有货币政策、信贷政策的调整,要从供给侧结构性改革入手,建立兼顾市场活力与均衡市场管理的法律制度,从开放利率管制向开放市场管制深化,开放金融市场、放宽民资准入、利率自由定价、扩大股权融资。拓宽小微企业多元化融资渠道,发展多种融资方式和多层次资本市场,关键是发挥民间融资在服务小微企业融资中的主体作用,推动小微企业与实体经济健康成长。

第8章　小微企业融资壁垒消解的内生经验

　　小微企业在民营企业中占绝对多数，[①]作为自主就业的主渠道、大众创业的主平台和科技创新的主力军，理应获得与其市场地位相称的金融和政策支持。国务院《进一步研究部署 支持小型和微型企业健康发展》中指出，支持小微企业健康发展，对于我国经济克服国际金融危机影响、保持平稳较快发展，具有重要的战略意义。"麦克米伦缺口"[②]现象是金融市场失灵与政府管制失灵共同所致，解决问题的关键是政府要从占有、配置、调控金融资源转向放宽市场管制、建立服务平台、维护市场公平。为小微企业提供适宜的融资环境是检验政府改革成效的试金石，近年来，各级政府制定的一系列破解小微企业融资困境的政策措施取得一定效果，但小微企业融资困难问题仍很突出，促进小微企业金融服务可持续发展十分迫切。

8.1　民间金融对民营企业家的发现机制

　　在民营经济成长过程中，作为生产要素的企业家及民间资本是民营经

---

　　① 2011年7月，工业和信息化部、国家统计局、发展和改革委员会、财政部共同研究制定了《中小企业划型标准规定》，根据企业从业人员、营业收入、资产总额等指标，并结合行业特点，对农林牧副渔、工业、建筑业、批发业等十六个大行业的中小企业进行了划型规定，定义了中型、小型和微型企业的标准。这是我国首次明确提出微型企业的政策性界定。

　　② 20世纪30年代，以麦克米伦爵士为首的英国金融产业委员会发布了《麦克米伦报告》，提出著名的"麦克米伦缺口（Macmillan Gap）"：在中小企业发展过程中存在着资金缺口，中小企业对债务和资本的需求数额高于金融体系愿意提供的数额，"资金的供给方不愿意以中小企业所要求的条件提供资金"。

济发展的稀缺资源。随着工业化和市场化的不断深化,企业家资源越来越成为区域发展的核心资源,只有拥有足够数量和创新能力的企业家,才能组织区域内的资本、信息、劳动力实现优化配置,提高要素资源在产业活动中的使用效率,推进社会财富总量的积累和增长。企业家需要一个有效率的金融市场对资金要素进行优化配置,以从中获得相应资源。正如熊彼特所言:"他首先要成为债务人,才能成为企业家。"尽管我国民间金融市场还不开放,民间融资市场却一直自发运行,社会资本①以"地下金融"的形式承担起为民营企业家自主创业提供资金的责任,民间金融市场成为企业家自主创业的市场,并在发现企业家资源、创新扩散和创业风险分散方面发挥了十分重要的作用。

8.1.1　对草根企业家资源的甄选

有效率的金融市场制度不仅在于优化配置资源、发现价格,还在于发现和筛选企业家,引导市场在资源和要素配置中起主导作用,促成稀缺资本与企业家资源实现最优配置,从而最大限度地提高资源要素的经济效率。我国现行的金融市场存在严重的信息不对称问题,现有的金融市场效率低,银行等正规金融机构过度依赖实物抵押、抵押担保和信用记录等传统融资模式,这种制度产生的导向是引导企业积累固定资产。

拥有既有财富是获得银行融资的前提,但对于企业家来说,在创业之初并不天然拥有既定规模的财富,因此,银行制度并不具备发现企业家的功能。就大多数处于成长中的小微企业来说,它们尚未获得市场地位,缺少技术竞争力,处于产业链和产品附加值的低端环节;即便是一部分具有高成长性的企业,也因为缺少市场优势而存在不确定性和不稳定性,这些企业的共性就是缺少满足银行抵押所需的固定资产,也没有建立规范的财务制度。

---

①　"社会资本"的概念表述为:"基于信任、制度、规则、传统惯例、习俗或投资于社会关系的人与人、人与组织、组织与组织之间的网络关系,可以为个人或组织的生存和发展提供动力或方便。"与产业资本一样,社会资本也具有生产性功能,它可以通过互助合作提高社会资本的效率,实现市场机制无法达到的目的。例如,在农村地区,农户的牲畜、农具会被乡邻借走,这个过程可以实现更大的效用。

银行以安全为第一经营原则,不会轻易向缺少存量资产的初创小微企业提供贷款,现有的权益资本也缺少对初创阶段的小微企业提供直接投资的依据。因此,现有金融制度专注于固定资产,忽视创业企业家的商业智慧和市场价值,不具备在市场体系中形成甄选企业家的功能,也不利于区域企业家队伍的成长和企业家存量资源的形成。

在初创阶段,企业在获得资本、劳动力、技术等资源要素方面处于非常被动的地位,因此,创业者个人的市场眼光、创业精神、决断能力和社会关系资源是决定企业生存发展的关键。但是创业者的这些个人特质并不能量化为财务报表,只能作为一种判断企业发展状态的软信息。因此,依赖抵押资产、财务报表等硬信息的正规金融机构无法对起步阶段的小微企业提供有效的金融支持。与之相对,民间金融的信用基础建立在区域性和关系性的人缘、地缘、血缘之上,进而形成具有民间自发特点的信用机制,是非常典型的社区性关联型融资。民间金融的首选融资对象往往是家族成员和最亲密的关系人(包括以血缘、姻缘、地缘、业缘、学缘、友缘关系为基础的长期固定关系人),这些人最大限度地掌握了创业者的个人商业天赋、投资能力,以及项目的商业收益、潜在风险等商业信息,能够从根本上甄选出有市场前景的企业和有个人成长性的企业家,进而为其提供资金。因此,与正规金融相比,民间金融能更有效地解决初创企业的信息不对称问题,促进区域企业家资源的形成。

8.1.2　对小微企业家技术创新的扩散

企业家的本质特征是创新,任何形式的创新(新产品、新产业、新市场、新组织等)都建立在新技术和市场信息的获取上。市场体系中的单个企业家更需要获得各种信息,才能做出正确而有效的决策,进而进入创新阶段。社区性有组织的创业者能够通过基本的商业途径和市场渠道,在产业集群中学习低门槛的生产和管理技术,规避市场风险,缩短进入市场的周期和企业家个人成长周期。

民营企业和民间金融,以及民营企业之间的融资关系加强了社区性企业家群体的信用基础,进而通过融资关系构成区域性商业共同体。维系商业共同体的纽带是共同体内部基于社区性人际关系、商业网络,这些商业共同体通过产品加工配套关系、资金融通关系、区域人际关系逐渐演变为具有商业性的企业网络和社区性的产业集群。在这样的商业共同体中,创业者的创新信息、市场信息、经营模式、民间融资情况都会在商业网络和人际网络中传播和扩散。[①] 其中,沿海地区发达的产业集群就是产业集聚与民间金融互动发展的典型案例。

8.1.3　对小微企业家创业风险的转移

区域性的创业者与民间金融是商业共同体,共同利益把两者连成风险共同体。小微企业资产规模小、商业项目小、融资规模小,一旦个别小微企业经营失败,也不至于给区域性的创新活动带来重大影响。而那些具有企业家天赋的创业者和有良好市场前景的项目,即便遇到市场的不确定性而遭遇风险,也可以通过融资关系转移创业的风险成本,从而降低整个区域性创业风险,增强区域的创业活力。企业家资源的形成客观上需要一个金融体系来分散创业风险,鼓励创业创新活动的开展。

如果让银行等金融机构为创业企业融资,还要承担融资失败的风险,就会对整个金融体系的安全构成巨大的威胁。在我国创投金融体系尚不健全的情况下,民间金融在企业家资源的形成过程中承担了分散创业风险的功能。在民间金融市场中,对自由市场条件下的不同创业主体的成长预期,不同的融资主体会做出相对应的判断,并根据已经形成的判断做出相应的融资、投资决策。这种投融资机制客观地把创业者独立承担的市场风险分解到民间金融市场。风险的分解也就意味着资本收益预期的提高,进而通过金融市场实现投资风险的优化配置,提高资本的效用水平,也激励了创新活动的深化。由于每个投资者对一个创业企业只投资很小的份额,即使这个企业失败,投资者也只承担有限的风险;如果投资成功,除了投资收益以外,投资者可与创业者保持长期合作关系,获得长期收益。民间金融通过企业

---

① 企业网络中的技术扩散还可能通过人员流动、反向模仿等方式进行,软信息披露仅仅是技术扩散的一种方式,但是民间金融对于非正式企业网络的形成发挥了十分重要的作用。

家甄选、企业家技术创新扩散和创业风险转移,极大地支持了区域经济的发展,其作用机制参见图 8.1。

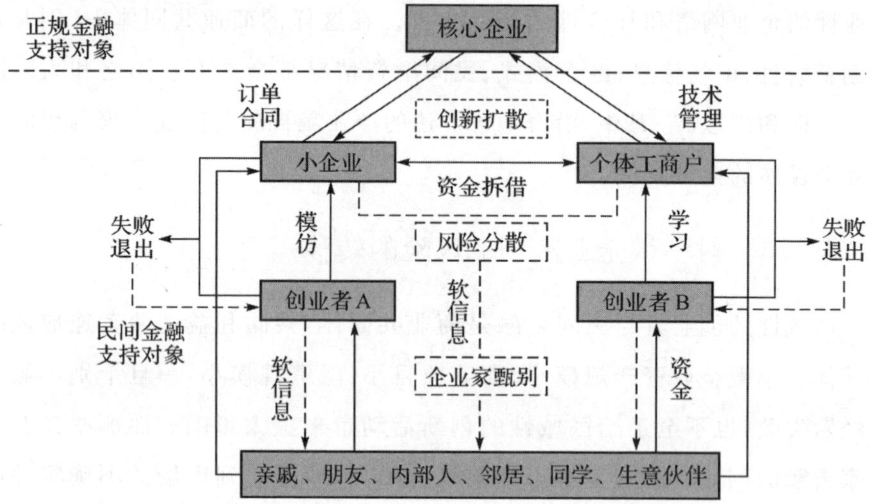

图 8.1　民间金融支持区域经济发展的作用机制

企业家资源的形成需要相应的有效率的投融资体系为其提供金融支持。需要指出的是,活跃的民间金融是企业家资源形成的制度安排和必要条件,同时,企业家资源与所处地域的商业文化有必然联系,所谓"一方水土养一方人",商业文化和创业传统活跃的地区,民间金融也活跃。从这个角度讲,民间金融也是带有浓厚地域文化特征的制度安排,一方面,对当地的商业文化形成依赖,只有在当地商业文化中才能发挥作用;另一方面,民间金融服务的地域范围也是有一定局限的,只对当地的小微企业有良好的适应性。

8.2　小微企业和草根金融的内生与互惠关系

小微企业是小型企业、微型企业、家庭作坊式企业、个体工商户的统称。① 草根金融是与小微企业为主体的民营经济兴起联系在一起的,它的产生、成长是改革开放后迅速兴起的民营经济为摆脱外部融资制约而出现的一种自我突破。

8.2.1　小微企业和草根金融的内生关系

从地缘关系看,草根金融具备地缘人缘优势,能够充分掌握和利用当地的社会、历史存量信息,全面了解小微企业的经营状态和信用历史,能够有效规避信息不对称条件下的高风险,和由此衍生出的高成本金融服务,为建立民营企业与民间金融之间的内生式协作关系创造了良好的历史条件和社会环境。

从供需关系看,草根金融规模小、运转灵活、自主性强,比较适合小微企业"期限短、额度小、周转快、应急强"等融资诉求,特别是草根金融着眼于破解小微企业融资中遇到的抵押物缺失、担保难等制约因素,不断创新小微企业金融产品,以增强小微企业融资能力。同时草根金融通过建立小微企业贷款审批绿色通道,简化审批程序,提高审批效率,最大限度地满足了小微企业的融资需要。

从体制关系看,草根金融和小微企业同为"小",产权比较明晰,经营机制灵活,体制上较为相似,都是以市场调节为主要导向,从而相互产生了一种制度上的天然亲和力。特别是草根金融高效、灵活的经营管理方式较好地迎合了小微企业的需求。

从产融关系看,草根金融和小微企业各自的特点互构成为双方协作关系的良好基础,使草根金融成为聚集民间资金、为小微企业提供服务的有效融资主体。特别是浙江台州以民营经济为主体的独特结构特征与发展中的草根金融有机结合在一起,制造业与相应的融资体系相互协作,成为实体经济与金融服务良好协作的典型案例。

---

① 目前,我国对中小微企业的划分标准依据是国家统计局 2017 年 12 月 28 日以国统字〔2017〕213 号印发的《统计上大中小微型企业划分办法》。

8.2.2　草根金融的理论指向

国外学者在研究中发现,小银行对中小企业贷款具有优势。班纳吉(Banerjee,1994)认为小银行在为中小企业提供金融服务方面拥有先天优势,他认为小银行一般是地方性、专业性的金融机构,与中小企业具有长期稳定的合作关系,天然便于了解中小企业的各种信息。这种关联式借贷通过所掌握的这些难以量化和传递的软信息,在一定程度上弥补了小微企业无法提供规范财务信息和抵质押品所产生的信用缺陷,有助于其获得金融机构信任。

草根金融是指经营范围和规模较小的一些金融组织,包括城市商业银行、村镇银行、小额贷款公司和农民资金互助组织等。世界银行认为,草根金融是指向穷人、低收入人群及小微企业提供的金融服务,其范畴涵盖以低收入群体为目标的各种类型的金融服务。草根金融业务需求特征集中表现为:简易、方便、快捷。因此,小微企业的融资服务应该特别注重简化办理流程,缩短审批时间,加快资金周转。

该理论给我们的启发是,小银行在为小微企业提供融资服务方面优势明显,小银行开展关系型融资被国内外学者认为是最适合小微企业的一种融资方式,所以要大力发展小银行等草根金融机构,充分发挥小银行作为促进小微企业信贷供给重要载体的作用,进而缓解小微企业融资难的困境。

8.3　小微企业融资中的市场失灵现象

据中国银监会资料,至 2016 年 3 月,全国金融机构小微企业贷款余额24.30 万亿元,[①]占各项贷款余额的 23.69%;小微企业贷款余额户数1246.22 万户,小微企业不良贷款余额 6642 亿元,不良贷款率 2.7%,比贷款

---

① 根据中国银监会的统计口径,小微企业贷款余额＝小型企业贷款余额＋微型企业贷款余额＋个体工商户贷款余额＋小微企业主贷款余额。

平均不良率高 0.65 百分点。小微企业融资在支付利息之外,还有其他费用,
2015 年 10 月,银行、小额贷款公司、P2P 平台这三类机构,除利息之外,统计
到的收费项目有 322 个,银行占到了 88%,同时,还有许多隐性成本。所以,
小微企业融资困境依然存在。

8.3.1　高成本的小微企业融资

改革开放以来,浙江台州从小微企业、专业市场和民间融资起步,发展
成为民营经济大市。据台州市统计局联合台州市人民政府第三次经济普查
领导小组办公室的普查资料,台州有小微企业 6.6 万户,占全部企业法人单
位的 96.6%;从业人员 116.24 万人,占全部企业法人单位从业人员的
52.3%;企业资产总计 7796.37 亿元,占全部企业法人单位资产总计的
49.5%;另有个体工商户 37.1 万户。

由于受管制模式和市场失灵等诸多因素影响,市场化改革以来,资金问
题一直是小微企业成长过程中面临的典型问题。由于影响资金供给的因素
不仅来自宏观环境,更有来自政府的行政命令,企业经营所需的资金供给存
在更多的不确定性。国家统计局浙江调查总队 2013 年对全省 9006 家小微
工业企业做了调查,有民间借款的小微企业 561 家,占 6.2%,其中,台州为
8.9%、温州为 7.3%、杭州为 6.0%、宁波为 5.4%、绍兴为 5.1%(陈丽丽,
2014)。可见台州小微企业在民间融资的比例高于其他地区,从中也可见台
州小微企业的融资情况,不同规模企业的融资构成分析详见表 8.1。

表 8.1　不同规模企业及其银行融资构成

融资主体	财务制度	抵质押物	担保形式	融资满足率
大型企业	相对规范	充分	抵质押为主,信用为辅	供过于求
中型企业	较不规范	一般	抵质押为主,担保为辅	稍有不足
小型企业	很不规范	严重不足	担保为主,信用为辅	严重不足
微型企业	几无报表	几无提供	信用为主,担保为辅	严重不足
个体工商户	业务流水	无	第三方个人担保	严重不足

　　小微企业资金需求缺口偏大。调查显示,借款规模在 50 万元以下的小微企业占样本数的 50% 以上,其中 10 万~50 万元规模的企业占样本数的37.2%(巴曙松,2013)。小微企业融资用途主要是补充短期周转资金,出于降低财务成本(详见表 8.2)考虑,贷款金额不大。调查还显示,企业利润下降、销售款回笼慢和要素成本上升是小微企业资金紧张的最主要因素。资金紧张导致小微企业收缩生产规模,企业产能不能充分发挥。

表 8.2　各金融机构对中小企业贷款业务收费用项目[①]

费用项目	收费机构	机构性质
贷款利息	银行	金融机构
融资咨询费	银行	金融机构
贷款保险费	保险公司	担保机构
贷款担保费	担保公司	担保机构
融资保证金	担保公司、银行	金融机构
资产评估费	资产评估机构	红顶中介
抵押资产审计、验证费	会计师事务所	红顶中介
抵押房产、土地评估费	土地评估机构	红顶中介
抵押房产、土地权证登记费	国土资源部门	行政机关
抵押房产、土地权证登记费	房管部门	行政机关
融资项目环评报告	环评机构	红顶中介
贷款企业信用评级	信用评级机构	红顶中介
企业动产(产品、设备)质检	质监检测机构	红顶中介

　　小微企业融资次数频率较高。与大企业相比,受生产规模、资金规模的影响,小微企业处于相对被动的地位,经营业务缺少计划性,业务订单受配套企业的影响,这就决定了单笔贷款的额度也较小,贷款次数较多。贷款次

---

　　① 中国农业银行股份有限公司 2014 年 7 月颁布了《中国农业银行服务收费价格目录》,在第四章《优惠和免费项目》之四"小微企业业务"中,"对小型、微型企业免收常年财务顾问、投融资财务顾问、信息咨询顾问、清洁发展机制财务顾问、结构化融资顾问、私募股权投融资顾问、固定资产管理顾问、中长期贷款利率管理、债务类融资顾问、企业上市顾问、并购重组顾问、企业经营管理顾问、银团贷款服务等业务手续费"。

数频繁而额度较小成了小微企业融资的一大特点。相比大企业,这种次数频繁、额度偏小的贷款业务需要银行付出更多的时间、人工、管理等交易成本,导致小微企业银行融资满足程度低、收费项目多、融资成本高。

8.3.2 源自管制的市场失灵

我国小微企业融资困境是市场失灵的表现之一。就理论经验而言,在信息完全透明和市场充分竞争的条件下,资源自由配置会促进帕累托最优。而在经济实践中,金融市场中融资方和贷款方之间信息不对称的常态,从而导致既定利率水平下的超额借款需求,其结果是出现信贷资源供给相对不足,从而形成"麦克米伦缺口",这种小微企业融资缺口实质上就是现行金融制度中的一种金融市场失灵现象。

管制下的信息扭曲是造成融资困境的主要原因。根据融资关系中的信息不对称理论,在中小企业与银行的融资关系中,从资金占用的风险评估体系出发,资金使用方与资金提供方在影响资金使用安全的经营信息方面的全面性是不均衡的,而这些信息对资金供求双方在贷款谈判、合同签订、贷款管理或资金使用过程中起着决定性作用,因此,信息不对称所导致的逆向选择和道德风险是中小企业融资困境形成的重要原因。我国小微企业融资困境是金融监管制度扭曲导致金融市场失灵的直接反映,大银行依赖正规财务报表和充分抵质押物的放贷制度,适应大中型企业融资需求,而难以适应小微企业的融资特点和发展需求。

小微企业融资困境的本质是政府管制金融市场条件下市场与政府共同失灵的结果。就小微企业融资而言,一个体制开放、利率自由的融资市场,其运行的效率远优于政府管制下"行政干预+财政补贴"的融资市场,小微企业迫切需要有效改善融资权利和利率自由化来助长市场活力,其中政府的责任既不可推卸又无法替代。国家层面要在小微企业融资的权利、信用、经营特征等方面做出制度安排,使小微企业融资实现市场化的可持续发展;地方政府要在担保体系、融资渠道、征信系统、专营机构等方面做出制度设计,优化小微企业融资环境,增强金融资源转化为生产力的变现能力。

8.4　小微企业金融服务改革的实践经验

台州民营经济发达,小微企业是台州经济最具特色、最有活力的组成部分,也是台州社会财富的主要创造者、社会就业的主要提供者和金融业发展兴旺的基础。但受国际金融危机、经济转型升级和要素成本上涨等多重因素影响,小微企业融资难、融资贵的问题也日趋凸显。近年来,台州积极探索小微企业金融服务创新,努力破解小微企业融资难、融资贵难题,取得了明显成效。

8.4.1　小微企业金融服务实践的"台州模式"

2014 年年底,台州全市银行业金融机构中小微企业贷款(包括个人经营性贷款)余额 2103.6 亿元,占全部贷款余额的 49.32%,比年初增长 15.62%,显著高于全省、全国平均水平,小微企业贷款增速同时也高于全部贷款平均增速,对小微企业贷款需求的满足率连续 6 年超过 90%,小微企业金融服务覆盖面超过 50%。在台州,不仅有台州银行、浙江泰隆商业银行、浙江民泰商业银行 3 家城市商业银行和 9 家农村合作银行专业从事服务小微企业工作,还有 10 多家大型股份制商业银行的分支机构在台州从事小微企业金融服务试点工作。台州银行的"三看三不看"和泰隆银行的"三品三表"作为全国小微企业金融服务经验被称为"台州模式"(孔令君,2015),得到李克强总理的批示肯定和中国人民银行总行、中国银监会及重要新闻媒体的充分肯定和推广。

案例 8-1　　　　　　　　　**台州银行小微金融服务**

1988 年 6 月,陈小军(台州银行现任董事长)以 10 万元注册资金开办银座金融服务社;2002 年 3 月,改制成立台州市商业银行,注册资本 3 亿元,政府股权仅为 10%(后来在增资扩股时降为 5%),政府参股不控股;2003 年提出"打造我们可以信赖的中小企业伙伴银行"的市场战略;2005 年提出"向下

走"的小客户战略,研究微贷技术,专注小贷业务。至 2014 年年底,台州银行
的小微企业贷款余额 360.42 亿元,占贷款总额的 71.03％,比年初增长
66.80 亿元,增幅达到 22.75％;贷款户数增至 68921 户,占全行贷款总户数
的 75.09％,比年初增加 11881 户,增幅达 20.83％。贷款额度在 500 万元以
下的客户数占比 99.34％;100 万元以下的客户数占比 92.24％;户均贷款额
仅 48.70 万元;92％的贷款属于保证贷款,而非抵质押贷款。这组数据很好
地说明了台州银行正在长期坚持特色鲜明的小微金融服务。

　　对保证类贷款的保证方式采取了适应小微企业的信用保证,成为破解
小微企业融资难题的关键。台州银行对保证贷款的还款保证更加强调小微
企业的信用资源,特别是借款人经营业务活动的风险分析,十分重视借款人
经营活动的质量和还款能力,从而降低对还款保证的抵押品依赖,舍弃了国
有商业银行贷款业务过于强调抵押保证的传统程序,解决了银行与小微企
业在贷款保证方面标的物的认识问题,从而找到了解决小微企业融资过程中
信用不足问题的突破口,成为小微企业金融服务"台州模式"的重要内涵。
　　用客户经理收集的"软信息"来克服信息不对称问题。对抵押品的放松
并不意味着对风险的漠视,强化信贷员的信贷分析技术就可以有效防范风
险。台州银行较早就推行了客户经理制,客户经理数量占到全行员工总数
的 30％,他们每天都在走访客户,一方面,调查客户的企业管理、产品销售、
现金往来及投资状况,另一方面,了解客户的日常生活、邻里口碑、社会信誉
等信息,建立以商业数据为基础、以银行—客户关系为导向的客户档案,并
根据客户档案对小微企业借款人的贷款申请做出合理判断,不需要对客户
进行零起点调查,有效对冲客户申请贷款在时间方面的低效率,也平衡了融
资抵押品不足产生的风险。
　　通过市场定价提高利率来覆盖信贷风险实现商业可持续。相对于传统
的大额信贷,小额贷款占用了客户经理更多的事务性时间,还要面临抵押物
不足带来的贷款违约风险,造成小额贷款单位成本高,还导致银行收益难以
覆盖风险。所以,小微企业信贷的商业可持续性必然建立在基于市场化基
础的利率定价机制,利用高利率来覆盖信贷高成本。世界银行的金融专家

王君认为,小企业抗成本风险能力较强,对银行高利率产生的财务成本承受力较高,因而对银行利率的高低不太敏感。小微企业内部结构简单,管理成本偏低,增加单位资本的供给能够获得比大企业更多的边际收益。值得关注的是,小微企业更加注重获得融资的速度、稳定性、快捷性,而不是融资的成本。台州银行"小本贷款"的利率设定主要借鉴当地农信社的贷款月均利率、民间借贷月均利率和微小企业的平均利润率,虽然高于大银行同期利率水平,但依然在众多小微企业也能够接受的范围之内。

8.4.2 "台州模式"的理论启示

1. 小微企业融资具有商业可持续性

台州小微企业金融服务的实践表明,小微企业贷款在商业化、可持续方面具有复制性,金融机构和小微企业之间可以构建互利关系。商业金融机构提供合理的产品和价格,在内部有效加强风险管控、成本管控,辅以激励和约束机制等手段,以商业化模式对小微企业提供有效融资服务,也能够形成质地优良的金融资产,成为金融机构重要的利润新增长点。

2. 小微金融服务最接近实体经济需要

金融既能直接接入实体经济,也能脱实就虚。台州的实践表明,小微金融服务是小微企业最直接的支撑体系。台州民营企业中小微企业占95%以上,小微企业在台州实体经济中是大多数。为此,台州以小微金融服务作为金融机构支持实体经济的主要抓手,打通实体经济获得金融支持的主渠道,引导金融资源直接注入实体经济,也就抓住了小微企业发展的关键环节。

3. 草根金融与民营经济互为内生关系

地方草根金融能充分利用地方商业资讯存量,低成本地掌握小微企业的商业信息。台州的经验是,"土生土长"的民间金融也能充分胜任为小微企业融资的角色。大力发展与小微企业发展相匹配的地方性银行,形成城市商业银行、农村合作银行、农村信用社、小额贷款公司和农村资金互助社等多形式多层次的地方金融体系,成为小微金融服务的中坚力量。

4. 创新服务是小微企业金融服务机构平衡银企风险的有效手段

在民营经济成长过程中,台州地方金融机构不断推进金融改革创新,小微企业金融服务在机构体系、内部制度、信贷技术、风险管理、信贷产品等方面实现了不同程度的创新和突破,满足了面广量大的小微企业多层次多元化的融资需求。从创新的效用来看,科学的个人征信技术必将替代"三看三不看""三品三表"等经验技术,推进小微金融服务进入新阶段。

罗伯特·希勒(2012)说,改善金融制度有助于改善经济发展的不平等现象,"社会金融化程度越高,不平等程度越低"。一个开放、平等、自由的金融市场是金融资源变现为社会生产力的前提条件,在解决小微企业融资问题方面,政府具有不可推卸的责任和无法替代的职责。国家要建立符合小微企业特点的融资机制,建立一系列保障小微企业的融资权利、信用的制度设计,使得小微企业得以在市场化的基础上可持续发展。地方政府要在担保体系、融资渠道、征信系统、专营机构等方面做出相应的制度规定,促进小微企业融资环境的优化,增强商业银行对小微企业贷款的积极性,解决小微企业的融资问题。

第9章 小微企业金融服务改革与创新

面对多发的金融危机,台州党委政府积极探索小微企业金融服务改革。小微企业金融服务市场的供给侧改革,就是要对小微金融主体减税减负,增加小微金融主体的自主权和业务空间,加强对小微金融风险的控制。金融监管部门要放松金融管制,推动直接融资、利率自主等金融改革,促进小微企业金融服务战略转型,开放民间借贷市场,加强小微企业金融资源的市场化配置。

9.1 小微企业金融服务改革取得的阶段性成果

目前,台州小微企业金融服务改革已经走过两个阶段。第一阶段是商业银行主导的市场性改革,以台州银行、民生银行为代表,探索了适合小微企业自身条件的金融服务模式,取得了较好的成效;第二阶段是政府主导的服务性改革,以浙江台州小微企业金融服务改革创新试点为代表,由政府主导建立金融服务信用信息共享平台和小微企业信用保证基金,取得了良好成效;目前正在进行第三阶段,即金融监管体制改革。①

---

① 在台州探索小微企业金融服务改革创新的 20 年历程中,由民营金融机构主导的小微企业融资市场化改革是台州金融改革的 1.0 版;由政府主导的小微企业信贷保证基金和信用信息查询平台等公共服务改革是台州金融改革的 2.0 版;2015 年 12 月国务院决定建设台州小微企业金融服务改革创新试验区,通过发展专营化金融机构和互联网金融服务新模式、支持小微企业在境内外直接融资、完善信用体系等举措,探索缓解小微企业融资难题的制度性改革将是台州金融改革的 3.0 版。

9.1.1　第一阶段:商业银行主导的市场改革

台州的地方法人金融机构从 20 世纪 90 年代开始探索特定的面向小微企业的融资服务,根据小微企业自身资产的结构和特点,在长期小微企业融资服务过程中,逐渐形成了"三看三不看"等信用评价的经验模型。2010 年,民生银行实行"小微企业"战略,实施"一圈(商圈)、一链(产业链)、一散户"市场策略,走分行转型发展之路。

根据民生银行年报,截至 2017 年年末,为 60.34 万户小微企业发放贷款余额为 3591.47 亿元,并为 592.42 万户小微企业提供了多种形式的金融服务,小微贷款总额达到 3732.62 亿元,同比增长 381.88 亿元。而在 2015 年年末,民生银行的小微客户数 449.82 万户,比 2014 年年末增加 158.63 万户,增幅 54.48%,年末小微贷款余额 3712.24 亿元,占全部贷款余额的 51.76%,贷款规模同比下降 7.80%。为小微企业应对复杂经济局面、实现转型升级提供了相应的金融支持,同时也在小微金融业务模式方面积累了一定的领先经验。[①]

民生银行创新性提出小微金融商业模式的原则和理论,即"小微金融六大原则":①"以小额分解风险",即坚持单户小额贷款,平均金额控制在 100 万~150 万元之间,以小额分散风险;②"贯彻大数定律",即坚持依据大数定律管理小微企业风险,在行业分析基础上,强化整体风险预测;③"以价格覆盖风险",即坚持运用风险量化技术,建立差异化的信贷产品定价机制,实现价格覆盖风险的资本回报;④"设置专业团队",即坚持实行专业化,培养新型的从业队伍,建立信贷工厂,进行集中和专业化的处理;⑤"实现规模化作业",即坚持批量化、规模化开发客户,通过规模经济降低运营成本;⑥"争取效率领先",即坚持效率优先,以适应小微企业"短""小""频""急"的诉求,支

---

① 民生银行小微金融经历了三次转型:第一次是 2009 年推出"商贷通",打破"抵押物崇拜"和"报表崇拜",小微信贷迅速覆盖市场;第二次是以结算、合作社、多元化渠道等综合服务完善小微金融体系,非信贷小微客户占比超过 80%;第三次是以全流程系统支持、客户数据化为核心,推动模块化、批量化、标准化新模式,打造小微金融 2.0 版。三次转变奠定了民生银行小微金融服务在中国银行业的领先地位。

持其快速成长(徐虔,2013)。在探索小微金融运行规律、总结提炼出六大核心原则的同时,民生银行还高度概括出"社会资本""渐进放大""多频度还款""非传统担保"等业务机制,基本形成一个支撑小微企业金融业务发展的理论框架和商业模式。

与民生银行改革的理论化和专业化相比,台州的民营商业银行是从草根金融起步的,在探索以品牌化、专业化为特征的小微企业融资实践中,基本路径是以细分市场为切入口,建立服务对象的特定信用信息评价体系,以制度建设来发现草根式小微企业的市场价值,提高融资服务的市场效率,开展集信用、融资、保证、风控于一体的小微企业金融服务改革,取得了金融机构与小微企业双赢的市场绩效,实现了小微企业融资服务的品牌化和专业化。一是品牌化,地方金融机构把业务开发重点定位在小微企业金融服务上,台州的地方商业银行根据各自的业务实践确定各自的业务定位,如台州银行定位为"中小企业伙伴银行",泰隆银行定位为"小企业成长伙伴",民泰银行定位为"小企业之家",工商银行台州分行也明确"大银行服务小企业"的目标;同时,开发了一批有品牌的金融产品,如台州银行的"小本贷款"、泰隆银行的"SG 泰隆易"、民泰银行的"商惠通"、台农信的"丰收小额贷款卡"等,得到了小微企业和监管部门的肯定。二是专业化,设立小微企业专营机构,如社区银行、科技支行等,工行台州分行"小微企业信贷评级授信模型"、台州银行"三看三不看"服务模式、泰隆银行"三品三表"贷款审查技术、民泰银行"看品行、算实账、同商量"客户管理"九字诀",形成各具特色的专业微贷技术。品牌化、专业化的服务体系及其核心竞争力,不仅在台州取得成功,异地移植推广也取得了相应的成功,使区域性的小微企业金融服务技术成为经验性、可复制、具有推广意义的商业服务模式。

9.1.2 第二阶段:政府主导的共性服务改革

政府与金融机构联合为小微企业融资提供第三方金融服务是台州小微金融服务改革的第二阶段。政府服务性改革的基本路径是由台州地方政府探索建立一系列增进借贷双方实现融资的公共服务体系。台州长期坚持开展小微企业金融服务改革创新的实践与探索,初期建立"两中心一平台"①的服务框架。2015 年 12 月,国务院常务会议决定建设台州市小微企业金融服务改革创新试验区,通过发展专营化金融机构和互联网金融服务新模式、支持小微企业在境内外直接融资、完善信用体系等举措,探索缓解小微企业融资难题。

建立金融服务信用信息共享平台和小微企业信贷产品信息查询服务中心,金融机构通过平台查询企业的各类信用信息,小微企业则可以查询信贷产品信息,在国内率先建立面向金融机构和小微企业提供信用信息查询的公共服务平台。平台以"四系统三关联"为主要构架,"四系统"包括基本信息系统、综合服务系统、评价与培育系统、风险预警与诊断系统等,"三关联"是指平台实现投资、融资、法人代表与企业三方面关联。平台信息涵盖工商、公安、法院、国税、地税等 12 个部门 78 大类 600 多细项。2015 年年底,平台汇集了 51 万多户工商企业与个体工商户共 3800 多万条信用信息。这种第三方信息更具客观性和公信力,有效解决了银行与企业之间的信用信息不对称难题,降低了银行部门的信息采集成本,被各行列入贷前调查、贷中审批和贷后管理的必经环节。

引导建立小微企业信用保证基金和基金运行中心。基金设立于 2014 年年底,初创资金由政府出资 4 亿元,7 家合作银行共捐资 1 亿元,基金初创规模 5 亿元,可为小微企业提供累计 50 亿元增信担保。2016 年 5 月,基金规模扩容至 15 亿元,参与基金捐资的合作银行达 14 家,政府出资 12 亿元(其中浙江省政府出资 5 亿元),银行捐资 3 亿元,政府出资与银行捐资比为4：1,实行基金与银行风险共担的管理模式,能有效防范道德风险和经营风险。至 2015 年年末,基金已经为 1049 家企业发放担保函,累计担保金额 16.17 亿元,担保费率下降到 0.75％,有效破解了小微企业"融资难,融资贵""担保难,担保累"等问题。

---

① "两中心一平台"是台州市在小微企业金融改革创新过程中,探索设立的面向小微企业提供金融服务的机构,"两中心"是指小微企业信用保证基金及基金运行中心(设在市政府金融办)、小微企业信贷产品信息查询服务中心(设在人民银行台州市中心支行),"一平台"是指小微企业金融服务信用信息共享平台(设在银监局)。2014 年,"两中心一平台"开始正常运行。

组建浙江小微金融研究院，推出"小微金融指数"，助推小微金融服务和改革。依托小微金融改革先行先试优势，成立小微金融研究院，由重点高校、地方政府和地方院校三方共建，并积极引导银行参与合作，研究制定"小微金融指数"。该指数由总指数和成长指数、服务指数、信用指数等组成，运用信用信息共享平台的大数据进行全样本分析，每季度定期发布。2015年11月份正式发布，2015年年底，总指数为95.02，同比上升1.8%，为各级金融机构提供决策参考。

到2017年，小微企业金融服务改革创新试验区形成了机制性成果，主要有："两平台一基金"，即小微企业信用信息共享平台、商标质押融资平台和小微企业信用保证基金，这部分是整个小微企业金融服务改革创新的核心架构；"两创新一机构"，即创新面向小微企业融资服务的互联网金融技术、创新小微企业金融服务产品和发展小微企业金融服务专营机构；"两互动一防控"，即政企互动推动企业对接多层次资本市场、政学互动发挥小微企业金融指数风向标作用和全流程防控小微企业资金链、担保链风险。

信用信息共享平台收录市场监管、国税、地税、法院、房管等15个部门81大类1100多细项信息，覆盖台州市辖区57万多户市场主体的7682万条信用信息。至2017年12月底，信用信息共享平台开设查询用户2068个，最高查询15万次/月，累计查询446万次。信用保证基金累计担保授信11589笔，担保授信金额153.85亿元，服务市场主体8043家，在保余额58.96亿元，在保户数5075家，户均担保116.18万元。合作银行达25家，服务区域覆盖台州全市域。

信用信息共享平台已成为台州各银行贷前调查、贷中审批和贷后管理的业务标配环节，极大地增强了银企之间的信用透明度，大大降低了银行在面向台州小微企业融资的潜在风险，推进了小微企业金融服务改革创新试验区建设。

9.1.3 小微企业金融服务改革创新的成效及影响

1. 小微企业金融服务改革创新成效

地方政府和金融机构大力推进小微金融改革的目的是帮助小微企业更

加便捷、更加容易、更加稳定地获得金融机构的贷款,同时金融机构也能够更高效率、更低风险、更多份额地占领优质客户资源。

(1)增进了金融机构对小微企业的支持规模

2015 年年末,全国银行业金融机构的小微企业贷款余额 23.46 万亿元,占各项贷款余额的 23.90%;小微企业贷款余额户数 1322.6 万户,户均贷款余额 177.38 万元。

台州实施小微企业金融服务改革以来,融资服务有了很大改善。2017 年年末,台州金融机构本外币存款余额 7618.41 亿元,其中住户存款余额 4062.66 亿元;金融机构本外币贷款余额 6412.48 亿元,当年新增贷款 586.45 亿元,贷存款比为 84.2%,不良贷款率为 0.97%。至 2018 年 9 月末,全市银行业各项存款余额 8476.50 亿元,各项贷款余额 7098.23 亿元,银行业不良贷款率 0.79%,银行资产质量良好。2016 年台州小微企业贷款余额 2635.12 亿元,至 2018 年 9 月末,台州小微企业贷款余额 2968.17 亿元,占全部贷款余额的 41.82%,高全国近 20 百分点,小微企业贷款户数达 35.41 万户,同比增加 5.69 万户;小微企业申贷获得率为 94.31%,同比提高 5.38 百分点,新增量和增速在全省处于领先地位,小微贷款覆盖面进一步提高;全市不良贷款率仅为 0.79%,信贷资产质量保持全省前三;小微金融服务专营机构 230 家,三家城商行户均贷款余额不到 35 万元。台州实施小微企业金融服务改革取得了阶段性成果。

(2)完善了小微企业信用信息和增信的配套体系

为破解银企信息不对称问题,台州由政府牵头为小微企业建立信用档案,搭建公共信息平台,整合跨行政部门的企业信息,集中查询和共享,扩大了面向小微企业的增信手段。地方政府还牵头组织银行、保险、担保等机构共同出资设立信用保证基金,着眼风险分担与补偿,打造"政银保""政银担"的合作模式,进一步增加了小微企业获得贷款的机会和能力。借鉴台州信保基金的构建、组建和运营模式,2018 年 3 月,国务院常务会议决定设立国家融资担保基金;7 月,国家融资担保基金在北京注册成立,由中央财政部联合 20 家金融机构共同组织发起设立,注册资本 661 亿元,财政部持股比例约为 45.39%;9 月,基金正式启动运营,按照"政府支持、市场运作、保本微利、管控风险"的原则,以市场化方式决策、经营,台州小微金融服务改革创新成为国家实践的样板。

2. 小微企业金融服务改革创新影响

小微企业金融服务改革创新重点围绕三个问题展开:一是围绕政府建立有效制度供给,从供给端的改革入手,政府利用政策性公共资源搭建公共服务平台,创造性地为"银行—企业"融资双方提供所需的公共服务。二是围绕小微企业金融服务模式,梳理融资服务链各个环节存在的制度缺陷,对接金融机构开展小微企业金融服务的激励机制、公共服务平台信用担保和信息评价,提出对小微企业金融服务改革创新的政策建议。三是围绕小微企业金融生态安全管控机制,针对小微融资风险建立全流程控制机制和大数据分析模式,提高风险控制的能力;建立和完善小微企业融资奖励机制和小微企业融资风险补偿机制,提高银行对小微企业信贷投放的积极性。

小微企业金融服务改革创新实践打通了改革创新与实际应用的制度通道,实现了改革应用对实体经济的基本服务,促进了资金资源的有效配置,也与金融监管的要求相匹配,有效提升了小微企业加快发展的保障能力。一是增强了实体经济发展的活力。金融服务改革方向始终为实体经济配套,服务小微企业,提高金融服务实体经济的效率,增强了小微企业内生动力。二是建立了服务实体经济的信用体系。台州小微企业金融服务改革始终围绕信用建设谋划改革方案,建立信保基金,打通阻碍金融供需双方资金融通的堵点,宏观上打造了良好信用的制度环境。三是激活了小微企业可质押权利资产。台州金融服务改革明晰了可质押权利资产范围,把企业的商标权、专利权、排污权、股权、海域使用权等专用权利纳入可质押资产之列,突破了小微企业抵押物不足的困境。四是精准服务小微企业。专门开发了面向小微企业的个性化信贷技术,信保基金设立了担保金额的上限,设立科技支行专业服务科技型小微企业。

金融市场效率直接决定企业效率,浙江台州小微企业金融服务改革创新试验区坚持创新机制的亮点有二:一是抓住"信用机制缺失"和"信息不对称"这两个制约融资服务的核心堵点,建立了"信用评价体系"和"信息共享平台",弥补了信用机制缺失和信息不对称缺陷。二是发挥"有形之手"的主动性和"无形之手"的积极性,补齐"政府失灵"和"市场失灵"两块短板,从供给侧结构性改革入手,建设"两平台一基金"融资服务体系,即"信用信息共享平台""商标质押融资平台"和"信用担保基金",政府履行公共职责,企业履行信用义务获得资源配置,互构良性政商关系和优质营商环境。三是把握资金"安全"与"效益"两个高风险痛点,建立"两互动一防控"机制,即"政企互动""政学互动"和"防控资金链担保链风险",实现"机制有效"和"企业有利"。四是试点成果既有"创造性先进性"又有"可持续可推广"价值,实现了"资源配置效率"和"金融生态环境"的显著改善,创造了小微企业实体经济发展的良好环境,试点的改革成效走在全国前列。

从金融服务方面加大扶持小微企业力度,已经成为政府、企业和社会的共识。第一阶段改革解决了金融市场主体双方之间信息不对称的问题,第二阶段改革解决了金融市场主体之间公共信息不对称、服务体系不完善的问题。就台州小微金融服务改革创新进入第三阶段的进程来看,目前小微金融服务改革创新较多集中在服务改革,在金融产品、金融技术、金融资源和金融管理等方面的创新还需要进一步深化。

9.2　深化小微企业金融改革需要深度破解的困局

目前,在现行金融监管体制下,小微企业金融服务依然存在一系列需要解决的问题,这些问题主要来自金融市场的市场开放和市场监管,如创新机制依然受体制僵化限制、无抵押信用贷款带来了小微企业之间的互保链风险、小微企业金融服务体系不健全、直接融资与间接融资不平衡等问题,这些问题都与金融体制僵化、监管不科学、创新不充分有关。因此,小微企业金融改革需要向更深层次的金融监管体制改革推进,即从第二阶段的小微金融服务改革向第三阶段的金融监管改革推进。

9.2.1　小微企业金融服务体系存在"三重三轻"现象

1.小微企业融资渠道存在"重间接融资、轻直接融资"现象

国内金融市场普遍存在直接融资与间接融资之间比例失衡的问题,也是深化金融改革的重点领域之一。就台州而言,2018 年台州有上市公司 53家,累计融资总额 940.77 亿元,报会公司 19 家,在辅导企业 20 家;新三板挂牌企业累计 60 家。2017 年度台州直接融资 245.93 亿元,其中 IPO 融资50.03 亿元,新三板定增融资 9.9 亿元,分别较上年增长 163%和 105%。与此同时,全市银行业各项贷款余额 6365.43 亿元,上市累计当年在证券市场直接融资相当于台州银行业贷款余额的 3.8%。而台州现有的小微金融机构所从事的金融服务全部是间接融资业务,从各种途径组织资金,为小微企业提供贷款。就小微企业来说,在目前的体制框架内,还没有办法进入直接融资市场。

2.小微企业融资服务存在"重融资实现、轻使用管理"现象

企业获得资金与使用资金之间的监管失衡,政策更多强调如何更好地向小微企业提供资金,而对资金放贷后续使用的管理非常薄弱,这也是导致资金风险的重要原因。根据调查,在台州产生资金链风险问题的企业中,因资金管理混乱挪作他用、盲目投资失败等因素导致资金链断裂的企业占50%,因"互保联保"导致资金链断裂的企业占 25%。小微企业融资在政策助推下,也会引发联保互保的资金链危机。在处置不良贷款、企业破产时,银行、债权人、监管部门查看企业财务报表时经常发现账上钱不知去哪儿了。据调查,企业在宣布破产前,普遍存在短期内大额融资、大额奢侈品购买、支付民间借贷款额及利息等现象,这实际上是逃废债行为。这种现象是一味加大融资力度,而疏于风险防范制度建设的后果。

3.小微企业金融服务改革存在"重行政干预、轻市场制度"问题

在推进融资时,普遍存在行政命令与制度完善失衡的现象。政府为帮助小微企业融资,往往通过行政力量组织银企对接会,促进银行向企业融资。融资的双方应当根据市场原则实现双赢,而不是以行政力量代替市场进行"拉郎配"。行政力量刻意要求商业银行减免费用、扩大信用的做法,偏

向保护小微企业。问题的关键是，无论是市场失灵，还是过度干预，政府重行政力量而轻制度设计的做法，不能从根本上促进小微企业融资。2015 年 8 月之前，监管部门规定，银行对小微企业贷款利率浮动上限不超过法定利率的 50%，民间融资利率上限不超过法定利率的 4 倍，中间存在 2.5 倍的利率空间。如果小微企业从商业银行贷不到 1.5 倍基准利率的贷款，就只有向民间借贷申请 4 倍利率的融资，这意味着在 1.5 倍～4 倍利率之间，没有任何金融机构去满足这个 2.5 倍利率空档的市场需求。因此，应该完善市场体系，允许更多的金融机构按照平等、公开的市场原则进入金融市场，为各层次、各类型的小微企业提供融资服务。在全面深化改革的背景下，要进一步提升面向小微企业的金融服务水平，很重要的一条是，既要充分厘清"市场"与"政府"的界限，又要发挥好政府和市场的积极作用。

9.2.2　小微金融机构面临"四缺"困境

当前，小微金融机构面临"四缺"困境：缺少资金来源、缺少通用服务标准、缺少多样化金融产品、缺少更大地域的客户来源，客观上制约了小法人银行的进一步发展。

1. 小微金融机构缺少资金来源，导致业务不可持续

对于小法人地方商业银行来说，在存贷款利率市场化的政策背景下，小法人银行组织资金的成本明显高于大型商业银行。以小额贷款公司为主的小微金融服务机构在获得资金来源方面存在先天劣势。一是组织资金成本高，现行政策限定小额贷款公司是类金融机构，资金"只贷不存"，不得向内部、外部集资或变相吸收公众存款，无法获得低成本的社会闲散资金，完全依靠自身资本进行放贷，导致资本补充机制不足。二是利率控制严，现行政策开放存款，贷款利率有限浮动，小额贷款公司仅能在较小的幅度范围内确定利率，导致小额贷款公司对贷款的利差、额度、客户对象的自主选择空间很小，推出新产品和新服务的机会也很小，这显然会增加小微金融机构服务小微企业的成本。

2. 小微金融服务缺少通用服务标准，相互间的可借鉴可复制性不高

小微金融机构的经营地域受到限制，也就缺少跨区域的服务实践，缺少可推广的服务标准。一是贷款定价机制不够科学,小微金融机构主要是按照担保方式、参照客户对银行的贡献度来确定小微企业基准利率的,未能真正体现收益覆盖风险和成本的市场原则。二是风险评估机制不够完善,风险预警和信息反馈机制运行受阻,小微金融在风险评估方面流于形式,贷款用途和押品监管不到位,"重贷轻管"使得贷后管理不能达到风险控制的目标。

3. 小微金融服务缺少多样化产品,导致同质化竞争

金融机构无论大小,普遍把服务目标集中在少数优质客户上,服务重点集中在获取利差和担保费用上,没有形成多样化金融产品和差异化定位。由于小法人商业银行的客户都是小业主,金融服务产品内容普遍单一,往往局限于借贷业务,这也限制了小法人商业银行发展现代金融市场日益丰富的多样化金融服务。这也导致商业银行的同质化竞争,主要表现为业务类型同质化,即小微金融机构主要经营借贷业务,在金融产品设计和定价等方面还没有开拓性的突破,没有形成针对性、创新性的金融产品和服务,未能很好地满足小微企业的个性化融资需求。

4. 小微金融机构缺少客户数量,无法扩大服务面

小微金融机构由于营业的地域范围受到政策限制,客户来源也相应受到限制,且主要客户以农村小业主为主。小额贷款公司不能吸收存款的政策限制,小额贷款公司的业务规模和客户数量也相应受到限制,导致其营业网点少、分布网点有限,限制了做大负债业务的能力。随着利率市场化改革的推进,存贷款利差空间越来越小,小微金融机构的获利空间越来越小,经营和服务成本会越来越高。在资本充足率、存款保证金率和存贷比率等指标考核体系下,小微金融机构和中小银行为中小微企业提供融资服务的能力因负债业务规模有限而难以充分施展。

9.2.3 政府监管和公共服务的缺陷

1. 对小额贷款公司市场身份的政策定位不准确

小额贷款公司经营借贷业务,而监管部门把小额贷款公司定性为工商企业而不是金融企业,小额贷款公司融资业务要承担大大高于金融企业的

工商企业税收负担,只能从银行办理利率较高的一般性工商贷款并提供有效抵押;同时小额贷款公司还被限制经营范围、限制杠杆率,导致小额贷款公司面临成本居高不下、业务诸多限制、资金效率低下的问题,小额贷款业务对民间资金的吸引力越来越小。

2.对小微金融机构的政策性风险补偿不具体

当前,针对小微金融机构的信贷风险补偿机制还不完善。一是已出台政策大多体现引导性,缺乏实际可操作性。现行政策允许在计算资本充足率时将小微企业贷款根据较低风险权重核算,而地方金融监管部门大多执行不力,小微金融机构的创新积极性不高。二是金融产品创新和风险补偿只在小范围试点,政策支持力度弱,这导致了小微金融机构只能把创新的设计放在理论层面讨论,却无法实施于实践。三是未建立系统性的风险补偿政策。目前,贷后风险补偿主要是针对较大的银行金融机构的,针对小微金融的比例很低,远不能平衡小微企业的信用风险。

3.互保联保制度设计存在责任不公平问题

目前的企业互保联保模式只保障银行的利益,却没有设计配套的防范风险蔓延和阻止风险扩散的有效措施,风险产生后无法切断风险蔓延,只能任由风险扩散,拖累正常运营的企业。互保联保实际上只是为了转嫁风险,银行把一家企业的贷款风险转嫁到另一家或多家企业身上,以降低银行自身的风险,不管是放贷环节还是收贷环节都过于依赖互保联保这一风险防控模式。这种把众多企业捆绑在一起共担风险的做法,实质上是让优质企业为劣质企业埋单,造成银行与企业之间极大的责任不公平。

9.3 深化小微企业金融改革的政策性建议

当前小微金融机构的服务改革和创新应朝三个方向深化:一是建设多层次、专业化的小微金融服务机构,在完善服务体系上求拓展;二是深化覆盖面广、针对性强的产品创新和服务创新,在更具成效的融资商业模式上求突破;三是制定更有差异性的监管政策,在防范风险、公平效率上求完善。[①]

9.3.1　建设多层次专业化的小微企业金融服务体系

在建设小微金融机构的同时,在现有规定大中型商业银行"三个不低于"(在有效提高贷款增量的基础上,实现小微企业贷款增速不低于各项贷款平均增速,小微企业贷款户数不低于上年同期户数,小微企业申贷获得率不低于上年同期水平)基础上,要求具有规模优势的商业银行建立小微金融专业机构,探索适应小微企业"短""频""急""小"融资特点的金融产品、风控模式和响应机制,为小微企业提供专业业务。这对国有或国有控股的商业银行来说是有效的,但是难以长久维持。

1.完善各类小微担保机构

一方面要健全市场运作、专业服务、费用低廉的小微企业融资性担保体系,同时要以县(区、市)为单位建立政府主导的担保、再担保公司,创设小微企业信贷风险补偿基金。大力发展政府支持的担保机构,引导营利性担保机构提高小微企业担保业务规模,合理确定担保费用。进一步加大对小微企业融资担保的财政支持力度,综合运用业务补助、增量业务奖励、资本投入、代偿补偿、创新奖励等方式,引导担保、金融机构和外贸综合服务企业等为小微企业提供融资服务。

2.推动由民间资本发起设立自担风险的金融机构

推动由民间资本发起设立自担风险的民营银行、金融租赁公司和消费金融公司等金融机构,使民间资本合法进入金融领域,同时实现民间金融阳光化和利率市场化。增设村镇银行、小额贷款公司等小型金融机构,增加小微企业融资服务主体,增强融资服务市场的竞争性。支持具有市场优势的小额贷款公司通过市场原则,以委托管理和资本并购的方式进行整合,扩大经营规模和范围,根据组建民营银行的相关政策,争取在浙江省开展小额贷款公司联合改制工作,组建小微商业银行试点。

[①] 2015 年 12 月 2 日,国务院决定建设浙江省台州市小微企业金融服务改革创新试验区,通过发展专营化金融机构和互联网金融服务新模式、支持小微企业在境内外直接融资、完善信用体系等举措,探索缓解小微企业融资难的困境。

3.建立适应小微企业创业的各类创投机构

探索小微企业直接融资模式,以政府参股的创投、风投机构支持科技型、创新型、成长型小微企业直接融资,启动上市小微企业再融资。以私募债推进直接融资,支持拥有新技术、新产品或创新经营模式的小微企业,激发创业者的创新和冒险精神。

4.建设台州普惠金融小镇

以"三中心三基地"为基本定位,开展小微企业金融服务改革试验区标准化试点,探索小微企业金融服务标准化模式,以标准化小微企业金融服务来强化标准实施与应用;经过标准化试点建设,基本建成小微企业金融服务标准体系,研制一批行业先行标准,形成 1 项行业标准、5 项市级及以上地方标准;创建金融机构标准化示范,强化标准实施与应用,形成与小微企业金融服务发展相适应的标准实施模式。通过标准化手段,促进小微企业金融服务"台州模式"健康发展,推进"台州模式"走出去。

9.3.2　创新更有成效的融资服务模式

从支持小微企业成长的角度,可以从以下方面创新更有成效的融资服务模式:一是向普通小微企业提供间接融资服务,二是向成长型小微企业提供直接融资服务,三是向创新型小微企业提供风险投资服务。政府对小微企业融资提供相应的风险补偿,以分散金融机构所承担的融资风险。具体来说包括以下几点。

1.进一步完善信用信息中心和信用担保基金平台建设

重点研究完善小微企业信用信息服务中心、小微企业信用保证基金运行中心、小微企业信贷产品信息查询平台。目前绝大部分小微金融机构没有接入征信系统,小微金融机构服务的对象依然被排除在正规金融体系之外,大量小微企业和"三农"等低端客户无征信记录,无法在已有的征信系统中查询到相关信息。

2.小微金融信贷资产证券化,增强资产流动性,扩大对小微企业的金融开放,面向小微企业发展直接融资

小微企业自身的特点决定了它不可能适应大型金融机构的间接融资要

求,因此,对于成长性好的小微企业,金融市场应为它们提供直接融资的金融服务,缓解它们面临的结构性资金需求。同时,也应当开放民间融资渠道向小微企业提供直接融资,开辟小微企业资金需求新渠道,引导和促进民间融资规范发展。

3.深化金融市场改革,创新小微金融产品

金融市场的重要功能是发现市场价值,小微企业的起点是家庭创业或个体创业,创新与其相适应的小额信贷产品,稳妥推进个人知识产权、农村住房财产权、土地承包经营权等抵押融资,为小微企业提供投资、担保、咨询等增值服务,并建立基于小微金融机构的质量、风险、运营评估体系,加强风险控制。

4.制定面向小微金融机构的风险补偿政策

政府面对的"大众创业,万众创新"是个公共发展问题,政府应该就此提供财政资助,设立专项小微企业信贷风险补偿资金,给予小法人金融机构特定优惠政策。同时,探索针对小微企业金融服务的激励约束制度。支持小法人金融机构发行债券;对优质小微金融机构,政策应允许其开展资产证券化、再融资等金融创新业务。

5.建立城乡一体的普惠金融体系

发展普惠金融的目的就是有效、全方位地为社会所有阶层和群体提供金融服务。建立小微金融咨询服务专业机构,完善区域性分支机构建设,为城市、乡村的高成长性人群,如小微企业主、工薪阶层、大学生和普通农户提供快捷方便的普惠金融服务。开展普惠金融服务就是要把金融服务普及广大普通群众,为他们提供借款解决方案和行业、创业、培训咨询,以及渠道拓展、融资等一系列增值服务,为城乡群众的成长提供助力。

9.3.3 制定具有针对性的差异化金融服务和监管政策

良好的政策环境对改善小微金融机构融资服务可起到有效的促进作用。要构建"政府有政策,银行有对策"的协同机制,在"监管部门—金融机构—小微企业"之间形成良性循环。

1. 明确小微金融机构专业服务小微企业的政策定位

引导小微金融机构重点面向小微企业开展融资服务,并对小微企业进行区别和细分,尤其是新兴产业领域出现的轻资产企业,如小微的互联网企业、智力服务型企业等,这类企业属固定资产偏少而智力和知识密集的科技型小微企业,以及一些企业人数少而贷款额度大的小微企业,对此,要有针对性的资产评估和融资政策,以满足这类轻资产企业的金融服务需求。

2. 平衡小微金融机构与银行之间的税收负担

对小微金融机构实施平等的税收政策,减轻小微金融机构超出行业平均水平的税负。一方面,小微金融机构服务小微企业的运营成本较高,如小微金融机构较高的软硬件成本、风险计量和不良核销等因素。另一方面,为小微企业提供融资服务的小额贷款公司被视为非金融企业,承担着远高于金融行业的工商税赋。建议政策减轻小微金融机构在税赋方面的不合理负担,加大对小微金融机构税收方面的扶持力度。

3. 放宽小微金融机构在存款准备金率和贷存比方面的管制

对商业金融机构贷款投放的存款准备金比例进行政策性约束,既增加了金融机构的商业成本,也限制了小微企业获得更多的融资机会,因此,要针对小微企业"轻资产、频交易"导致结算资金沉淀较少、贷款需求"短、小、频、急"的特点,对专业服务中小企业的小微金融机构和股份制银行放宽存款准备金率,方便其为小微企业提供更好的融资服务。

4. 防范小微企业借贷链担保链构成的资金风险

防范民间借贷金融风险,应立足于完善小微企业金融服务的组织体系,以普遍建立中小银行、中小金融的体系,使小微企业有充分渠道获得融资支持和金融服务,从而降低区域性的民间借贷风险。民间借贷风险的消减又能够促进更好地构建小微金融机构的金融生态,使小微企业与小微金融机构实现相互增进、良性互动的发展态势。

9.4　拓展小微企业金融服务改革的政策空间

在未来小微企业金融服务改革中,可以在以下领域做进一步深化和突破,如探索在小微企业信用评级、小微企业融资服务标准化、科技型小微金融、小微风险补偿、风险疏导机制、信贷资产证券化等服务和监管环节深化试点,为金融改革提供更多的样本和经验。

1. 建议政府主导建立针对不良信贷资产的融资风险疏导机制

一是建立和充实小微企业直接融资的风险补偿基金,以政府资金为主,银行提供一定规模的资金参与风险基金,支持符合条件的小微企业开展集合债务融资。二是推广小额贷款保证保险,由财政出资建立政府、银行、保险公司风险共担模式,设立小微企业应急互助基金,把具有良好市场前景、有转贷需求的小微企业纳入贷款自动延续准入名单,缓解企业资金周转压力。

2. 探索科技金融开展直接融资服务

试点科技型小微企业股权融资改革,政府认购为充实小微企业自有资本金而发行的股票或债券,有效支持科技型小微企业创新发展。探索建立与科技型小微企业成长发展相适应的多元金融组织和服务体系,探索科技资产金融化,引导和带动更多社会资本进入科技型小微企业。完善科技型小微企业贷款担保体系,提升其担保获得能力。建立科技型小微企业辅导体系,鼓励引导开展小微企业融资创新工作,打造小微企业创新发展试验区。

3. 建立政府与商业银行合作的小微企业贷款风险分担机制

政府从企业发展中得到收益,也应该部分承担企业融资风险,形成企业、银行和政府共同分担的风险疏导机制。由地方政府与银行共同出资设立风险担保基金,为银行在当地开展小微企业信贷业务提供担保,如果小微企业贷款的不良率超过某个临界值,地方政府要从风险分担基金中拿出相应资金,为银行分担部分贷款违约损失。同时要建立小微企业信用担保体系,大力发展担保机构,提升其信用等级。

4. 建立多个部门联动的资金链风险预警机制

建议对资金链存在断裂潜在风险的企业给予高度关注,并加强对企业生产经营情况、资金链、担保链的风险监测与排查。地方政府组织金融机构、行业协会、企业家协会建立应急专项资金,用于缓解企业转贷时的资金周转困难。由政府相关部门牵头开展风险评议,企业必须承诺接受银行资金监管、不逃废债、转贷资金必须用于主营业务,让问题企业先用专项资金归还银行到期贷款,然后银行兑现再放贷承诺。

5. 对小微企业融资要实行正向激励与风险防控"两手抓",切实解决"重资金获得、轻视资金管理"的问题

一方面,以国家银监会提出的"三个不低于"为标准,对小微企业金融服务实施正向激励,在市场准入、专项金融债发行、风险资产权重、存贷比考核及监管评级等方面实行差异化政策。另一方面,要抓风险防控,尤其要对获得贷款后的资金使用流向加强监测管理,防止借款企业违规挪用贷款。尽量压缩互保联保的担保链,实行透明担保监管,防范资金链风险。积极防范低效产业中企业风险传染,加强防范逃废债的风险处置手段,有效维护小微金融机构的合法债权。

6. 扩大小微金融机构业务的政策空间

一方面,扩大小微金融机构服务的覆盖面。加大小微企业专营机构建设力度,增设服务小微企业的社区支行、小微支行,向小微企业集中的地区增设网点、扩大业务,提高小微企业金融服务的批量化、规模化、标准化水平。另一方面,扩大小微企业金融服务的业务范围。在坚持服务小微企业既定目标的条件下,以政策配套为前提,积极推进金融创新。允许小微金融机构向小微企业提供投资、担保、咨询等增值服务,并建立相应的质量、风险等系列评估体系。对个别优质的小微金融机构,甚至可允许其开展资产证券化、再融资等金融创新业务。

7. 建立小微企业金融服务标准化体系

按照标准化、流程化的思路,建立服务小微企业融资的信用评价体系和业务流程标准,制定小微企业服务专业模板,使小微企业在评级、授信、审批等信贷业务办理方面更加快捷、便利。明确小微企业金融专属业务的组织架构、业务分类、业务流程、审批权限等内容,促进小微企业专属服务的专业化、标准化、高效化。

8. 加快发展民间融资机构

开放民间小微企业融资市场,在政策法规框架内推动尝试由民间资本

发起设立自担风险的民营银行、金融租赁公司和消费金融公司等金融机构。建立更多的村镇银行、贷款公司等小型金融机构,关键在于将民间资本引入合法的金融领域,而民间金融阳光化的关键在于利率市场化,改革小额贷款公司市场定位和监管模式。完善地方金融监管体系,把小额贷款公司纳入地方征信系统。允许风险控制能力强的小额贷款公司扩大杠杆比例,提高服务能力,扩大发展空间。

小微企业融资难的本质是市场机制中市场失灵与政府失灵共同影响的结果。对小微企业融资而言,一个开放、有效的融资市场,其效率远优于"行政干预＋财政补贴"的融资市场,金融机构要有效改善小微企业融资条件来增强小微企业的活力,地方政府要在担保体系、信用信息、风险补偿等方面提供制度安排和公共服务,增强金融资源转化为生产力的变现能力。台州的小法人商业银行以市场微观主体、借贷主导方的角色,创造了小微企业金融服务改革模式 1.0 版;台州地方政府作为借贷双方之外的第三方,创造以公共信用信息查询体制和信用担保基金体制为核心的改革,为小微企业金融服务改革 2.0 版。小微企业金融服务改革对增强小微企业创新投入能力、提高产品质量具有显著的促进作用,进而提高小微企业在产业链中的地位。小微企业金融服务改革是增强小微企业增强内生发展动力、打破价值链低端锁定的重要举措,其政策含义是:政府要进一步推进小微企业金融服务改革创新,创造优良的金融服务环境,提高小微企业内生创新发展能力。

第 10 章　结论与建议

市场与风险是一种客观存在,市场与风险是一体两面、相伴相生的关系,只要有市场,就一定有风险。监管的目的是管理和规范市场秩序、防范和消减市场风险,监管的目的不是消灭风险,事实上监管也消灭不了风险。金融市场是同一道理,不可能发展出没有风险的金融市场,更不可能设计出能消灭金融风险的监管制度。相对于实体资产,金融资产流动性强,运行中容易折损,比实体资产更容易发生风险和损失。对于风险,不能迷信市场,更不能迷恋权力。因此,让金融紧扣实体经济,能够降低金融运行风险。民营经济的融资问题本质上就是"二元金融"体系下金融资源与融资需求的配置错位问题,问题产生的根源是市场和政府共同失灵,解决问题的突破口是金融体制改革,要通过改革建立民间金融进入金融市场的平等关系,使民间金融能够全面服务实体经济,形成相互依赖、相互促进的内生关系。

10.1　研究结论

民间金融内生于民营经济,是民间自发、互利的市场行为,反映绝大多数基层经商者的意愿,具有广泛的社会基础。民间金融集中表现为民间融资和民间投资,是民营经济发展的金融支撑。相对于正规金融具有的信息充分程度高、交易成本低、信用方式多样等优势,民间金融能够有效改善社会基层对资金的需求,提高社会基层获得金融资源、改善社会地位的优势。发展民间金融对推进民营经济转型升级和创新发展具有积极而重大的意义。

1. 民间金融推进了民间工业化和市场化进程，促进民营企业成长

民间金融是满足民营企业融资需求的主要来源，是民营经济内生发展的组成部分。我国经济向市场化转轨是"摸着石头过河"，没有他国经验可以借鉴，没有成熟顶层设计可以依循，也没有现成经济成果可以借力，只有在自发和探索中找出路。民间金融的交易功能、营利导向、风险属性与民营企业发展构成内生发展关系，证明了民间金融对民营企业的适应性和优越性主要表现在三个方面：一是资金借贷充分反映供求关系，在市场化条件下，民间金融能够快速组织民营企业发展所需要的资金，并发展成为民营经济融资的主渠道；二是民间利率高低完全随民间资金供求关系变化，不受正规金融部门执行利率和行政主导基准利率的影响；三是高效便捷的资金交付手续，能够满足企业应对快速变化市场的需求，成为交易成本最低、配置效率最高的融资模式。这种适应性和优越性还延伸出一个基于民营企业信息和产权的民间信用体系。

2. 民间金融构建了服务一定区域内民营企业的初级金融市场

民间金融长期被拒绝进入体制内金融市场，导致民间金融停滞在具有地域局限的低级形态。民间金融资源配置的对象是当地的小微企业，这些小微企业在银行看来属于低端客户群，活跃的民间金融大多为这些小微企业提供金融支持。同时，民营企业家与所处地域的商业文化有必然联系，所谓"一方水土养一方人"，商业文化和创业传统活跃的地区，民间金融也活跃。从这个角度讲，民间金融也带有浓厚的地域文化特征。一方面，对当地的商业文化形成依赖，只有在当地商业文化中才能发挥作用；另一方面，也决定了民间金融服务的地域范围是有一定局限的，对当地的小微企业有良好的适应性，对异地商业文化的融入未见实效。而且，民间金融如直接借贷、票据兑换、私人钱庄、资金募集等组织形式都是低组织水平的金融组织形态，只能算是体制外的"地下金融"。

3. 民间金融对正规金融体系构成了强有力的竞争

在民间工业化和市场化初期，民间金融的快速扩张一方面适应了民营企业快速成长的需要，另一方面也构成了对正规金融体系的有力竞争，营造了多元产权的金融市场，但被主流观点批评为"扰乱金融秩序"，主要表现为

三个方面：一是挤压了正规金融的市场空间，在民间工业化迅猛发展的沿海地区的乡镇，正规金融机构几乎失去了所有的客户，导致农村信用社、正规银行陷于关门绝境；二是民间借贷的高利率吸收了大量的民间资金，挤压了农村正规金融机构的资金来源，导致正规金融机构无法组织资金完成储蓄任务；三是民间金融的机构化、组织化迅猛发展，具有一定组织性的地下钱庄、专业借贷、"银背"（贷款经纪人）、聚会集资、典当行等对正规金融组织造成影响。民间金融是民营经济的组成部分，也是市场经济中经济主体按照自己的需求和自己的方式自发建立的内生平衡关系。但是政策把民营企业与民间金融割裂开来，分置于体制内和体制外，造成"二元金融"的市场结构。

4. 高利借贷成为民间金融市场特有的市场分工

高利借贷与民营企业与生俱来，但不是普遍适用的融资模式。高利借贷是资金借贷中的细分市场，是针对期限短、需求急、风险高的资金需求形成的特定融资，补充和完善了市场体系，具有特定的市场功能和商业价值。高利借贷在企业资金危急时候提供资金支持，支持了企业经营延续和企业生命持续，转移了企业的风险，这些积极影响应该得到充分肯定。同时，正确发挥高利借贷的积极作用，恪守超短期、应急需的使用原则，是检验企业家把握经营风险能力的重要标志。对高利借贷的双方来说，企业方要准备承担高利率融资的项目或业务，也要准备承担高额利息重压下破产清算的结局；资金借出方也要准备承担企业无力还本付息所导致的借贷资金血本无归的后果，以及可能导致企业资金链、担保链断裂并引发金融市场系统性风险。在平等和自愿的条件下，只要资金来源合法，按照市场定价，即使利率比正规金融机构高，也不等于不合理。要明确高利率借贷与金融违法犯罪之间的界线，明确适当的民间高利率借贷与暴力催债之间的性质差别，防止高利率借贷被妖魔化。对高利率借贷在转移风险方面所发挥的正面作用没有关注，而对高利率借贷一边倒地批评，既不客观，也不科学。

5. 民间金融不可替代的市场地位构成其合法化的依据

民间金融合法化的基本依据有三：一是民间金融是自发、互利的市场行为，代表广大经商者的意愿，具有积极正面效应，民间金融服务巨大的市场需求,应该具有广阔的发展前景,对企业成长、经济发展、改善要素配置效率、提高生产力等无害且有益,具有正面效应的市场行为完全应该获得合法的法律地位和市场地位。二是好的市场经济制度应该吸纳具有广泛社会基础的自发、互利的市场行为,接受来自民间改革的冲击。而将民间金融排除在外,只有正规金融机构参与的金融市场,被证明效率低下且阻碍民营经济发展,只有民间金融参与修正金融市场,才能改善金融市场的效率,促进民营经济发展。三是民间金融市场以"地下金融"身份无法得到良好的发展,只能停留在自发、草根等低发展水平上。事实上,把民间金融业的发展水平与民营企业的发展水平进行对比,就可以看出,民营企业的水平已经很好地融入国际市场,而民间金融却依然停留在自发、草根、无序的"地下金融"状态,因此,只有合法化才能提高民间金融的发展水平,才有利于民营经济全面、高水平发展。

6. 对民营经济来说,依靠市场开放和竞争形成的民间金融市场远比依靠行政命令和财政补贴建立的正规金融制度有效

在金融管制基础上建立的正规银行制度无法建立促进民营经济发展的金融市场,国有资本主导的股份制商业银行是以市场主体的身份开展金融活动的,但在制度上、运行上存在根本缺陷:一是行政干预下的银行体制缺少市场行为,银行以市场主体身份参与金融市场,但严格执行政府的行政管制政策,特别是信贷规模管制政策和资金价格管制政策,体制内企业长期享受优惠政策产生挤出效应,造成体制外企业融资难;二是财政补贴下的金融市场缺少活力,政府对符合信贷政策的银行提供相应的财政补贴,引导银行依赖财政补贴,这不能提高和增强银行的活力;三是利率管制被转化为银行的政策资源,执行政策利率导致国内资金市场无法形成合理的定价机制,整个金融市场的利率被扭曲。一个体制开放、利率自由的融资市场,其运行的效率远优于政府管制下"行政干预+财政补贴"的融资市场,民营企业迫切需要通过有效改善融资权利和利率自由化来激发市场活力。

7. P2P 网络融资平台本质上是互联网条件下的民间借贷

P2P 网络融资平台本质上是通过网络平台实现民间借贷的资金交易,资金交易的对象和实现交易的可能性大大提高,对促进小微企业民间借贷

有很大的增进作用。P2P 最大的作用是实现了民间借贷合法化,并借助互联网技术开展更多有利于民间借贷发展的金融创新,并把互联网金融发展成具有投行特征的金融业务,具有广阔的发展前景。在互联网条件下,民间借贷的空间范围和交易对象无限扩大了,注重社区关系、熟人信息的传统民间借贷被互联网改造成由供求信息决定的资金借贷,传统民间借贷依赖的社区信息、交易对象的信用信息对资金交易的制约被显著弱化。然而,在互联网融资平台上,借与贷的主体依然是民间小微企业,交易主体和高利率都没有改变;而网络平台却没有提供交易对象全面的信用信息,也不能确定信息的真实性。在这种条件下,保障互联网融资安全的监管制度、交易规范和风控体系依赖缺位,这也是近年来互联网融资平台"野蛮生长"且频发事故的原因,也意味着严格的监管制度和新一代互联网金融即将相伴而至。

　　8. 民间金融促进了经济秩序和社会关系的改善

　　民营企业在经济发展中获得金融资源的同时,也维护了民间的金融秩序和信用环境,提高了社会对金融资源的占有和利用。经济发展中的机会平等是政府管理的公共目标之一,防止普遍出现获得金融资源的人比缺少金融资源的人更加富裕,形成经济不平等的社会现象。当然,要完全预防过度占用金融资源所导致的经济内生性投机泡沫和过度负债,对政府而言都是力不从心的事情。因此,政府要让多数民众能够获得金融资源,以普惠金融来对冲金融市场过度投机所产生的金融资源占用不平等及由此产生的社会风险。当经济发展面临不平等和不确定风险时,要充分发挥民间金融管理风险的功能,以商业可持续、风险可覆盖、成本可负担的商业融资模式,降低经济发展不平等带来的社会风险。社会的金融普惠化程度越高,社会的不平等程度也就越低。

10.2　政策建议

　　让民间自发的市场行为合法化是社会发展的基本逻辑。金融监管是代表中央政府的监管机构对金融交易主体和交易行为进行具有特定内涵的政府规制行为,监管的对象是金融市场与金融企业,监管的主要内容是经商许可、市场准入与商事行为。当前,对民间金融规制的方向是放松规制,实现民间金融合法化和现代化。从政策层面来讲,民间金融合法化、现代化由两个阶段构成:第一阶段是民间金融阳光化,从"地下"走到"地上",成为公开合法的民间商事行为;第二阶段是民间金融现代化,从"草根"走向规范,建立起适合民间金融发展的组织形式,推动民间金融发展成为现代金融组织。

1. 明确民间借贷属于商事行为的客观法律关系

民间金融合法化源自宪法关于公民合法财产权利保护的规定。建议一:修订《贷款通则》中"除合法设立的银行金融机构之外,其他任何企业和个人不得从事贷款业务"的法律条文,把民间借贷纳入商事行为予以调整,制定合法性的法律法规门槛和规范性的市场准入门槛。建议二:修订《非法金融机构和非法金融业务取缔办法》中"非法吸收公众存款是指未经中国人民银行批准,向社会不特定对象吸收资金,出具凭证,承诺一定期限内还本付息的活动"的相关条文。建议三:修订《民法通则》《合同法》《刑法》等关于合法民间借贷属于民事行为的明确表述,统一民间借贷属于商事行为的法律性质,由最高人民法院明确民间金融诉讼案件的审判标准,为民间金融市场提供准确的法律依据。

2. 建立营利性民间金融市场的行为规制框架

制定法律法规来规范民间借贷,建立公开平等、自由竞争、优胜劣汰、运行有效的市场化民间金融管理体制,一是要建立市场准入、经营监管、风险管控和市场退出机制,制定民间借贷条例,明确监管主体和民间借贷市场准入条件,实施民间借贷信息披露制度,执行标准格式合同,制定风险防范措施,明确政府救济条件。二是要合理利用高利借贷,基于利率是风险的价格的认识,合理发展高风险借贷市场,培育风险自担和损失自担的借贷主体,为特定领域的高风险业务创造一个有效的监管体制和规范的制度环境。三是要明确地方政府对民间金融的监管职能,在地域性的民间金融和地方政府的地域管理职能之间建立有效的管理和监督机制,既满足当地企业的融资需求,又有效防范当地金融风险。

3. 构建多层次、开放且面向民间的金融市场体系

开放民间融资市场，主要是开放借贷市场、票据市场、投资市场、担保市场、征信市场、清算市场等业务类型；开放民间投资主要是开放投资领域，压缩民间投资负面清单，降低投资税费成本，放宽行政审批条件。开放民间资本筹建小型商业银行和社区银行，发展特色鲜明、导向明确、业务精准的小微企业专营银行，使民间资金与民营企业建立起"门当户对"的融资关系。开拓直接融资渠道，引导民间资金开展股权融资、债权融资，设立民间投资公司和产业投资基金，加强民资与产业的融合。积极发展民营银行，加大对小微民营企业借贷资金的有效供给，降低民间资金进入银行业的市场准入门槛，拓宽民间金融组织向正规银行和投资机构转化的通道。建立民间投资风险补偿基金，促进和提高民间投资的积极性。

4. 拓展民间金融健康发展的市场空间

一是民间借贷利率市场化，逐步放宽对民间借贷利率的上限管制，尤其是在不得高于基准利率四倍的规定方面放宽管制。二是扩大民间融资的政策空间，尤其是明确合法集资与非法集资的界定，小规模集资实行备案制。三是开放民间借贷机构的金融主体身份，允许在一定额度、一定范围内适度吸引存款。四是开展民间借贷标准化、规范化建设，利用标准化的民间借贷中介或网络信息平台，汇集发布民间借贷双方的融资相关信息。五是设立民间股权投资登记服务中心，对一定数额的股权集资活动进行登记，把股权集资纳入规范运行轨道。六是加快社会信用体系建设，建立民间金融部门的经营、负债、信用、担保等，以及政府监管部门的全口径关联信用信息体系。七是建立民间金融风险控制机构，实时监测风险，建立预警系统，切实防范民间借贷和民间集资可能出现的较大规模风险。八是完善民间借贷互助担保基金，由成员捐资设立互助基金，对成员融资借贷提供担保，切断担保链。九是建立民间借贷个人信用破产制度，一方面保护债务人的人身权利，同时也限制债务人举债规模和债权人过高的利率主张。

5. 加强民间金融网络融资平台的融资安全监管

明确 P2P 网络融资平台的政策定位以服务小微企业融资为根本，明确银监会作为 P2P 网络融资平台的监管部门，监管对象的业务范围实行负面

清单制,明确禁止 P2P 网络融资平台从事信托、私募、法外集资、高利转贷等金融业务,从源头上降低资金借贷交易产生的风险。建立 P2P 网络融资平台信贷风险评价体系,建设由人民银行负责的征信系统,建立个人征信系统,把网络融资平台纳入征信系统,完善信用评级标准,加强网络融资平台的信息披露义务。促进 P2P 网络融资平台建立风险准备金制度,网络融资平台以中介身份承担更多风险责任,有助于保障平台借贷交易的安全与秩序。强化 P2P 网络融资平台自律监管,减少和规避 P2P 网络融资平台的经营风险。

6. 积极推广民间金融经验,正规金融机构引以为鉴

一是推广民间金融在基层和民间发挥的积极作用,对正规金融既是替代,也是补充。两者既竞争也合作,丰富和完善金融市场体系。二是民间金融内在的信誉约束和习俗惩罚机制,既降低了交易成本,又提高了交易效率,对正规金融是极好的借鉴。三是民间金融采用的非主流财务指标的分析模式,扩大了金融体系的征用资源,增强了金融体系的包容性,弥补了正规金融的缺陷。四是降低了贷款对抵押物的依赖,提高了信用在贷款中的重要性,引导企业减少对固定资产的积累。五是利率市场化并不代表提高民营企业的融资成本,财政补贴也不代表减轻民营企业的融资负担。

民营企业融资难是市场失灵与政府失灵的共同结果。国有银行占有金融资源过剩且效率不高,民营企业分享金融资源不足且机会不多,造成银行与小微企业之间结构分立、资源错配的“二元困局”,实质是国有部门与非国有部门分立的“新二元结构”,根本原因是市场化改革不彻底。就民营企业融资效率而言,一个体制开放、利率自由的融资市场,其运行效率远优于政府管制下“行政干预+财政补贴”的公共福利式融资市场,民营企业迫切需要改善融资效率来激发民营企业的市场活力。国家层面要在小微企业融资的权利、信用、经营特征等方面做出制度安排,使小微企业融资实现市场化的可持续发展。地方政府要在担保体系、融资渠道、征信系统、专营机构等方面做出制度设计,优化小微企业融资环境,增强金融资源转化为生产力的变现能力。

历史实践证明,对待民间金融,无论是激进的全面取缔,或是消极的视而不见;无论是在"地下"经营,或是"地上"公开,从来改变不了民间金融以强大的生命力极其活跃在民营经济当中的事实。改革开放以来,民营企业合法经营与民间金融非法经营长期并存,导致民营企业高水平发展,而民间金融依然处于"地下"草根状态,这种格局已经严重影响到民营经济的健康发展。金融发展必须坚持服务实体经济,建立多元金融机构和多层次金融服务体系,形成正规金融与草根金融、市场化运行与政策性调控共融共存的金融生态系统。

改革目标是厘清政府与市场的边界,该市场的归市场管,该政府的归政府管。实现利率在不同市场间有效传导,资金在不同市场间有效融通,民间资本合法进入民营企业融资服务市场,建立与小微企业"门当户对"的多元融资服务体系。让市场对资源配置起决定性作用的现代市场体制不应该排斥民间资本的地位和作用,政府应该以规范的市场体制和运行机制为目标,在推进国有金融体制改革的同时,积极引导民间金融合法进入市场,以平等的市场准入条件构建有序竞争市场。

风险是市场的标配,金融市场中的风险是金融市场与生俱来的,只要有市场,就一定存在风险。风险源于市场,所以市场回避不了风险,不能迷信市场能够自我平衡风险。市场监管的目的是管理和规范市场秩序,防范和减少市场风险,但监管不是万能的,所以不能迷恋监管能够消灭风险。如果监管彻底消灭了风险,市场也就不复存在了。在市场经济道路上,不可能发展出没有风险的金融市场,更不可能设计出能消灭金融风险的监管制度。市场是发展变化的,监管要及时适应市场变化调整和改变监管方式,一劳永逸的所谓长效机制在实践中并不存在。在引入科技要素之后,金融市场的经营业态、风险形式也相应发生深刻变化,因此,监管也要与时俱进。就民间金融而言,服务实体经济要与民营经济发展需求相匹配;就政府监管而言,监管力度要与监管水平相一致,相得益彰,方得始终!

参考文献

一、中文图书

[1]罗伯特·希勒,2012.金融与好的社会[M].束宇,译.北京:中信出版社.

[2]悉尼·霍默,理查德·西勒,2010.利率史[M].肖新民,曹建海,译.北京:中信出版社.

[3]威廉·戈兹曼,2017.千年金融史[M].张亚光,译.北京:中信出版社.

[4]约瑟夫·E.斯蒂格里茨,2004.全球化及其不满[M].夏业良,译.北京:机械工业出版社.

[5]马克斯·韦伯,2006.经济通史[M].姚曾廙,译.韦森,校.上海:上海三联书店.

[6]陈志武,2009.金融的逻辑[M].北京:国际文化出版公司.

[7]罗丹阳,2009.中小企业民间融资[M].北京:中国金融出版社.

[8]张翔,2016.民间金融合约的信息机制[M].北京:社会科学出版社.

[9]周剑,王晓静,2016.银行金融、民间金融与隐性金融[M].北京:经济科学出版社.

[10]方先明,杨波,史兹国,2017.民间金融风险形成、传染和治理机制研究[M].南京:南京大学出版社.

[11]广州民间金融研究院,中央财经大学金融学院课题组,2013.中国民间金融发展研究报告[M].北京:知识产权出版社.

[12]魏源,2013.中国农村民间借贷市场研究[M].北京:经济管理出

版社.

[13]张元红,张军,李静,等,2012.中国农村民间金融研究[M].北京:社会科学文献出版社.

[14]中央财经大学中国金融发展研究院,2011.中国农村金融风险若干问题研究[M].北京:中国金融出版社.

[15]苏峻,2011.中小企业融资研究[M].北京:经济科学出版社.

[16]史晋川,何嗣江,严谷军,2012.金融与发展:区域经济视角的研究[M].杭州:浙江大学出版社.

[17]欧阳卫民,邱亿通,许涤龙,2015.民间金融创新发展探索[C].北京:中国金融出版社.

[18]贾康,等,2010.中国政策性金融向何处去[C].北京:中国经济出版社.

[19]彭兴韵,2013.金融学原理[M].上海:格致出版社,上海三联书店.

[20]郑长德,伍艳,2011.发展金融学[M].北京:中国经济出版社.

[21]高晋清,唐清利,2013.中国民间金融的规范发展研究[C].北京:法律出版社.

[22]周霖,2009.民营经济内生发展模式研究[M].杭州:浙江大学出版社.

[23]台州市金融学会,2015.小微金融研究[C].北京:中国金融出版社.

[24]张庆伟,陶海飞,杜晓燕,2011.区域金融探索与实践[C].杭州:浙江大学出版社.

[25]周伟,张健,梁国忠,2017.金融科技重构未来金融生态[M].北京:中信出版社.

[26]徐国兴,2007.市场进入壁垒理论[M].北京:中国经济出版社.

二、中文论文

[27]杨戈,2006.中国二元金融结构的理论分析[D].上海:复旦大学.

[28]胡金焱,2004.中国农村非正规金融:金融的边缘化与制度创新[D].上海:复旦大学金融研究院.

[29]方舟,2011.社会资本与小微金融的可持续发展[D].厦门:厦门大学.

[30]程兴华,2006.中小民营企业融资创新论:基于信托制度的理论及其在浙江的实践研究[D].杭州:浙江大学.

[31]卓凯,2005.非正规金融、制度变迁与经济增长[D].武汉:华中科技大学.

[32]宁振华,2013.金融内生机制研究[D].太原:山西财经大学.

[33]王婷,2017.民间金融风险生成机制研究:基于社会网络的视角[D].杭州:浙江大学.

[34]张耀伟,2006.禀赋、制度租金与民营企业融资研究[D].天津:南开大学.

[35]王奕刚,2016.金融发展理论视角下的民间金融规制问题研究[D].南昌:江西财经大学.

[36]徐彰,2016.民间借贷问题研究:以民刑交叉为视角[D].南京:东南大学.

[37]钱力,2014.我国农村金融发展与改革研究:基于创造内生成长环境的视角[D].上海:复旦大学.

[38]刘道云,2012.民间金融法律规制研究[D].上海:复旦大学.

[39]蒋晓妍,2015.民间金融服务机构法律规制研究[D].南京:南京大学.

[40]宋卓霖,2016.中小微企业融资中的贷款技术与风险缓释机制研究[D].成都:西南财经大学.

[41]徐隆,2014.社会资本视角下的县域小微企业信用互助问题研究[D].福州:福建农林大学.

[42]车丽华,2012.我国非正规金融规制研究[D].长沙:中南大学.

[43]陈蓉,2008.论我国民间金融管制的重构[D].重庆:西南政法大学.

[44]王庆丰,2011.我国中小企业融资问题研究[D].天津:南开大学.

[45]李伟,2004.中小企业发展与金融支持研究[D].武汉:华中科技大学.

[46]张成,2010.社会资本视域下的农村民间借贷研究:以温州为例[D].南京:南京师范大学.

[47]卓凯,2006.非正规金融契约治理的微观理论[J].财经研究,32(8):112-123.

[48]卓凯,2016.非正规金融、企业家甄别与制度变迁:理论与经验[J].制度经济学研究,1:24-46.

[49]卓凯,2005.金融深化与经济效率负相关:基于信贷配置扭曲的解释[J].财经理论与实践,26(1):35-38.

[50]潘士远,史晋川,2002.内生经济增长理论:一个文献综述[J].经济学(季刊),1(3):753-786.

[51]潘士远,罗德明,2006.民间金融与经济发展[J].金融研究,4:134-141.

[52]王曙光,邓一婷,2009.民间金融内生成长机制与政府规制研究[J].农村经济月刊,3:47-51,111.

[53]田霖,2005.企业家甄别、民间金融与金融共生[J].重庆大学学报(社会科学版),11(5):35-37.

[54]邱峰,2012.重新审视互保联保制度[J].浙江金融,12:33-36.

[55]丁骋骋,2016.区域性民间金融风潮:中国式金融危机简史(1883—2015)[J].财经理论与实践,37(3):2-9.

[56]刘斌,李曙光,2014.企业间互保、联保贷款模式困局及其解决[J].法律适用,7:96-100.

[57]吴军,魏果望,2014.中小企业联保贷款的机制设计之惑[J].中国经济问题,(1):60-69.

[58]张雪春,徐忠,秦朵,2013.民间借贷利率与民间资本的出路:温州案例[J],金融研究,3:1-14.

[59]雷新勇,2012.民间融资的法律压制及其消减[C]//奚晓明,2012.商事审判指导.北京:人民法院出版社,121-132.

[60]张婉苏,黄伟峰,2012.民间借贷利息裁判标准研究:基于南京地区十年间终审判决书的整理与分析[J].江苏社会科学,(3):148-155.

[61]高圣平,申晨,2014.论民间借贷利率上限的确定[J].上海财经大学学报,2：98-104,112.

[62]张德强,2008.民间金融监管:逻辑、风险、收益与可行性——基于民间金融的视角[J].金融理论与实践,(4):26-31.

[63]谈儒勇,1999. 中国金融发展和经济增长关系的实证研究[J].经济研究,10:53-61.

[64]韩廷春,2001.金融发展与经济增长:基于中国的实证分析[J].经济科学,3:31-40.

[65]周霖,温锐,2017.金融错配视角下小微企业融资解困误区及对策[J].当代财经,(1):60-68.

[66]谭艳芝,彭文平,2003.金融发展与经济增长的因素分析[J].上海经济研究,10:3-12.

[67]刘民权,徐忠,俞建拖,2003.信贷市场中的非正规金融[J].世界经济,7:61-73,80.

[68]张庆亮,2001.转轨经济中的民有金融及其制度分析[J].南京经济学院学报,6:21-23.

[69]卢成万,周昭雄,孙珺,2012.民间金融发展与民营经济增长关系的实证分析:基于诱致性制度变迁下的视角[J].管理现代化,6:30-32.

[70]虞群娥,李爱喜,2007.民间金融与中小企业共生性的实证分析:杭州案例[J].金融研究,12:215-222.

[71]李元华,2012.民间投融资共生特性与秩序利导方针[J].浙江金融,11:16-18.

[72]黄寰,刘小丽,2007. 对民间金融促进区域自主创新的思考[J].社会科学家,(4):156-157,167.

[73]袁纯清,1998.共生理论及其对小型经济的应用研究[J].改革,(2):2-5.

[74]张沁,2012.共生原理下民间金融生态秩序调整[J].中国证券期货,(11):198-200.

[75]胡一荆,2003.民间金融与地方经济发展:温州融资模式的启示[J].

南方经济,(3):62-65.

[76]吴强,刘莉亚,李红英,等,2009.河北省民间金融与民营经济发展研究:基于金融可持续发展视角[J].华北金融,(z1):75-77,154.

三、外文图书

[77]Bagehot W,1962. Lombard street,homewood [M]. Illinois: Irwin.

[78] Von Hayek F A,1960. The constitution of liberty [M]. Chicago:University of Chicago Press.

[79]Caprio G,Honohan P,Stiglitz J,2001. Financial liberalization: how far,how fast[M]. Cambridge:Cambridge University Press.

[80] Goldsmith R,1969. Financial structure and economic development [M]. NewHaven:Yale University Press.

[81]Hechter M,1987. Principles of group solidarity [M]. Berkeley: University of California Press.

[82]Bakhoum I,et al,1989. Banking the unbankable:bring credit to the poor [M]. London:The Panos Institute.

[83]Massey D,1984. Spatial divisions of labor:social structures and the geography of production [M]. NewYork:Metheun.

[84]Diochon M C,2003. Entrepreneurship and community economic development [M]. Montreal:McGill·Queens University Press.

[85]McKinnon R I,1973. Money and capital in economic development [M]. Washington D C:Brookings Institution.

[86]Robinson J,1952. The generalization of the general theory,in the rate of interest and other essays [M]. London:MacMillan.

[87] Rondo C,1972. Banking and economic development:some lessons of history [M]. Oxford:Oxford University Press.

[88]Tsai K S,2001.Beyond banks:the local logic of informal finance and private sector development in China [M]// Li J,Hsu S,2009.

Informal finance in China. Oxford：Oxford University Press.

［89］Vázquez-Barquero A，2002. Endogenous development ［M］. London，New York：Routledge.

四、外文论文

［90］King R，Levine R G，1993. Finance，entrepreneurship and growth：theory and evidence[J]. Journal of Monetary Economics，32：513-542.

［91］Guiso L，Sapienza P，Zingales L，2004. Cultural biases in economic exchange？［J］. The Quarterly Journal of Economics，124(3)：1095-1131.

［92］La Porta R，F. Lopez-de-Slanes F，Shleifcr A ，et al，1998. Law and finance[J]. Journal of Political Economy，106(6)：1113-1155.

［93］Zingales L，Rajan R，2002. Banks and markets：the changing character of european finance[C]//Gaspar V，Hartmann P，Sleijpen O. The transformation of the European financial system：second ecb central Banking conference. Frankfurt am Main：European Central Bank，123-168.

［94］Rousseau P L，Sylla R，2001. Financial systems，economic growth，and globalization[R]. NBER Working Paper No. 8323.

［95］Ardener S，1964. The comparative study of rotating credit associations[J]. Journai of Royai Anthropoiogy ，(94)：201-229.

［96］Stulz R，Williamson R，2001. Culture，openness and finance [R]. NBER working paper No. 8222.

［97］Demirgüç-Kunt A，2008. Finance and economic development：the role of government ［R］. A World Bank policy research report，Washington, DC：World Bank.

［98］Isaksson A，2002. The importance of informal finance in Kenyan manufacturing[R]. Working Paper No. 5 May 2002.

［99］Boot A W A, Thakor A V, 1997. Can relationship banking survive competition[J]. Journal of Finance(55).

［100］Cabus P, Vanhaverbeke W, 2003. The economics of rural areas in the proximity of urban networks: evidence from flanders[J]. Tijdschrift voor Economische en Sociale Geografie, 94(2), 230-245.

［101］Van der Ploeg F, Ligthart J E, 1994. Pollution, the cost of public funds and endogenous growth [J]. Economics Letters, 46 (4): 339-349.

［102］Kanatas G, Stefanadis C, 2005. Culture, financial development, and economic growth[R]. SSRN working paper 674281.

［103］Greenwood J, Smith B D, 1997. Financial markets in development and the development of financial markets [J]. Journal of Economic Dynamics and Contral,21(1):145-181.

［104］Gurley J G, Shaw E S, 1955. Financial aspects of economic development[J]. The American Economic Review, 515-538.

［105］Fisher I, 1933. The Debt-Deflation theory of great depressions [J]. Econometrica, 1(4):337-357.

［106］Kee J E, Forrer J, 2002. Private finance initiative—the theory behind the practice[R]. Kansas City: The 14th Annual Conference of the Association for Budgeting and Financial Management.

后　记

后记和感谢是书稿的标配。

本书是在我的博士后研究报告基础上修订而成的，完成于十九大之前。受限于本人的学识和视野，本书的浅薄鄙陋依然无法回避，想到本书出版后将出现在专业读者面前，尽管自己做了大量的研究工作，我心里依然惴惴不安。好在十九大以后，新时代新发展理念对新经济发展实践和体制机制深化改革提出了许多新课题，实践与理论都期待将来有更多更好的研究民营经济学术成果来修补本书的未善之处。

本书的选题源自我的博士论文，其中讨论过民间金融对民营企业初创时期的重要作用。申请博士学位论文通过答辩后，就被鼓励对其中民间金融部分做进一步深入研究，于是开始做博士后研究，选题定为"民间金融与民营经济发展"。做研究写论文是有风险的，论文能不能顺利完成，取决于如何把控论文写作的风险。写高等级论文会遇到更多的风险，一个人在急水险滩中奋笔，需要一群人在岸上助力，然后终得脱险靠岸。只有经历过的人，才能刻骨铭心地体验这种煎熬：论文确定选题之后，要在两年左右时间内完成一篇20万字左右的高等级学位论文或研究报告，其中暗藏着延期风险，不被延期实属幸运——虽然大部分人最后也修成正果。写作过程完全没有"彩毫写就千篇赋，红烛才烧一寸花"的驾轻就熟，却有叶舟渡海的无尽险苦。我的博士论文选题和博士后研究选题都是没有陌生感的领域，但深入进去就会发现这个领域全无章法，而且与我导师的研究领域隔山隔水，但导师对我的研究给了最大力度的支持。所以，在论文完成时，最有品位地表达解脱论文写作之苦的愉悦方式，就是把感谢写进文稿的后记，感谢这段学术险旅中助力过自己的人，也感谢自己坚持到了最后，"回首向来萧瑟处，也无风雨也无晴"。Raise me up,找不到神助,找自己！

　　我的博士论文主题是发展，博士后研究报告主题是风险。发展和风险之于市场是一体同源，彼此携手，不可分离。我的工作岗位无干学问，但也更方便接触到民营经济民间金融的草根生活。我的博士论文主题是探讨台州民营经济与地方政府携手共进的协同发展模式，终稿后的几年里，全球性金融危机演变成为经济危机向民营企业汹涌袭来，民营经济经历了过山车般的生死起落，"自来说道天难做，天到台州分外难"，地方政府与民营企业又携手共度艰难，而风险之凶和退险之难突破了我对风险的认知。感谢那些为我提供"地下金融"市场内情的"地下金融"从业者（他们有时也被称为职业放贷人），他们不仅要高度敏感地应对市场上的风吹草动，还要直面资金财产损失的风险，甚至牢狱之灾。市场回避不开风险，监管消除不了风险，虽然危机有规律，而风险却无解。我决意做博士后研究，意在延续博士论文中未尽其意的民间金融问题，尤其侧重那些让人眼花缭乱且应接不暇并无处不在的风险。风险常有，而繁荣不常有！

　　我在博士论文中提出了台州民营经济的理论架构，其中民间金融是这个理论架构的三大主角之一。博士毕业时，发生了飞跃集团债务危机和"吴英案"，两个案事都涉及民间借贷，但潮退之后"裸泳者"的形象是，一个合法一个非法，一个"台上"一个"地下"，飞跃集团的缝纫机业务在政府协助下实施债务重组后获得短暂重生，而"吴英案"一审被判死刑。与此同时，各地民营企业债务危机和民间借贷案件层出不穷，社会上由"吴英案"引发关于民间借贷的评议铺天盖地，甚嚣尘上。2012年3月，时任国务院总理的温家宝在全国"两会"结束后接受记者采访，被问到"吴英案"时做了三点表态："我注意到，一段时间以来社会十分关注吴英案。我想这件事情给我们的启示是：第一，对于民间借贷的法律关系和处置原则应该做深入的研究，使民间借贷有明确的法律保障。第二，对于案件的处理，一定要坚持实事求是。我注意到，最高人民法院下发了关于慎重处理民间借贷纠纷案件的通知，并且对吴英案采取了十分审慎的态度。第三，这件事情反映了民间金融的发展与我们经济社会发展的需求还不适应。现在的问题是，一方面企业，特别是小型微型企业需要大量资金，而银行又不能满足，民间又存有不少的资金。

我们应该引导，允许民间资本进入金融领域，使其规范化、公开化，既鼓励发展，又加强监管。"这段谈话的关键点是"民间借贷的法律关系""民间金融的发展与经济社会发展的需求不适应"和"允许民间资本进入金融领域，使其规范化、公开化"。问题的关键与解决的方向是清晰的，但民营企业与民间金融一个合法一个非法的共存局面却至今没有显著改变。在导师的支持下，我选择做博士后研究，以"民间金融与民营经济发展"为题续习台州民间金融与民营经济发展的内生关系。实践是检验真理的唯一标准，在面对问题做出判断时，理论与实践之间，选择实践！

　　感谢这个靠算法驱动的时代，刷屏可以升级智商改善生活，AI再造实体经济与虚拟经济、真实世界与虚拟世界，科技让世界更美好。感谢台州这片华野芳土，四季花果，万顷渔帆，山海边城，一片风流，虽然不能阅尽繁华，总能邂逅百般传奇。感谢一直对我牵肠挂肚的父母，在我博士后在站的几年间，担忧博士后工作太辛苦，屡次向我委婉表达不要勉强为之，这是中国式父母的关爱表达方式，挽袖背掩而甘之如饴。感谢我的导师，是他宽容的学术风格和对研究的坚定支持，成为我开展研究的坚强后盾。感谢习惯于在等候地铁或步行回家的时候给我打电话的女儿，她聪慧开朗有主见，我进站那年，她独立完成自己出国留学的全部事项，后来我送她到浦东机场离港，从此学会适应记印她迎风远行的背影，曾为怀中囡，少年他乡游，遥寄沪上树，夜挂女儿灯。同事同僚同学同科同饮同框等"同"字辈的好人们，"我见青山多妩媚，料青山见我应如是"，在此一并谢过。披露真实姓名有风险，鉴于此，以上被谢之人，名字都写在心上，心灯常明，温暖常在！最后，感谢浙江大学出版社吴伟伟、丁沛岚编辑为本书出版所做的辛勤工作。

　　时光有信，见证发展；风险无解，指路未来！

　　　　"什么时候，又什么时候，心

　　　　才真能懂得

　　　　这时间的距离；山河的年岁"

　　录自林徽因的《无题》，极静而动，宁静而远，我的最爱！

周　霖

2018 年 9 月